KB028146

여자의 역사는
모두의 역사다

여자의 역사는 모두의 역사다

초판 1쇄 발행 2020년 7월 15일
지은이 마리아 바스타로스 · 나초 M. 세가라 | 그린이 크리스티나 다우라 | 옮긴이 김유경
펴낸이 임경훈 | 편집 손소전 | 디자인 이든디자인
펴낸곳 롤러코스터 | 출판등록 제2019-000296호 | 주소 서울시 마포구 월드컵북로 400 서울산업진흥원 5층 2호
전화 070-7768-6066 | 팩스 02-6499-6067 | 이메일 book@rcoaster.com

ISBN 979-11-968749-4-0 03300

이 도서의 국립중앙도서관 출판예정도서목록(CIP)은 서지정보유통지원시스템 홈페이지(http://seoji.nl.go.kr)와
국가자료공동목록시스템(http://www.nl.go.kr/kolisnet)에서 이용하실 수 있습니다.(CIP제어번호: CIP2020022256)

진실의
그래픽
002

여자의 역사는 모두의 역사다

선사시대부터
미투까지,
일러스트로 보는
페미니즘 세계사

마리아 바스타로스 · 나초 M. 세가라 지음
크리스티나 다우라 그림
김유경 옮김

일러두기

- 지명, 도서, 영화, 인명 등은 정확한 자료가 있으면 대부분 영어로 표기하고, 상황에 따라 스페인어, 프랑스어, 일어 등 관련 나라 언어로 표기했다.
- 각주는 모두 원주다.
- 책, 잡지는 《 》, 논문·신문·노래·영화·연극·전시 등은 < >, 단편 글은 ' '로 표기했다.

차례

서문

책이라는 축약된 공간에서 '여성들의 히스토리'를 다루려는 시도는 어쩌면 처음부터 불가능한 일이었는지도 모른다. 여기서는 기본적으로 '히스토리History'라는 단어 자체가 문제였기 때문에, 대문자를 빼고 복수형으로 표기하는 것이 우리가 할 수 있는 최선이었다(영어 'History'에 해당하는 스페인어 'Historia'는 소문자 historia로 쓸 경우, '역사' 외에 '이야기(storia, 영어의 story)'라는 뜻도 있다. 따라서 스페인어 복수형 historias는 '이야기들' 또는 '역사들'이라는 뜻이 모두 가능하다_옮긴이). 그런 의미에서 '허스토리Herstory'는 '여성들의 히스토리History'가 아닌, '여성들의 스토리stories'다(이 책의 스페인 원제는 HERSTORY다_옮긴이). 서로 교차하는 짧은 이야기들을 묶은 이 책은 이야기 사이의 벽들을 허물고, 그동안 주석에만 달려 있거나 많은 사람이 알지 못했던 이야기들을 소개한다.

두 사람이 쓴 이 책에는 우리가 모은 정보들 가운데 특히 독자들과 함께하고 싶은 가장 중요하고 흥미로우며 신기해 보이는 수백 개의 기록을 담았다. 우리는 수많은 정보의 출처를 찾고 내용을 조사하는 과정에서 예상치 못한 도움에 깜짝깜짝 놀랐다. 이를테면 오래된 큰 백과사전에서는 가십거리 일화들을 발견하고, 젊은 '유튜버들'한테서는 엄청나게 복잡한 자료들을 찾았다. 전문가들과 다양한 주제로 이야기도 나누었다. 소셜 미디어에도 도움을 요청하고, 대학과 문학계, 사회운동계, 출판계 등 다양한 분야에서 비슷한 프로젝트를 수행하는 수백 명의 작가와 학자, 연구원들로부터 친절한 도움도 받았다.

한편으로 주제를 선정하는 과정은 좀 복잡했는데, 페미니즘의 몇 가지 '필수' 요소와 저마다 자신이 선호하는 인물이나 현상을 좀 더 깊이 파고들고 싶다는 욕구가 간절했기 때문이다. 그러나 그런 의견 차가 이 책을 만드는 데 긍정적인 영향을 끼쳤다. 한 사람이 이 책을 썼다면 절대 나눌 수 없을 대화와 의견들이 나왔고, 그 과정에서 우리는 조금씩 너그러워졌으며, 다른 사람의 의견을 들으면서 큰 도움을 얻기도 했다. 즉, 페미니즘에서 집단 투쟁이 크게 증가하고 반페미니즘의 반발도 심각한 오늘날은 페미니즘이 정보를 선택하거나, 발전뿐만 아니라 퇴보로 가득한 비점진적인 이야기를 할 때 오히려 영감을 얻는 공통된 기준이 되었다.

페미니즘이 불편한(또 불편해야만 하는) 주제라는 사실을 고려할 때, 우리의 가장 큰 도전은 독자에게 편하게 다가가는 페미니즘 책을 만드는 것이었다. 그러기 위해서는 끊임없이 내용을 수정하고 자기비판도 함께 선행해야 했다. 기운이 빠져 있거나 게으른 상태로 있는 게 어려울 정도였다. 하지만 그것을 문제나 고생으로 여기지 말아야 한다는 것도 잘 알고 있다. 지속적인 배움은 이 책을 쓰는 과정에서 우리에게 가장 큰 기쁨이었고, 이 책이 출간되고 나서도 분명 계속 배움을 얻게 될 것이다. 그리고 또 어쩔 수 없이 일정량의 자기비판이 따를 수밖에 없을 것이다.

페미니즘이 우리에게 가르쳐주는 게 있다면, 그것은 그 배움을 끌어안고 축하해주며, 걸림돌을 해결하고, 이제껏 당연시했던 일에 의문을 제기하는 것이리라. 그런 담론에 무관심한 사람들에게 자극을 주고 사람에 대한 배려를 훈련하는 것이리라. 만약 이 책으로 그 두 가지가 해결된다면 더 바랄 게 없다. 우리는 이 책이 친구들끼리 모여 비밀을 나누는 시간에 유쾌하게 읽히는 책이 되길 바란다. 그래서 이 세상을 바라보는 시선이 바뀌고, 모두가 기꺼이 즐겁게 나눌 수 있었으면 한다.

이 프로젝트를 이끌어나갈 수 있도록 용기를 북돋워준 미레이아 마가욘, 실비아 케리니, 로라 마르티네스 데 알보르노스, 놀라운 그림으로 함께해준 크리스티나 다우라에게 감사드린다. 또한 끝없는 작업을 하는 동안 배려해주고 신경 써준 가족과 친구들에게도 고마움을 전한다. 마지막으로 이 책을 가까이 함으로써 그 모든 시간을 보람 있게 만들어줄 독자들께도 감사를 전한다.

선사시대

여성과 매머드 스튜: 선사시대 여성들

학교에서 배우는 역사책은 첫 장에서부터 우리에게 거짓말을 한다. 우선, 광활하게 펼쳐진 목초지에서 거대한 야생동물을 사냥하는 선사시대의 남성들과, 동굴을 청소하고 매머드 스튜를 만드는 여성들의 모습을 우리는 볼 수 있다. 인류 발전 과정에서 사냥꾼의 모습은 식량을 구하고 사회화(사냥감을 잡기 위한 남성들 사이의 협력)되는 데 꼭 필요하다. 이런 성에 따른 노동의 분업은 현대의 젠더gender 사상을 정당화하고, 사피엔스 시대의 칠흑 같은 밤부터 성 역할이 나누어져 있다는 착각을 불러일으키는 데 일조한 과거 과학 연구의 표본이다.

하지만 선사시대에 관한 많은 연구가 사변적이기 때문에 이런 질문도 해볼 수 있다. 만일 중요한 단서가 '호모 에렉투스Homo erectus'(직립인간)가 아니라 '페미나 에렉타Fémina erecta'(직립여성)였다면 어땠을까?

선사시대 페미니즘 학자들의 주장에 따르면, 유라시아(유럽과 아시아) 도시 정착 이전 사회에서 여성의 위치는 앞에서 말한 설명과는 거리가 멀다. 기원전BCE 4만 년부터 시작된 최초의 인간 협력 관계인 수렵인과 채집인의 협력에서, 가족 관계는 씨족 관계보다 우위에 있지 않았다. 그리고 여성성에 대해 특별한 통제가 없었던 이 사회조직에서는 남녀의 일과 역할이 동등하고 유연했다.

인류학을 통해 수렵인-채집인 사회와 여신들(선사시대 유명한 비너스 조각들)로 표현되는 영성spirituality을 살펴보면, 여성은 특별하고 중요한 존재였다. 많은 그림에서 나타나는 것처럼 여성은 과일과 허브, 뿌리, 씨앗을 채집했는데, 이것들은 전체 음식 에너지의 70%를 차지했던 것으로 추정된다. 이 식량들이 있는 위치와 중요성을 고려해볼 때 여성들의 채집 활동은 매우 큰 의미가 있었을 것이다.

그렇게 모은 식량 외에 토끼나 물고기와 같은 작은 동물들도 식량의 많은 부분을 차지했는데, 스칸디나비아 반도에서 발견된 장례 유물들을 보면 여성들은 그것들을 잡는 일에도 참여했다는 것을 알 수 있다(여성들이 묻힌 곳에는 낚싯바늘도 같이 있었다). 즉, 남성이 거대한 동물을 사냥한다는 신화는 그들이 오랜 기간에 걸쳐 이동하고 생활 노동에는 거의 참여하지 않음을 뜻하는 데 반해, 여성들은 주로 일상 활동을 하는 스무 명쯤 되는 사람의 음식을 담당하고 갓난아이들까지 돌봤다.

기원전 약 1만2000년에 첫 번째 혁명인 유목이 시작되었다. 그다음 농업 혁명이 일어나서 가족을 둘러싼 집단 조직이 형성되었다. 농업이 안정되고 식량이 과잉 생산되면서 가족의 규모가 확장되었다.

인류학자인 에이드리엔 L. 질먼Adrienne L. Zihlman이 쓴 《진화의 여성Women in Evolution》에 따르면, 여성들 덕분에 집단 간 식량 교환이 이루어졌을 가능성이 매우 크다. 즉, 인간의 사교성을 높인 것은 사냥이 아니라 나눔이라는 것이다. 기원전 약 5500~4500년 다뉴브강 근처에 있었던 선형도기문화Linear pottery culture 시대의 유물에서 보듯, 처음 가족의 형태가 잡힐 때 여성들은 계속 중요한 위치에 있었다. 가족의 사회적 분배는 여성 가장인 할머니와 관련이 깊다. 이런 모계 중심의 조직(남편들은 아내 쪽 가족과 함께 살아감)은 한국과 일본 또는 이탈리아 남부 지역과 같은 다양한 지역에서 반복해서 나타났다.

물론 지금 연대적·지리적으로 아주 광범위한 시기에 대해서 말하고 있긴 하지만, 유목민 목축 시대에 여성의 역할이 통제받지 않았다는 사실은 일반적으로 쉽게 확인할 수 있다. 일 자체가 특화되지 않았고(여성들은 특정 한 일을 하지 않았다), 풀과 씨앗에 대해 잘 알고 있던 여성들은 농업이 시작되면서 그 역할이 아주 중요해졌을 것이다.

이 분야 연구의 전문가인 마거릿 에렌베르크Margaret Ehrenberg는 여성들이 관찰과 수많은 연습을 통해 농업을 만들었다고 확신한다. 그리고 자연스레 정착 생활을 하면서 (기원전 4000년부터) 유제품 가공이나 옷 만들기 같은 특정 업무가 특히 여성화되었는데, 이는 많은 여성이 묻힌 곳에 이런 일을 하는 데 사용하는 도구들이 함께 놓여 있다는 사실로 입증되었다. 물론 이런 일이 평가절하되었다는 뜻은 아니다. 그 밖에 여성이 참여한 일에는 가축 길들이기, 도자기 만들기가 있었고, 주술사나 치료사 역할도 있었다.

주디스 K. 브라운Judith K. Brown과 같은 전문가는 세계 어디서도 남성이 양육을 맡지는 않을 것이기 때문에, 이런 일은 자연스레 여성이 했을 거라고 확신한다. 여성이 하는 일은 양육과 병행할 수 있다는 것이 그 근거다. 그들에 따르면, 양육은 위험하지 않고 정착지에서 해나가며, 반복적이며 중단할 수 있는 일이었다. 한편 제인 I. 가이어Jane I. Guyer와 같은 연구자는 아이들과 함께 요리하는 것이 위험한 활동이기 때문에, 이 이론이 모순되었다고 주장한다.

물론 아버지(부계)를 바탕으로 한 또 다른 사회도 존재한다. 그곳 여성들은 특정 종교의식에서 거부당하고, 갓 태어난 여자아이는 희생 제물이 되어야 했다. 역사학자 캐서린 클레이Catherine Clay가 연구한 내용에 따르면, 특정 고고학적 유적지에서 발견된 성인 여성들의 유물이 부족하다는 사실로 그 가능성을 추측하기도 한다.

분명한 사실은 첫 번째 국가와 도시들이 생기면서 여성의 상황이 급격히 달라졌다는 것이다. 이런 국가는 기원전 약 3만5000년 이집트의 나일강, 비옥한 초승달 지대인 메소포타미아 지역의 티그리스·유프라테스강, 파키스탄 중앙을 관통하는 인더스강, 중국의 황허강과 양쯔강이 있는 다양한 지역 환경에서 나타났다. 분명한 차이는 있지만, 이 모든 곳에서 중요한 문화적·기술적·행정적 변화가 발생했다.

씨족 농장 규모와 다르게 대규모 농업 탄생, 사회의 군대화, 권력 집중, 사회적 계급 존재와 잉여 재산의 분할 및 서면 법률을 통한 규제가 있었다. 이런 상황에서 아버지와 세습 재산의 중요성이 확대되었는데, 이것은 경제적 상속이나 지도력을 주고받는 사람들의 혈통을 보장하기 위해 여성의 섹슈얼리티sexuality에 규제가 나타났음을 암시한다. 스키타이족의 유물을 보면 여성의 일이 왜 남성과 나누거나 교환될 수 없고, 사회적으로 쇠퇴했는지를 알 수 있다. 반면 메소포타미아 지역에서는 어떻게 결혼을 통해 여성(딸들)의 생식 능력을 재물과 세력, 지위와 교환할 수 있었는지를 알 수 있다.

이런 맥락에서 가부장제는 남성 신들의 형성과 노예제도(전쟁은 많은 노예 노동을 생성한다)와 함께 발전했다. 그리고 이것들은 최초 도시들에 활력을 불어넣어주었다. 이런 과정이 다 똑같지는 않지만, 수많은 도시에서는 법적으로 여성을 가정에서 보호하려는 경향을 드러냈다. 이것은 가정 속에서 어느 정도 여성의 안정성을 보장하려는 의도였지만, 동시에 여성이 더 큰 세상으로 나아가고 새로운 것을 알아가는 데 걸림돌이 되었다.

고대

기원전 2700
기원전 2700
이 시기 과학사에 기록을 남긴 첫 번째 여성인 메리트 프타Merit Ptah가 의사로 활동했다. 고대 이집트는 그리스나 로마보다 평등의 측면에서 훨씬 발전한 문명이었고, 그녀는 그런 역사 속 수많은 사람 중 한 명이었다.
381 로마 통치하의 이스파니아(이베리아반도의 옛 이름_옮긴이) 여성이던 여행가 에게리아Egeria는 3년의 긴 성지순례를 시작했다. 독실한 여성 공동체의 영적 동료들에게 보낸 편지에 이 내용이 담겨 있다.
1세기 이스라엘에 기독교 신앙이 널리 퍼진다. 유일신주의 유대교와 '메시아' 개념을 가진 나사렛 예수가 이끄는 남녀 유대인 집단이 생기기 시작했다. 신학자인 엘리자베스 쉬슬러 피오렌자Elisabeth Schüssler Fiorenza에 따르면, 나사렛 예수를 처음으로 따르던 사람들은 가부장적인 의존성에서 벗어나 경제적으로 자급자족한 갈릴리 지방 여성들이었다.
211 로마 황제 카라칼라Caracalla는 처음으로 낙태를 금지했는데, 그것을 부모의 권리에 반하는 범죄로 간주하고, 임시 추방으로 처벌했다.
1세기 중국의 여성 사학자 반소班昭가 쓴 《여계女誡》는 수 세기 동안 중국 여성들에게 중요한 조언과 지식의 원천이 되었다. 이 글은 유교의 가치들을 충실히 반영했는데, 남성은 특권층에 올라가고 여성은 남편과 자녀를 섬기는 일에 집중해서 교육하도록 제안했다.
4세기 이 시기에 카오Cao 여왕이 오늘날 페루 북부 지역의 모치카mochica 부족을 다스린 것으로 보인다. 이 부족은 뛰어난 엔지니어들로, '태양과 달의 신전'과 같은 거대한 댐과 복잡한 건축물을 지었다. 또한 그들의 유명한 에로틱한 토기들도 역사에 남아 있다.

기원전 7세기 고대 그리스 시대, 그리스 문화의 정체성이 형성되던 때 **사포**Sappho와 같은 훌륭한 여성 시인과 함께 서정적인 시적 전통이 나타났다. 그녀는 기원전 612년, 그리스의 레스보스섬에서 태어났다.
기원전 6세기
인도에서 101명의 비구니가 '**테리가타**Therigatha' (비구니게송)를 지었는데, 이는 '지혜로운 노파들의 시'라는 뜻이다.
기원전 42 로마의 연설가 **호르텐시아**Hortensia는 로마 포럼에서 여성 세금 납부에 반대하는 유명한 연설을 했다.
기원전 4세기 그리스에서 **헬레니즘 시대**가 시작되면서 전반적으로 여성들의 상황이 개선되었다.
약 400 열광적인 기독교도의 증가로 혼란해진 알렉산드리아에서, 이집트 학자 **히파티아**Hypatia는 프톨레마이오스 1세가 연구와 교육에 전념하는 기관으로 만든 박물관으로 향했다. 과학을 이단으로 여기는 열광적 신앙의 지지자들은 천문학자이자 수학자, 음악가, 신플라톤주의 철학자인 그녀를 기독교의 적으로 여겼다. 그녀는 예순다섯의 나이에 열광적인 기독교도들에 의해 목숨을 잃었다.
425 이른바 야만족들에게 포위된 서로마 제국에서 **갈라 플라치디아**Galla Placidia는 아들 발렌티니아누스Valentinianus가 미성년일 때 섭정에 올랐다. 갈라가 죽고 그녀의 딸 호노리아Honoria는 원치 않은 강제 결혼으로 훈족의 왕 아틸라Atila의 아내가 된다. 아틸라는 발렌티니아누스 황제가 연합을 거부하기 전에 로마를 침략하고, 476년에 로마 제국은 멸망한다.
425

기원전 2700년부터 5세기까지

예외를 보여준 이집트 여성들

그리스·로마 문명과 달리 나일강 유역에 사는 이집트 여성들은 실행력이 뛰어났고, 공적인 일에서 우수성을 드러냈다. 이 여성들은 상속된 사업을 관리하고, 의료 관련 일을 하고, 서기書記가 되고, 공무원직을 맡았다. 또한 평의원에 오르고 파라오처럼 정치권력을 얻기도 했다. 왕의 혈통이라는 신성은 계승되는 부계父系 위에 있었기 때문이다. 그리스 여성들은 영원한 미성년자로 취급받았지만, 이집트 여성들은 이혼 절차를 주도할 수 있을 만큼 결혼 생활에서도 동등하게 존중받았다.

그러다가 지중해의 그리스와 아시리아 같은 다른 문명의 침략자들이 들어오면서 그 동등한 관계가 제한받기 시작했다. 헬레니즘 시대(기원전 323~30) 당시 이집트의 마지막 여왕인 클레오파트라 7세가 권력을 행사했는데, 그녀는 이집트에서 권력을 유지하기 위해 율리우스 카이사르와 첫 동맹을 맺고, 이후에는 마르쿠스 안토니우스와 동맹을 맺었다. 그 권력은 안토니우스가 미래 로마의 초대 황제가 될 옥타비아누스에 의해 죽음을 맞을 때까지 이어졌다. 그리고 옥타비아누스의 알렉산드리아 침공과 그 전리품으로서 로마로 끌려가기를 거부한 클레오파트라의 자살로 이집트 문명의 자치 체제는 끝이 났다.

헬레니즘과 그리스 여성 교육의 시작

헬레니즘 시대에 그리스는 문화적·정치적 전성기를 누렸다. 그러면서 중심지는 테베와 아테네의 도시들에서 알렉산드리아와 페르가몬으로 옮겨갔다. 거기에서 서양 문명의 근원이 나타나기 시작했다. 여러 자료에 따르면, 그 기간에 여성의 상황은 눈에 띄게 바뀌었다. 더 많은 교육의 기회를 얻었고, 유명 인사가 되어서 공개적으로 치하를 받기도 했다.

그중 눈에 띈 여성은 기원전 350년에 태어난 견유학파 철학자인 히파르키아Hipparchia다. 그녀는 성별에 관한 모든 사회적 관습을 버리고 거지나 다름없는 삶을 선택했다. 그녀는 모두가 보는 앞에서 테베 출신 크라테스Krates와 성관계를 맺고, 여성이 철학에 헌신할 수 있을지 의문을 품는 사람들과 직접 논쟁을 펼쳤다.

또 다른 저명한 여성으로는 테게아에서 활동한 시인 아니테Anyte가 있다. 평론가인 안티파터Antipater는 그녀를 '여자 호메로스'라고 평가했다. 그녀는 그 시대 '로크리의 노시스Nosis of Locri'와 같은 여성 시인들과 달리 주로 남성들이 다루던 전쟁 같은 주제에 관해서 글을 썼고, 전원시詩의 개척자였다. 하지만 정작 그녀가 유명해진 이유는 따로 있는데, 젊은 여성들의 죽음에 바치는 감동적인 애가哀歌들 때문이다.

여성 세금에 반대한 호르텐시아

로마 사회는 가부장제 사회였기 때문에 여성이 공적이고 대중적인 지위에 오르는 것이 허락되지 않았다. 하지만 여신들을 모시는 여사제는 예외였다. 그리고 일부 엘리트 여성들은 가족의 영향력을 통해 비공식적으로 권력을 행사했다.

기원전 1세기 로마의 연설가인 호르텐시아Hortensia는 유명한 연설가인 퀸투스 호르텐시우스Quintus Hortensius의 딸로, 아버지의 재능을 그대로 이어받았다. 그녀는 공식적으로 율리우스 카이사르 암살 후 흔들리는 로마에 대한 글을 써서 대중들에게 호소했다. 기원전 42년에 로마를 다스린 삼두정치는 저명한 여성들의 재산 과세를 통해 금고를 늘리려고 하다가 이들 여성들의 분노를 샀다. 그녀는 1400명의 여성 앞에서 진행된 공개 토론회에서 그 세율에 항의하는 연설을 했다. 그 연설 덕분에 세금을 내야 하는 여성들이 크게 줄었다.

기독교의 기원: 상대적 평등에서 여성 혐오에 이르기까지

유대교 율법서인 토라에 따르면, "사람이 아내를 맞이하여 데려온 후에 아내에게서 수치가 되는 일을 발견하거나 아내를 맞이하는 일이 기쁘지 아니하면 이혼 증서를 써서 아내의 손에 쥐어주고 집에서 내보낼 것이요"(신명기 24장 1절)라는 내용이 있다. 반면 최초의 기독교 공동체는 일방적으로 빠르게 이혼하는 형태인 이혼 증서나 돌로 치는 사형 형태인 유대 전통에 반대하는 모양새를 취했다.

이에 로마인들은 새로운 믿음으로 모인 신도의 숫자와 힘에 맞서 그들을 처형했는데, 첫 번째 순교자 가운데 이집트와 시리아, 아르메니아의 고행하는 기독교인들이 숭배하는 성녀 테클라Tecla와 같은 여성도 있었다.

처음으로 기독교를 낳은 교회는 여성을 리더로 인정하지 않고, 남성만 주교 자리에 오를 수 있게 하면서, 전적으로 여성 혐오 기관으로 변질됐다. 그러나 로마제국의 황후 헬레나(성녀 헬레나)를 잊어서는 안 된다. 그녀는 아들인 콘스탄티누스 대제가 313년 밀라노 칙령을 통해 기독교를 정식 종교로 인정하게 하는 데 영향력을 행사했고, 예수가 못 박혔던 십자가를 찾기 위해 온 힘을 쏟아부었다.

고대 세계의 낙태

고대 세계에서 낙태는 일반적 관행이었다. 기원전 1550년 이집트 문서에 따르면, 태아를 화나게 만들기 위해 자궁 경부에 파피루스 조각을 넣으라고 권하면서 낙태를 조장하기도 했다. 일부에서는 맥각(호밀 맥각균을 건조한 것)과 호밀균을 많이 먹으면 독성이 생길 수 있다고 권하기도 했다.

고대 그리스인도 산부인과 문서에서 낙태를 언급했다. 그들은 월계수를 사용해서 자궁을 수축하라고 권하고, 낙태 후 40일 동안 여성이 불순하다는 걸 증명한 비문들도 남아 있다. 그러면서 이것이 일반적인 절차라고 했다.

로마인들은 계속 낙태를 했고, 2세기 산부인과의 아버지로 불리는 '에페수스의 소라누스Soranus of Ephesus'도 그의 연구서에서 이것에 대해서 완벽히 설명했다. 그러나 이런 공격적인 방법이 산모의 생명을 위험하게 만들 수 있다고도 강조했다.

한편, 최초의 로마법에는 만일 아내가 임신하지 않기 위해 '물질이나 마술'을 사용하면 아내를 버릴 권리를 허용했다. 그러자 남성들은 목소리를 높이면서 여성들이 불륜을 숨기기 위해 낙태한다고 주장했다. 211년 로마 황제 카라칼라는 처음으로 낙태를 금지했다.

지혜로운 노파들의 시

'지혜로운 노파들의 시'란 뜻인 '테리가타'(비구니 게송)는 기원전 6세기에 쓰인 구전 시 모음집으로, 기원전 80년에 스리랑카에서 글의 형태를 갖추었다. 이 시들은 부처가 가르침을 퍼뜨린 기원전 560년에서 480년 사이의 인도 비구니들의 삶을 보여준다. 불법에 따르면, 여성이 영적으로 높은 경지인 열반에 이를 수는 있지만, 은퇴하면 승려들에게 종속되어야 했다.

'테리가타'에서 여성들은 이전 삶에서 가장 중요하게 강요받은 부분을 분명하게 거부하고, 자유롭게 비구니가 된 사실에 동의했다. 그리고 결혼을 거부한 것을 강조했다. 마찬가지로 많은 기독교 수녀들에게도 이런 일이 나타났다.

이 책의 저자 가운데 바구니 장수와 결혼하고 계급이 낮으며 '수망가라의 어머니'로 알려진 한 여성이 다음과 같이 밝혔다. "자유, 나는 자유다! 요리와 절구질, 집안의 힘든 일에서부터 자유, 지저분한 냄비에서 벗어날 자유, 견디기 힘든 남편으로부터 자유다. 또한 양산 아래 대나무 바구니를 짜던 일에서 자유다(그것만 생각하면 소름이 끼친다)."

5세기에서
14세기까지

약 525
고대 창녀이자 무희였던 **테오도라**Teodora는 비잔틴제국의 유스티니아누스 1세와 결혼하면서 놀라운 정치적 영향력을 행사했다. 그녀는 강제 매춘을 금지하고 강간죄에 사형을 선고했다. 비잔틴제국의 역사가인 카이사레아의 프로코피우스Procopius에 따르면, 그녀의 최우선 과제는 항상 불행한 여성들을 돕는 것이었다.

592 긴메欽明 황제의 딸인 **스이코**推古는 서른아홉 살 나이에 일본 왕위에 올라 최초의 여성 천황이 되었다. 천황이 되기 바로 전에 비구니가 되기로 서약했던 그녀는 교리 전파를 도왔고, 삼보코류三寶興隆의 칙서를 내려서 공식적으로 교리를 돌보았다.

688 베르베르(북아프리카 지방의 옛 이름_옮긴이) 족장인 쿠살리아Kusalia의 죽음으로, 유목민 야라와Yarawa의 베르베르족 출신 전사이자 여왕인 **디흐야**Dihya가 7세기 중엽부터 북아프리카를 철저히 파괴한 이슬람의 팽창에 맞서 투쟁의 주역이 되었다.

690 **측천무후**則天武后는 당나라 고종의 죽음 이후 두 아들을 잇달아 폐하고 직접 권력을 잡았다. 그녀의 리더십은 유교주의자들의 분노를 일으켰다. 유교는 여성의 역할을 제한하는 철학으로, 이후 일본으로 퍼져나갔다.

748 **발부르가**Walburga는 영국의 수녀로, 《성 비니발도의 삶Winibaldo's vita》이라는 작품을 라틴어로 써서 영국과 독일에서 첫 여성 작가가 되었다. 그녀는 선교사로 게르마니아(고대 유럽의 라인강 동쪽, 다뉴브강 북쪽의 현재 독일을 포함한 지역_옮긴이)에 파송되었고, 이후 하이덴하임의 수도원 원장이 되었다. 799년에 사망한 그녀의 유물들을 옮기기 위해 870년 5월 1일에 무덤이 열렸는데, 이것이 '발부르가의 밤' 축제의 유래가 되었다. 이 축제는 '마녀들의 밤'으로 알려져서 오늘날까지 이어지고 있는데, 마녀들이 독일의 하르츠산맥에서 가장 높은 봉우리인 브로켄산까지 동물들 위를 날며 자신들의 의식을 기념한 것으로 여겨진다.

약 841 샤를마뉴 대제 시절, 고위직의 아내인 **두오다**Dhuoda는 여성이 쓴 최초의 교육학 책인 《리베르 마누알리스 Liber Manualis》를 썼다.

약 612 알-칸사 Al-Khansa는 오늘날 사우디아라비아의 네지드에서 태어난 시인으로, 그녀는 망자를 위한 애가로 경연 대회에서 우승하여 유명해졌다. 사실 이 애가는 전장에서 사망한 그녀의 남자 형제들(사크히르, 무아위야)을 위한 것이었다. 그녀는 마호메트와 여성 시인 알-나비가Al-Nabigha가 칭송한 역사상 가장 유명한 아랍 시인 중 한 명으로 기록되었다.

632 마호메트 사망 이후, 아내들 가운데 생전에 그가 가장 편애했던 **아이사 빈트 아비 바크르**Aisha bint Abi Bakr는 중요한 유명 인사가 되어, 첫 번째 세 명의 칼리프 재위 기간에 이슬람교의 정치 정책에 참여했다. 그녀는 이슬람 율법에 대한 지식과 광대한 문화적 지식으로 존경을 받았고, 종종 법적인 문제를 해결했으며, 집에서 여성을 위한 마드라사(이슬람 세계의 전통적 교육기관)와 학교를 처음으로 설립했다.

653 진석진陳碩眞은 당나라 때 중국에서 농민 반란을 지휘하고 스스로 황후라 선언함으로써 그 자리에 오른 유일한 중국의 여성 혁명가다.

962 이베리아반도 북부(기독교) 지역에서 납치되어 남부(이슬람, 알안달루스)로 끌려간 바스크 출신의 젊은 여성 **수브흐**Subh는 칼리프 알하캄 2세의 아들을 낳고, 왕이 가장 총애하는 여인이 되었다.

약 945 로스비타 Hroswitha는 독일의 니더작센주에 있는 간더스하임 수도원 소속 수녀로, 그녀는 그 시대 많은 여성들처럼 결혼을 하기보다 지적 발전을 얻는 종교 생활을 선택했다.

870 스코틀랜드의 침략 과정에서 바이킹이 저지른 악행에 관한 소식이 섬 북쪽 해안의 콜딩햄 수도원까지 전해졌다. 이에 따라 여성 수도원장(이후 **성녀 에베**Saint Ebbe로 시성됨)과 수녀들은 용감한 행동에 나섰다.

약 990
일본의 궁녀 **세이 쇼나곤**清少納言은 일기와 역사 연대기, 시, 잡담을 합친 매혹적인 문학 콜라주인 《마쿠라노소시枕草子》를 썼다.

1000

5세기부터 1000년까지

디흐야: 마그레브를 지킨 노년의 여전사

632년 마호메트가 죽은 이후 이슬람이 널리 퍼지기 시작해, 이베리아반도에 이슬람 국가인 알안달루스가 생기면서 정점을 이루었다. 647년 칼리프 오마르Omar와 함께 아라비아 점령이 이루어지면서 이집트 정복이 시작됐다. 베르베르 족장인 쿠살리아Kusalia가 마그레브Maghreb를 방어해나갔으나, 그가 죽은 뒤에는 유목민 야라와 부족의 여왕인 디흐야Dihya가 그 자리를 대신했다. 적들은 이미 노령에 남편을 잃은 그녀가 미래를 예측하는 능력이 있다고 보고, 이것이 계속된 승리의 원인이라고 믿었다.

디흐야는 테후다Tehuda에서 칼리프 오마르와 맞서고, 알제리의 움엘부아기 지역에서 벌어진 메스키아나 전투에서 아랍인들을 격파하지만, 결과적으로 칼리프의 군대가 카르타고(튀니지)를 점령해 큰 세력을 발휘했다. 아랍인들을 철저히 저지하기로 마음먹은 디흐야의 군대는 적군이 자기 지역의 어떤 시설이나 물자도 이용하지 못하도록 불태우는 초토전술焦土戰術을 사용했고, 아랍인들과 동맹을 맺은 지역민들에게 대항했다.

그녀는 수십 년 동안 마그레브 영토를 방어했으나, 주변으로부터 아무런 지원을 받지 못해 끝내 패배했다. 그리고 아들들에게는 아랍인과 동맹을 맺으라는 유언을 남겼다. 그 결과 그들은 다행히 사형을 면했다. 한 아들은 아우레스Aurès의 통치자로, 다른 한 아들은 야라와족 민병대 대장으로 임명을 받았다.

한편 그녀의 죽음에 대해서는 확실히 알려진 바가 없다. 어떤 사학자는 전쟁터에서 사망했다고 하고, 또 어떤 이들은 전쟁 패배로 자살했다고도 한다.

두오다: 아들을 위한 안내서

810년, 아라곤 공작의 딸인 두오다Dhuoda는 샤를마뉴 대제의 조카인 베르나르와 결혼했다. 그 후 베르나르는 지역의 이익을 지키기 위해 아내 두오다를 프랑스 남부의 위제스로 보냈다. 샤를마뉴의 계승을 둘러싸고 엄청난 가족 음모 사건들이 벌어지고 있던 가운데, 826년 두오다와 베르나르 사이에 첫아들이 태어났다.

베르나르는 아들의 안전을 위해 아키타니아로 옮기고, 아내와 떨어져 지내게 한다. 841년 둘째 아들은 태어나자마자 즉시 샤를마뉴의 손자인 카를 2세(일명 대머리왕 카를)의 궁으로 보내졌다. 이것은 베르나르의 충성심을 시험하기 위한 것으로, 권력에 대한 잠재적인 정적들을 제거하거나 그의 아들들을 가둠으로써 영향력을 누르기 위한 것이었다.

졸지에 두 아들을 빼앗긴 두오다는 자녀들을 위한 교육서를 쓰기 시작했다. 그녀가 쓴 《리베르 마누알리스》(내 아들을 위한 안내서)에는 성경 글귀들과 일반 신도들이 쓴 글이 담겨 있고, 기독교 청년을 위한 행동 지침도 포함되어 있다. 또한 그 시대 귀족 여성들의 역할에 관해서도 이야기하고 있다. 그녀는 삶에서 늘 첫 번째였던 아들들과 함께 있고 싶었지만, 남편의 계획만은 타당하다고 여기고 그에게 맹목적으로 순종했다.

이 작품은 1978년 프랑스에서 번역되면서 학자들 사이에 널리 퍼져나갔다. 현재 바르셀로나대학의 여성학 센터는 '두오다여성연구센터Duoda Centre de Recerca de Dones'라는 이름이 붙었다.

성녀 에베와 처녀 순교자들: 순결의 규율

성인들 삶의 이야기를 담은 《성인 전기hagiography》와 순교에 대한 짧은 이야기를 담은 《순교록martyrology》에는 처음부터 순결을 지키고 죽임을 당한 여성들의 이름이 나온다. 교회는 순교의 원인을 담은 《순결의 방어In defensum castitatis》에 그 이야기를 모으고, 수많은 사례(성녀 에우랄리아Eulalia, 성녀 둘라Dula, 성녀 유프라시아Eufrasia 등)를 인용했다. 그중 가장 뛰어난 인물이 바로 콜딩햄 수도원장인 성녀 에베Saint Ebbe다.

스코틀랜드의 침략에서 바이킹이 저지른 극악에 관한 이야기는 그 수도원 사람들의 귀에까지 들어갔다. 그녀는 그 야만족들이 이곳에 오면 강제로 자신들을 몰아낼 것을 알고 있었기에 콜딩햄 수도원 여성들은 극단적인 조치를 취하기로 결심한다. 즉,

바이킹들을 달아나게 만들기 위해서 자신의 코와 윗입술을 짧게 잘라내고 얼굴을 완전히 훼손하는 것이었다. 수도원 여성들의 이 같은 행동에 심한 거부감을 느낀 침략자들은, 그녀들을 한데 모아서 건물 안에 가두고 불을 질렀다.

이렇게 죽음으로써 순결을 지킨 이야기는 여성에게 순결을 가장 중요한 가치로 삼게 했을 뿐만 아니라, 여성이 순결을 지키는 정도에 따라 도덕적 위계가 부여되도록 했다.

수브흐 움 왈라드: 알안달루스의 바스크 여성

711년 알안달루스 왕국은 이베리아반도 남부(이슬람)에서 꽃을 피웠다. 그러자 북부(기독교) 출신의 수많은 젊은 여성들이 그곳으로 모여들어 하렘(전통적인 이슬람 가옥에서 여자들이 생활하는 영역으로, 보통 궁궐 내 후궁이나 가정의 내실을 뜻함_옮긴이)으로 들어갔다. 그리고 여기서 그녀들 중 누군가 사내아이를 낳으면 신분이 바로 상승하고, '움 왈라드Umm Walad'(아들의 어머니)라는 칭호를 얻었다.

그중 가장 눈에 띄는 인물이 바로 바스크 출신의 젊은 여성 수브흐Subh였다. 그녀는 어린 나이에 코르도바(스페인 안달루시아 지방의 중앙부_옮긴이)로 온 이래 궁중 생활에서 큰 힘을 행사했다. 역사가인 이냐키 에가냐Iñaki Egaña에 따르면, 칼리프 알하캄 2세의 하렘에 수브흐가 있었다고 한다. 그러나 사실 그는 동성애자였다. 그래서 그녀는 그의 총애를 얻기 위해 종종 미소년처럼 입고, 남자 이름을 사용했다. 그러나 크로스 드레싱cross dressing(여성이 남성의 옷을 입는다든지 반대로 남성이 여성의 옷으로 바꿔 입는 옷차림이나, 하나의 복장에서 남성성과 여성성의 양면적인 스타일이 느껴지는 것_옮긴이)의 사례를 입증할 증거는 없다.

그녀는 칼리프의 아들을 둘이나 출산하고 가장 총애받는 여인이 되었다. 그리고 엄청난 부도 누렸다. 한편, 자신의 정치적 미래를 보장받기 위해 갓 궁에 들어온 유명한 인물 알만소르Almanzor를 동맹자로 선택했다. 그는 그녀의 관리자가 되어서 그녀의 두 아들의 재산을 지켰는데, 아마도 그녀의 애인이었을 것으로 추정된다.

칼리프가 죽은 후, 알만소르와 그녀는 왕위에 오르는 아들을 제거하려는 음모를 진압하고, 알만소르는 어린 통치권자를 대신해 섭정했다. 그러나 곧 그는 왕위에 오르려는 야심을 드러냈고, 수브흐는 칼리프 금고에 있는 돈으로 알안달루스와 마그레브의 반란군을 후원하면서 알만소르를 제거하려고 했다. 하지만 알만소르에게 밀린 그녀는 999년 궁정에서 쫓겨나 죽임을 당하고, 그러는 동안 왕좌는 그의 아들들의 차지가 되었다.

일본 궁녀들: 헤이안 시대의 펜과 재능

헤이안 시대 궁정은 창조적인 지식 센터였다. 그곳 궁녀들은 큰 역할을 했고, 새로운 문학 장르를 만들었다. 문학 창작에 종사한 많은 여성 가운데 세이 쇼나곤清少納言이 있었다. 965년경에 태어난 그녀는 《마쿠라노소시枕草子》(베갯머리 서책)를 썼다. 이 책의 제목은 궁인들이 자기 전에 쓴 글들을 베개 밑에 보관하며 비밀을 유지했다는 데서 나왔다. 여기에는 다양한 장르가 들어 있고, 민감하고 통찰력이 있으며, 박식한 여성이면서 자신에게 밉보인 사람들을 괴롭히는 쇼나곤의 이미지가 투영되어 있다.

언어 사용이 놀라울 만큼 현대적이고 분명하며 간결한 이 책은 궁정 생활과 자연을 묘사하고, 여기에 시와 당시 여성의 처지(남편을 받들기 위해 궁정 밖에서 사는 여성들을 애도하는 내용)에 대한 고찰이 담겨 있다. 또한 '애처로운 인상을 주는 것들'처럼 아주 독특한 목록을 만들기도 하고, '눈썹을 제모한 여성의 표현'이 나오기도 한다.

헤이안 시대에 또 다른 놀라운 작품을 쓴 작가로 무라사키 시키부紫式部가 있다. 그녀는 인간 심리를 잘 보여주는, 일본 최초의 현대소설 《겐지 이야기源氏物語》를 썼다. 복잡하고 방대한 규모로 그려냈지만, 《마쿠라노소시》처럼 서사 구조가 없다. 대체로 겐지 왕자의 전쟁과 사랑에 대한 모험담을 들려주며, 그 당시 매우 특이한 인물들의 정신을 탐구해놓았다.

1000

약 1000 마마 오클로 Mama Ocllo는 남편인 만코 카팍Manco Capac과 함께 잉카제국을 건설하고 통치자의 혈통을 넓혔다. 이 두 역사적 인물은 신화적 전설에 둘러싸여 있는데, 그 내용에 따르면 태양신이 그들을 티티카카 호수로 내보냈다. 그들은 황금 지팡이를 땅에 꽂아보고 비옥한 땅 쿠스코를 발견한 다음 그곳에 왕국을 세웠다. 그리고 비옥의 여신인 마마 오클로는 잉카 여성들에게 옷감 짜는 법을 가르쳐주었다.

1141 힐데가르트 폰 빙엔 Hildegard von Bingen은 중세시대 가장 눈에 띄는 여성 중 한 명으로, 신의 계시를 받았다.

1115 엘로이즈Héloïse는 프랑스 파리에서 삼촌 풀베르토와 함께 살던 신앙심 깊은 젊은 여성이다. 그녀는 학계에서 눈에 띄기 시작한 학자인 피에르 아벨라르Pierre Abélard를 만난다. 그녀의 금지된 사랑은 임신으로 이어지고, 풀베르토는 피에르 아벨라르를 거세하는 과감한 결단을 내린다. 온갖 저항에도 불구하고 그녀는 끝내 수도원에 들어가게 되고, 그곳에서 유명한 편지를 썼다.

약 1100 이탈리아 출신 여성 작가 **트로툴라**Trotula는 유명한 중세 의학서인 《여성들의 치료De curis mulierum》를 썼다(혹은 받아쓰기를 시켰다고도 함).

약 1200 여성 음유 시인들의 많은 노래가 프랑스 남부에서 생겨났다.

1253 알폰소 10세의 궁 안에서 지내는 여성들의 술책과 잔혹함을 담은 아랍어 책이 스페인어로 번역되었다. **《센데바르**Sendebar**》**라고 알려진 이 책은 이 시대의 많은 여성 혐오 글 중 하나가 되었다.

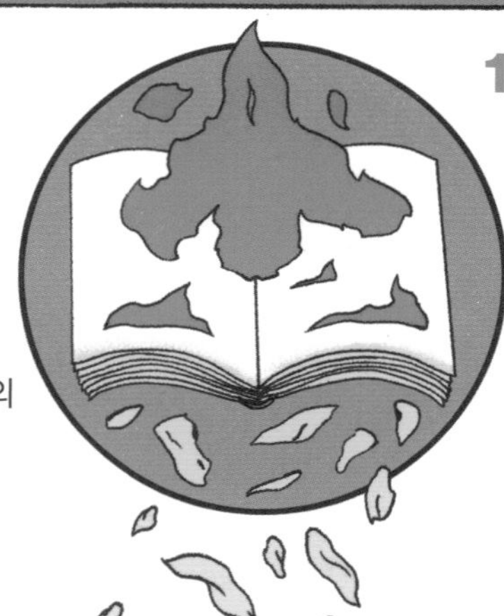

1205 프랑스 남부 푸아 지방 귀족인 **에스클라르몽드**Esclarmonde는 카타리파(12~13세기 유럽에서 위세를 떨친 그리스도교 이단으로 성모 마리아를 '사상의 여신'으로 숭배하고, 청빈과 순결한 사랑을 이상으로 삼았다_옮긴이) 공동체의 장으로 임명되었다. 카타리주의는 초기에는 여성을 존중하고, 여성들이 공동체의 장이 될 수 있음을 보여주었다. 그러나 세월이 지나면서 그들이 겪는 박해로 인해 여성 혐오가 증가했다.

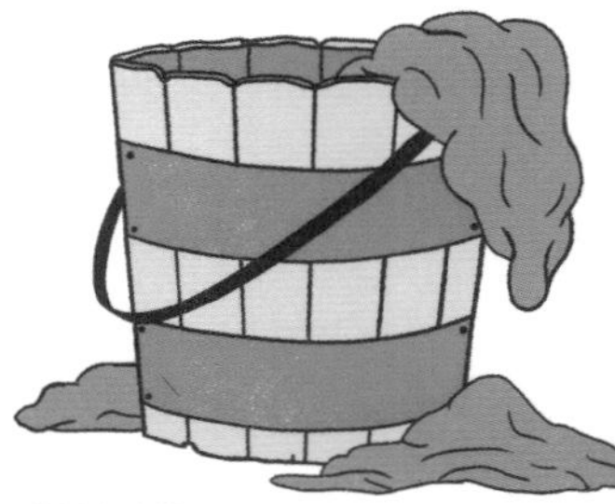

1258 카스티야 왕국은 기독교, 유대교, 이슬람교도 여성들이 각자 자신의 종교를 믿는 가정에서만 가정부로 일할 수 있다는 법을 만들었다.

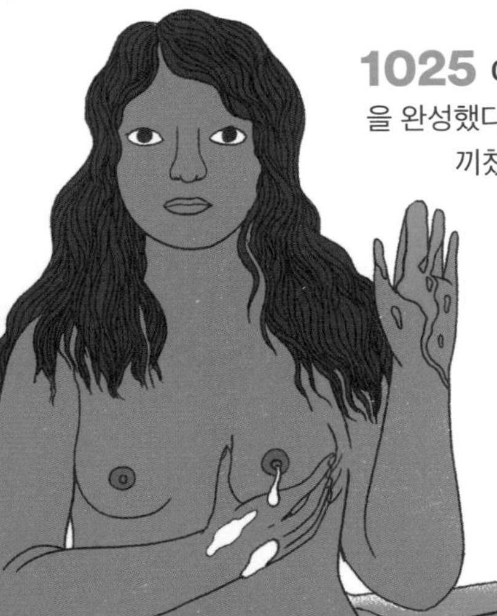

1025 이븐 시나 Ibn Sina는 '의학 법전'으로 알려진 《의학정전》을 완성했다. 이 책의 라틴어 번역은 중세의 학업에 막대한 영향을 끼쳤다. 이 책의 가르침은 클라우디오스 갈레노스Claudius Galenus(고대 그리스의 의학자이자 철학자_옮긴이)의 사상을 바탕으로 하고, 필수 체액으로 여기는 '4가지 기질'의 중요성을 강조했다.
또한 성별에 따라 해석을 달리했는데, 여성은 남성보다 더 습하고 냉하다고 여겼다. 이 과도한 수분은 모유와 생리를 만들고, 이로 인해 여성은 더 부드럽고 감정적이며 수동적인 존재가 되었다고 썼다.

1025 알안달루스의 시인 **왈라다 빈트 알-무스타크피**Wallada bint al-Mustakfi의 아버지(무함마드 3세)가 사망했다.

약 1055 티베트 여성 수행자 **마칙 랍드론**Machig Labdrön은 티베트 역사에서 가장 유명한 여성이다. 그녀는 반야경 독송자이자 법法(근본적인 종교 가르침)의 교사로 두각을 나타내기 시작했다. 그리고 처음으로 인도인들에게 예비 교육을 한 여성 중 한 명이다.

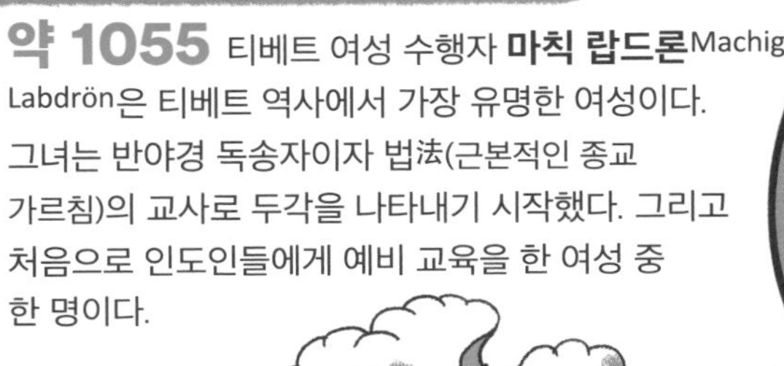

약 1300 베틀이 개선되어 수직은 고정되고 수평으로만 움직였으며, 네 명이 다룰 수 있게 되었다. 이런 기술 변화로 여성들은 집 안에서 이 일을 그만두고 남성적 수공업 영역에 집중하게 되었다.

1322 파리대학은, 연구는 하지 않고 무허가 의료 행위를 한다는 이유로 유대인 치료사이자 조산사인 **자코바 펠리시**Jacoba Félicié를 재판에 넘겼다. 그녀의 증인으로 출석한 여성 환자들은 부끄러워서 남자 의사에게는 차마 가지 못했기에, 그녀가 아니었다면 치료를 받지 못했을 거라고 증언했다.

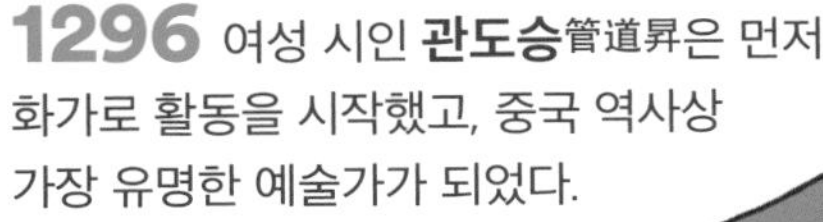

1296 여성 시인 **관도승**管道昇은 먼저 화가로 활동을 시작했고, 중국 역사상 가장 유명한 예술가가 되었다.

1348 영국에 **흑사병**이 돌고 사망률이 치솟자, 여성들은 이전에 거부당했던 상인과 장인, 양조업자와 같은 일을 할 수 있게 되었다.

1298 교황 보니파시오 8세는 '**위험한 내용**Periculoso'으로 알려진 칙서를 통해 유럽의 모든 수녀를 수도원에 가두라고 명령했다. 이것은 수녀원들을 획일화하고 수녀원장들의 권력을 통제하는 방법이었다.

1000년부터 14세기까지

글 속에 비친 왈라다

왈라다 빈트 알-무스타크피Wallada bint al-Mustakfi는 알안달루스의 가장 위대한 여성 시인이다. 그녀는 기독교인 노예와 아주 짧게 통치한 칼리프(무함마드 3세) 사이에서 태어났다. 정치적으로 불안한 상황이었지만, 그녀는 훌륭한 교육을 받았고 외동딸로 아버지의 모든 유산을 물려받았다. 그녀는 궁 안에 코르도바 문학 모임을 만들었는데, 이것은 보기 드문 일이었다. 알안달루스의 여성들이 서로 시를 나누는 일은 드물었고, 이런 창작물은 오로지 가정 안에서 자유로운 여성들만 낭송할 수 있었기 때문이다.

이런 사회적 분위기는 왈라다를 억압했는데, 그녀는 옷에 시구들을 바느질해서 입고 다님으로써 자신의 독특한 성격을 드러냈다. "나는 알라의 영광을 위해 만들어졌네. 나는 나만의 방식대로 자랑스럽게 나아가네." 현재 그녀의 시는 아홉 점만 남아 있는데, 대부분이 유명 시인 중 한 명인 이븐 자이둔Ibn Zaydún과의 격렬한 관계와 관련 있다.

둘 사이는 안 좋게 끝이 났는데, 왈라다는 그가 자신의 노예와 사랑에 빠졌다는 내용의 시를 써서 그를 비난했다. 하지만 전문가에 따르면, 이것은 뭔가를 숨기기 위한 문학 장치에 불과하고, 아마도 그의 진짜 애인의 콧대를 꺾으려는 의도가 있다고 해석한다. 그 사랑시는 풍자적이었는데, 왈라다는 자이둔이 동성연애자라고 비난했다. 그녀는 이븐 압두스Ibn Abdús를 선택하면서 그와의 관계를 끝냈다. 그리고 이븐 압두스는 자신의 정적政敵인 자이둔을 감옥에 보냈다.

힐데가르트 폰 빙엔, 라인강의 예언자Sibyl of the Rhine

힐데가르트 폰 빙엔의 작품은 중세 지식인들의 이정표 중 하나다. 라인강 지역 귀족 가문의 딸인 그녀는 성 베네딕트 수녀원에 들어가서 수도원장의 명령에 따라 교육을 받고 그녀의 뒤를 잇는다. 그리고 수도원장이 되고 나서 첫 번째 도덕적 극작품인 <오르도 비르투툼Ordo Virtutum>('덕을 찬미하는 노래')을 썼다. 신비하고 박식한 그녀의 계시들은 《쉬비아스Scivias》('길의 조명')를 통해 성경을 해석하는 신앙적 전통과 연결되었다.

그녀가 가장 많이 쓴 글의 종류는 서간문이다. 거기에는 교황이나 황제들을 위해 어려운 질문에 조언하거나 일상의 작은 불안에 대해 상담한 여러 가지 이야기를 모았다. 한편 그녀는 한 여성이 공적인 연설을 했다고 비난받자 설교 캠페인에 참여하기도 했다. 그리고 음악 작곡가로도 두각을 나타냈다.

그 밖에 의학 서적으로 알려진 《병의 원인과 치료Causae et curae》 같은 그녀의 과학적 연구도 빼놓아서는 안 된다. 《자연학Physica》에서는 200여 종의 야생 식물과 30가지 이상의 약초를 설명하고 처방해놓았다.

관도승, 대나무를 그린 여성 화가

관도승管道昇은 중국 지방의 귀족 가문에서 태어나서 교육을 받았다. 그녀는 중국 원대의 관료이자 유명 화가인 조맹부趙孟頫와 결혼한 후 남편의 일 때문에 온 나라를 여행하고 다녔다. 몽고 침략과 그들의 문화로 세워진 원나라(1271~1368)는 일에서 여성이 좀 더 자유로운 시대였기 때문에 그녀는 다양한 예술 활동을 하고, 대가족의 집안일도 열심히 챙겼다.

그녀가 쓴 많은 시는 〈아농사我儂詞〉처럼 그녀와 가장 가까운 환경에 대한 감정을 묘사했다. 특히 이 시는 남편이 후처를 들이겠다고 말한 뒤에 썼는데, 남편은 이 글을 읽고 후처를 들이는 계획을 그만두었다.

그녀가 남긴 유명한 회화 작품들의 소재는 대부분 남성이 사용하던 대나무였다. 중국 전통문화에서 대나무는 군자의 지조와 절개 같은 덕성을 상징한다. 그녀의 작품에서 작은 대나무 잎은 마치 서체와 비슷한데, 이 분야에서 그녀는 가치를 헤아릴 수 없을 정도로 귀한 작품을 남겼다. 그녀는 1319년 사망하고, 조맹부는 아내를 잃은 충격으로 평생 재혼하지 않았다.

'위험한 칙서'와 수녀원장의 권력

수녀원은 많은 여성에게 문화의 중심이자 권력의 원천이었다. 미사를 집행하고 고해성사를 듣기 위해서는 사제가 따로 있어야 한다는 요구가 있었지만, 수녀원장들은 특정한 때 성사聖事를 맡아서 했다. 그녀들은 수녀원 담당 인력에 대한 권한이 있었고, 병원이나 고아원의 설립을 명령할 수 있었으며, 예술 작품 후원을 장려하고 자금을 조달하는 특권까지 누렸다.

한때 교회에서 여성들이 공적인 활동에 참여하는 것이 금지되었지만, 이후 회복되었다. 12세기에는 '수도사·수녀 공동 예배 수도원'(수도사·수녀가 각각 다른 시설에서 생활하면서 원장의 감독하에 한 성당에서 예배를 보는 수도 단체로, 중세 말기까지 있었으나 현재는 없다_옮긴이)이 있었다. 이곳에서는 수도사와 수녀가 분리되어 있었지만, 특정 수녀원장들은 전체 예배 공동체를 이끌었다. 그 때문에 그녀들의 권력을 제한하기 위해 지속적으로 교회 개혁이 일어났다.

10세기 때 교황 그레고리우스는 모든 여성의 대중 설교와 성경 해석을 금지했다. 1298년 교황 보니파시오 8세는 '위험한 내용'으로 알려진 칙서를 내렸다. '유럽의 모든 수녀를 가둔다'는 내용의 이 칙서는 종교적으로 허가받지 못한 단체의 많은 특권을 박탈하고, 남성 수도원 단체에서 여성을 분리하기 위한 목적을 지니고 있었다.

트로툴라와 중세시대 부인과科

중세시대 이탈리아 살레르노 출신 트로툴라Trotula는 유명한 여성 의학 치료 연구서 중 하나인 《여성들의 치료》를 쓴 중요한 인물이다. 이 책에는 산부인과, 산과학 및 화장품과 같은 주제가 포함되어 있다. 이를 통해 임신과 관련된 월경 불순에 대한 걱정과 낙태 방법 같은 부인과의 실질적인 지식을 제공했다.

그녀의 책은 여성의 몸을 사회적 맥락에서 설명한다는 점에서도 매우 중요한데, 이른바 그 치료법들은 중세시대 제도 안에서 여성의 몸의 위치 및 가치와 긴밀하게 연결되어 있었다. 또 수녀들의 성욕을 억제하는 치료법과 독신 여성들이 순결한 척하는 방법, 강간으로 인한 부상 치료법도 설명했다.

이 책은 여성이 직접 쓰고 부인과 내에서 쉬쉬해온 불분명한 내용을 해결해준 유일한 논문이다. 14세기까지 기독교를 믿고 따르던 유럽에서는 남자 의사가 여성의 성기를 보거나 만지는 게 적절치 못한 것이었다. 그 때문에 여성 환자들은 여성 민간 치료사나 남성 의사를 돕는 여성 보조사들을 찾아다녀야 했다.

여성 음유 시인들을 위한 노래

중세시대 프랑스 남부에는 여성 음유 시인이 여럿 있었다. 그중 백작부인 베아트리츠 드 디아Beatriz de Dia와 카스텔로자Castelloza가 눈에 띈다. 그녀들의 작품은 중세 문화에서 여성들이 적극적으로 참여하고, 이데올로기 기둥 중 하나임을 보여주었다. 대부분의 작품은 사랑 이야기인데, 여기서 남자 애인들을 쌀쌀맞고 까칠하게 표현했다.

고대 로마의 비에이리스Bieiris가 지은 〈훌륭하고 탁월한 마리아여Na Maria, pretz e fina valors〉(마리아라는 여성에게 보내는 시로, 레즈비언 시로 분석됨_옮긴이)와 같은 유명한 노래에서는, 여성을 대상으로 하는 레즈비언 문학이 있을 수도 있다는 것이 드러났다. 이런 작품들은 작자 미상이거나 가명으로 쓰였는데, 귀족 여성이 음악을 작곡하고 연주하는 것이 얼마나 복잡한 일이었는지를 보여준다.

프랑스 북부에서 여성 작곡가들은 '부정한 남편'이나, '강제로 수녀원에 갇힌 젊은 여성들에 대한 노래'와 같은 원조 페미니스트proto-feminist(일반적인 페미니즘의 개념이 정립되기 이전의 성평등 이념_옮긴이)를 주제로 작업한 작품이 많다.

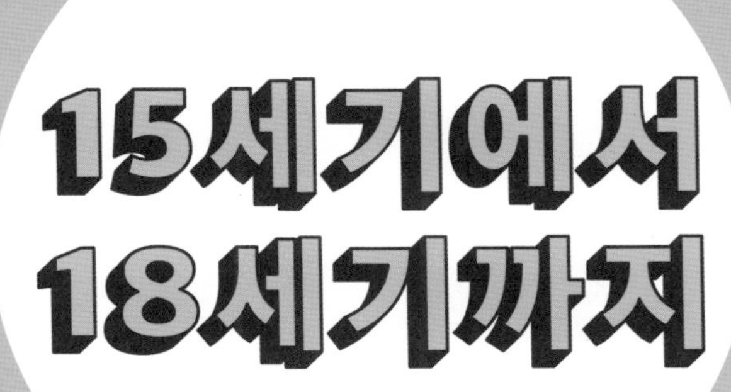
15세기에서
18세기까지

1400

1405 **크리스틴 드 피장**Christine de Pizan은 《여성들의 도시Le Livre de la Cité des dames》를 썼다. 이 작품은 페미니즘의 선례를 보여주고 '여성들의 논쟁'이라고 불리는 가장 유명한 작품 중 하나다.

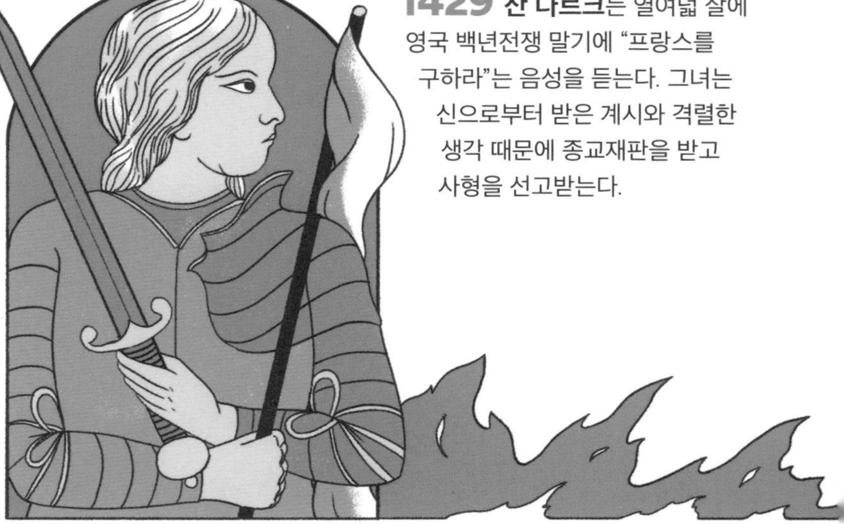

1429 **잔 다르크**는 열여덟 살에 영국 백년전쟁 말기에 "프랑스를 구하라"는 음성을 듣는다. 그녀는 신으로부터 받은 계시와 격렬한 생각 때문에 종교재판을 받고 사형을 선고받는다.

1523 **아르굴라 폰 그룸바흐**Argula von Grumbach는 루터의 교리를 가장 먼저 전파한 여성으로, 바바리아의 잉골슈타트대학에 장문의 편지를 써서 보냈다. 그 편지에서 개신교 학생을 감옥에 넣은 학장을 신학적으로 비난했다.

1533 **록셀라나**Roxelana는 술레이만 1세와 결혼한 후 오스만제국의 왕실 풍습들을 바꾸었다.

1542 왕비 **마르그리트 드 나바르** Marguerite de Navarre는 보카치오의 《데카메론》을 모델로 삼아 《엡타메롱 Heptaméron》을 쓴다. 여기에는 남녀 귀족 열 명이 기다림을 달래려고 한 이야기가 나온다. 《데카메론》에서 벌어지는 일과 반대로, 이 책은 여성들이, 불륜과 같은 속임수를 통해 남성들을 비웃는다.

1549 자자우Zazzau(현재 나이지리아의 자리아)의 **아미나**Amina 여왕은 왕국의 왕좌를 계승하고 무역로를 확장 및 통제하기 위한 공격적 군사작전을 시작했다. 그녀는 각기 다른 도시의 통일과 통치를 책임졌고, 그 결과 '아미나, 야르 바크와 타 산 라나Amina, Yar Bakwa ta san rana'라는 별명을 얻었다. 이 말은 '아미나, 그 어느 남성만큼이나 능력 있는 여성'이란 뜻이다.

1492 가톨릭 군주들(카스티야 왕국의 이사벨 1세와 아라곤 왕국의 페르난도 2세 시대를 칭하는 집합명사_옮긴이)은 스페인에서 **유대인들**을 추방했다. 그 결과 걸출한 유대인 여성들을 포함한 많은 유대인이 나라를 떠나야 했다.

1451 이탈리아 여성 인문주의자 가운데 가장 눈에 띄는 한 명인 **이소타 노가롤라**Isotta Nogarola는 도덕성에 대한 조롱과 심각한 비난을 받은 후, "온 도시가 나를 비웃고, 내 성별이 나를 웃음거리로 만든다"라며 어머니 집에서 은거한다. 그리고 거기서 종교적인 작품들을 쓰기 시작하는데, 원죄와 관련해 이브의 역할에 의문을 제기한다. 이것은 이후 몇 세기 동안 열리는 젠더 관련 토론들에 크게 이바지한다.

1520 **샤를로트 길라드**Charlotte Guillard는 수년간 남편의 인쇄소에서 일한 뒤에 그것을 물려받아 파리에서 가장 유명한 여성 인쇄업자가 되었다. 그 결과 인쇄된 책을 통해 지식 혁명의 여성 주역 중 한 명이 되었다.

1520 **마리아 파체코**María Pacheco는 아빌라 지역에서 반군주제 및 반전제주의를 지지하는 왕국 반란 수장인 후안 데 파디야Juan de Padilla의 부인으로, 남편이 죽은 뒤 활동을 이어가다, 카를 5세의 탄압을 받았다.

1561 **성녀 테레사**Saint Teresa of Ávila는 일련의 신비한 경험과 인문주의 영향을 받은 '데보티오 모데르나Devotio moderna'(새로운 신심 운동)에 참여하고, 반종교 개혁 운동 시대에 기독교를 뒤흔든 커다란 개혁의 첫 번째 반석인 아빌라의 성 요셉 수녀원을 설립했다.

1555
명나라 황제는 귀족 여전사인 **와씨부인**瓦氏夫人을 선발해 중국 남부 해안에 출몰하는 해적들의 공격을 방어하게 했다. 그녀는 해안 대부분을 담당하고 6000명을 지휘하면서 최고의 영예를 안았다.

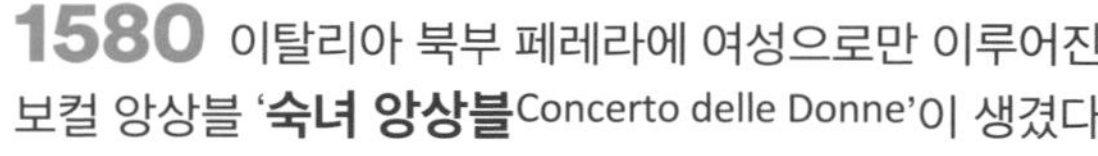

1580 이탈리아 북부 페레라에 여성으로만 이루어진 보컬 앙상블 '**숙녀 앙상블**Concerto delle Donne'이 생겼다.

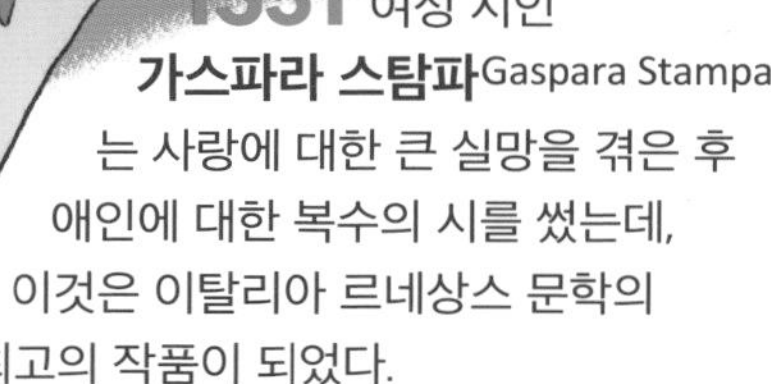

1551 여성 시인 **가스파라 스탐파**Gaspara Stampa는 사랑에 대한 큰 실망을 겪은 후 애인에 대한 복수의 시를 썼는데, 이것은 이탈리아 르네상스 문학의 최고의 작품이 되었다.

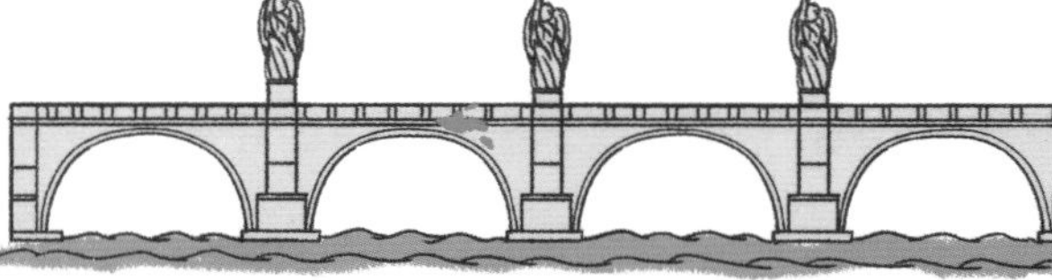

1599 방탕하고 폭력적인 아버지의 살해 음모에 가담한 로마의 귀족 여성인 **베아트리체 첸치**Beatrice Cenci의 재판이 시작되었다.

1400년부터 1600년까지

여성들의 논쟁(그리고 여성들의 도시)

'여성들의 논쟁'은 전 세대 여성 작가들이 항변했던 가부장제 옹호자들의 여성 혐오 공격으로 문학적·지적 논쟁이 되었다. 이 논쟁의 첫 번째 글 중 하나는 1405년 크리스틴 드 피장Christine de Pizan이 쓴 《여성들의 도시Le Livre de la Cité des dames》다. 이 책에서는 과거와 현재의 작품들로 유명해진 여성 작가들이 사는 여성 도시를 우화적으로 보여준다.

피장과 함께 유명한 작가 가운데 시인 루이즈 라베Louise Labé도 있다. 《루이즈 라베 작품집》(1555)에서 그녀는 여성이 글을 쓰고 교육을 받도록 장려했다. 여성의 교육이 분쟁에서 중요한 역할을 한다고 생각했기 때문이다. 《남녀평등》(1622)에서 보여주듯, 여성 철학자 마리 드 구르네Marie de Gournay는 두 성별의 유일한 차이는 교육의 접근에 있다고 설명했다.

한편, 여성 학대 반대 변론을 쓰기 위해 개인의 경험을 쓴 여성 작가들도 있다. 베네치아 수녀인 아르칸젤라 타라보티Arcangela Tarabotti는 강제로 수녀원에 갇혔던 일을 글로 썼다. 그녀가 직접 경험한 일을 담은 《가부장의 폭정》(1654)은 가장 유명하고도 구설에 많이 오른 작품이 되었다.

또한 몇몇 귀족 여성들은 전반적인 여성 보호를 위해 교육을 중요하게 여겼다. 영국 시인인 사라 피지 에저튼Sarah Fyge Egerton은 《여성 옹호자The Female Advocate》(1686)에서 남성 저자의 구체적인 여성 혐오에 대항했다. 그리고 영국 시인인 메리 처들리Mary Chudleigh가 쓴 《여성 옹호The Ladies Defence》(1701)는 아내가 남편에게 복종하고 충실하라고 강조한 설교에 대한 답변을 담았다.

여성들은 문학 살롱(프랑스에서 궁정과 귀족의 저택을 무대로 한 사교계 모임_옮긴이)이라는 영역에서 새로운 문화 유행의 대변자가 되었다. 그러다가 여성 혐오는 극작가 몰리에르Molière의 작품인 《우스꽝스러운 재녀들Les Précieuses ridicules》(1659)에서 농담으로 변모한다. 이후 여성들의 지적 발달과 여성 보호는 1762년에 심각한 어려움을 겪는다. 그해 장 자크 루소는 자신의 약혼자인 소피아가 교육을 논하는 《에밀》 5편에서 다시 한 번 여성을 개인적이고 감정적인 그림자 안에 가두어 격하시킨다. 즉, 여성들은 계몽되지 않을 것이라고 말한다.

다른 한편으로, 여성이 더 나은 교육을 받아야 할 필요성이 자리 잡는다. 17세기 말 메리 아스텔Mary Astell이 쓴 《숙녀들을 위한 진지한 제안Serious Proposal to the Ladies》(1694)에서 여성을 위한 교육기관을 설립하자고 제안했기 때문이다.

두 여성의 추방

1492년 스페인의 유대인 추방과 이후 종교 탄압은 개인의 비극일 뿐만 아니라 문화적 비극이었다. 벤베니다 아브라바넬Benvenida Abrabanel(유명한 신학자이자 가톨릭 군주의 고문이었던 이삭 아브라바넬Isaac Abravanel의 조카)과 같은 뛰어난 여성 지식인들이 떠났기 때문이다. 그녀와 가족들은 나폴리로 이주했다. 당시 그곳도 스페인의 영토였기 때문에 거기서도 마찬가지로 박해를 받았지만, 가문의 영향력 덕분에 1540년까지 유대인 추방이 연기되었다.

이후 이탈리아 북부 페라라에 정착하기로 결심하는데, 그 도시는 이탈리아에서 세파르디sefardí(중세시대 스페인 태생의 추방된 유대인_옮긴이)의 피난처가 되었다. 페라라에서 그녀는 죽을 때까지 가족 사업을 관리, 확대하고 예술가와 지식인에게 자신의 집을 개방했다.

이 기간에 매력적인 또 다른 여성은 바로 그라시아 나시Gracia Nasi(베아트리스 데 루나 미케스Beatriz de Luna Miques라고도 함)다. 그녀는 16세기 유럽에서 가장 부유한 여성 중 한 명이었다. 그녀의 가족은 그라나다의 칙령을 피해 포르투갈에 정착했다. 그녀는 몇 년간 거짓 개종자로 살다가, 가족과 함께 베네치아로 이주한 이후 다시 페라라, 그리고 1553년에 터키로 갔다. 터키에서는 공개적으로 유대인 신앙생활을 했을 뿐만 아니라, 교황과 프랑스, 스페인에 돈을 빌려주기도 했다. 그리고 유대인들이 탈출할 수 있도록 연결망을 만들고, 이탈리아 안코나 같은 도시들에 상업 봉쇄 조치를 만들고 시행했다.

유대인 회당의 후원자이자 '라 세뇨라la Señora'(부인)라는 별명이 붙은 그녀의 권력과 자본 그리고 세파르디의 보호자를 자처한 그녀의 행동은 당시 시대 갈등을 잘 보여주고 있다.

여성들의 술탄 통치 기간

'록셀라나Roxelana'라고 알려진 하세키 휴렘 술탄Haseki Hürrem Sultan의 이야기는 사적인 영역과 정치 영역 사이의 분리를 없애는 데 필요한 여성의 큰 회복력을 보여준다.

록셀라나는 열다섯 살에 타타르 사람들에게 납치되어, 노예 시장에서 오스만제국 술탄인 술레이만 1세의 하렘을 위한 선물로 팔린 슬라브족 여성이었다. 그녀는 하렘과 같은 복잡한 곳에서 특별한 능력을 드러낸 덕분에 술탄의 총애를 받고 아내까지 되었다. 그리고 귀족들 사이의 결혼 관행을 회복시켰다. 또한 오스만제국의 일부다처제 관습을 폐지하고, 술탄과 한 명 이상의 아들을 두는 것을 금했으며, 술탄 사이에서 잉태한 아들이 성년이 될 때까지만 하렘에 머물 수 있게 했다.

술탄과 함께 살기 위해 거처를 옮긴 뒤 록셀라나는 정치 고문이 되었다. 그녀의 통치가 시작되면서 이 기간을 '여성들의 술탄 통치 기간'이라고 불렀다. 그 기간에 많은 미성년자 술탄들은 어머니와 아내들의 정치적 결정을 철저히 따랐다. 그리하여 노예 신분이던 여성들이 제국의 계획을 결정하는 존재가 되었다.

역사상 첫 걸그룹

걸그룹이 20세기 현상처럼 보이지만, 실제로 1580년 페라라 공화국에서 최초의 여성 전문 음악 단체가 있었다. 음악 역사의 기초가 된 이 단체는 알폰소 2세 데스테 공작이 네 명의 여성, 이른바 리비아 다르코Livia d'Arco, 로라 페베라라Laura Peverara, 안나 과리니Anna Guarini, 타르퀴니아 몰자Tarquinia Molza를 궁중에 부르면서 시작되었다. 당시는 음악을 전문적으로 연주한 여성이 거의 없었기 때문에 여성의 존재와 논란이 될 만한 활동(여성이 공개적으로 노래하고 돈을 받는 일)을 정당화하기 위해서는 특별 조치가 필요했다. 역사상 이 여성 집단의 첫 번째 관리자인 데스테 공작은 이들의 예술성을 보고 뽑았지만, 그뿐만 아니라 낮은 귀족 계층에 소속시키려는 의도도 있었다. 그는 그녀들을 자신의 집단 내 귀족들과 결혼시켜 재산을 늘렸다. 그리고 궁정에서 그녀들의 존재를 정당화하기 위해 추가 일자리도 제공했다. 그 결과 그녀들은 공작 부인 단체에 속한 귀부인이 되었다.

이 집단의 성공은 놀라웠고 여성 노래 앙상블은 이탈리아 전역에 퍼졌다. 그녀들을 위해 쓰인 곡들은 바로크 음악을 알린 마드리갈madrigal(보통 5성부로 된 무반주의 성악 합창_옮긴이) 스타일 혁명에 영감을 불어넣었다.

베아트리체 첸치와 폭군에 대한 복수

철학자 한나 아렌트Hannah Arendt는, 전체주의 역사는 세기의 범죄자가 된 대표적인 가족의 '아버지 역사'라고 지적했다.

아버지와 남편들이 가하는 폭력은 역사상 늘 있었다. 베아트리체 첸치Beatrice Cenci도 이런 환경에서 예외가 아니었다. 그녀는 로마 귀족 집안으로, 아버지 프란체스코 첸치는 가족에게 온갖 잔혹한 짓을 저지른 것으로 유명했다. 특히 그는 딸들을 집에 가두고 학대했다. 너무나 참담한 상황에서 베아트리체는 교황에게 아버지가 가족과 함께 살 수 없도록 모든 의무를 박탈해 달라고 요청했다. 하지만 거부당한 그녀는 아버지를 암살할 계획을 세운다. 진정제로 포도주를 먹인 후에 아버지를 망치로 내리친다. 이후 실족사로 위장하려고 저택 난간에서 아버지를 밀어버린다. 그 재판은 로마에서 큰 사건이 되었고, 많은 사람들이 정상참작을 요구하는 문의가 쇄도했지만, 끝내 그녀는 죽음을 면치 못했다.

마녀사냥: 새로운 시대의 시작

"늙고, 마르고, 지저분하다. 누더기를 입고 산양을 타거나 빗자루를 타고 하늘을 날아다닌다."

이것은 16~17세기 유럽 전역에서 공포 운동으로 만들어진 마녀의 이미지다. 그 당시에 일어난 끔찍한 여성 학살은 수십만 건에 이른다. 이 일은 인간적·문화적·사회적으로 커다란 재앙이었다.

과연 그 살인의 진짜 배후는 무엇일까?

실비아 페데리치Silvia Federici는 《캘리번과 마녀Caliban and the Witch》(2011)에서 그 박해가 중세 어둠의 논리가 아니라, 이성의 빛과 자본주의 체제 확립 안에 있음을 확인했다. 마녀사냥이 이루어진 수 세기 동안 수많은 농민 봉기와 인구통계학적 위기, 경제적 혼란이 있었다. 그리고 많은 사람이 왕국의 부가 증가했다고 여기며 여성의 신체를 통제하고 여성의 노동을 평가 절하했다. 따라서 여자의 주된 일은 상속할 대상을 출산하는 일이었다.

이런 '국가 테러 행위'에서 여성은 자연에 붙어 있는 불균형적이고 피지배적 존재로 여겨졌다. 여기에 더해서 다양한 설교와 저술 및 시각적 표현을 통해 마녀를 인식하고 고발을 장려하는 방법을 가르쳤다. 마녀가 마치 여성성과 비이성의 상징처럼 되면서, 여성을 자본가들의 합리성에 맞추고, 남성 노동에 복종시키며, 경제 변화를 저항하는 농민들을 통제하기 위해 그녀들을 벌했다.

페데리치에 따르면, "마녀사냥은 (…) 여성이 자본주의 관계 확산을 반대한 저항과 섹슈얼리티, 생식 통제 및 치

료 능력을 통해 얻은 힘에 공격하는 행위"였다. 그 결과 공공 토지에 울타리가 쳐지고 집단적 유대가 약화되었을 뿐만 아니라, 피고인은 주로 늙고 가난한 여성인 데 반해 고소인들은 상위 계급에 속한 남성이었다. 이것은 가장 불우한 계급에 대한 혐오를 반영했다.

여성적 범죄로 여긴 '마술'은 현명한 여성들을 악마화시키고(그녀들을 악마로 간주해 남성 의사나 학자들에게 보냈다), 농민 봉기 수장에 여성의 정치적 참여뿐만 아니라 비생산적인 여성 성행위에 대한 수많은 박해를 강조하기 시작했다. 당시 마녀들은 난잡한 매춘부로 전락했으며, 육체적·성적 폭력에 시달리거나 고문을 당하고 자기 딸 앞에서 공개적으로 처형당했다. 그 광기 어린 집단 저항은 이례적이었는데, 이는 지속적인 여성 혐오 운동의 전파 때문이었다.

마녀사냥의 종식은 18세기 계몽주의의 등장과 함께 미신이 사라졌기 때문이 아니라, 부르주아 계급이 상류층 여성들에 대한 고발로 퍼지기 시작한 불꽃을 끄기 위해서였다. 페데리치에 따르면, 마녀들은 새로운 경제 질서가 뿌리 뽑고 싶어 하는 기존의 방식을 나타냈다. 왜냐하면 이것이 그 새로운 힘을 위협했기 때문이다. "이 일이 끝나자마자(사회 규율이 회복되고 지배계급의 주도권이 강화되자), 마녀들에 대한 심판도 끝이 났다."

아나카오나 왕국의 파괴

그가 가슴에 달린 십자가를 만지자 뭔가 이상한 분위기가 감돌았다. 아이티의 흑단과 마호가니 잎이 바람에 흔들렸고, 70마리의 말 울음소리만이 들렸다. 말들이 잘 보이는 특별석에 앉아 있던 아나카오나Anacaona는 뭔가 안 좋은 일이 일어날 것 같은 예감이 들었다. 그리고 '스페인 사람들은 믿을 만하지 않다'는 사실이 곧 증명되었다.

1492년 10월 12일, 크리스토퍼 콜럼버스가 이웃 섬 과나하니에 발을 내디디면서 모든 미대륙처럼 아나카오나의 삶도 바뀌었다. 현재 아이티와 도미니카공화국으로 이루어진 이 영토는 당시 타이노족이 살고 있었는데, 이들은 다섯 개의 부족으로 나뉘어 있었다. 그중 문화적으로 가장 발달한 부족은 하라구아Jaragua로, 오늘날 포르토프랭스에 해당하는 지역에 거주하며 보헤치오Bohechío 추장이 다스리고 있었다. 그의 여자 형제인 아나카오나는 이웃 지도자와 결혼한 상태였다. 스페인 군인들은 이들로부터 평화로운 환영 인사를 받았다.

스페인 군인들을 환대할 준비를 하던 사람 중 한 명이 바로 아나카오나였다. 그는 남자 형제와 함께 그 지역의 공동 책임을 맡고 있었다. 그녀는 그들에게 선물과 공물을 바쳤는데, 아마도 스페인 사람들이 타고 온 거대한 배를 보고 그들의 기술 발전에 놀랐던 것 같다. 그녀는 외교적 역량을 발휘해 시인으로서 쓴 작품들(아레이토스areítos라 불리는 운율과 서사시)은 물론이고, 나이노족의 창조 신화를 보여주는 춤과 노래를 선보였다. 그녀의 현명함과 환대로 스페인 군인들은 그곳(오늘날 히스파니올라섬)에서 영구적인 캠프를 세운 것으로 전해진다.

하지만 주민들은 질병과 신체적 학대, 공물 요구를 참지 못하고 반란을 일으켰다. 아나카오나는 남자 형제의 죽음으로 하라구아 부족의 족장을 이어받고, 스페인과의 긴장 관계를 해소하려고 했다. 그러나 그 계획은 스페인에서 새로운 통치자 니콜라스 데 오반도Nicolás de Ovando가 오면서 꼬이기 시작했다. 그는 다른 나머지 추장들이 그녀처럼 힘을 행사하지 못하게 막았다. 그리고 1503년 공물 문제를 논의하기 위해 회의를 요청했다.

매우 어려운 상황에서 아나카오나는 최고의 외교 도구를 사용하기로 마음먹고, 지역의 귀족들을 모아 스페인 사람들(정확히 말하면 300명의 병사와 70마리의 말)을 위해 산해진미를 준비하고 파티를 열었다. 니콜라스 데 오반도는 이에 대한 화답으로 잠복해 있던 말들의 경기 시연을 보여주었다. 그리고 타이노족이 광장 중앙에 모이자 출구를 막았다. 바로 그때 그의 목에 걸려 있는 십자가가 태양 빛에 반짝였다. 그가 십자가를 만지작거리자 그 순간 스페인 군인들의 공격이 시작되었다.

스페인 출신의 성직자이자 역사가인 바르톨로메 데 라스 카사스Bartolomé de las Casas는 이 충격적인 이야기를 이렇게 전한다. "아나카오나가 '왜 이렇게 끔찍한 악을 행하는가'라며 절규하기 시작하자 모두가 울었다."(《인디언의 역사Historia de las Indias》, II, 9) 지도자들은 투옥되어 고문을 당하고, 여성과 아이들은 살해되고, 집은 거주자들과 함께 불에 탔다. 라스 카사스는 이 책에서 아메리카 대륙의 스페인 침략에 대한 이 같은 그로테스크한 예화의 마지막을 덧붙이며, 스페인 사람들은 아주 사랑스럽고 존경을 받는 한 여왕과 그 주변 사람들에게 신체적 고통을 주었다고 결론을 맺었다. "아나카오나 여왕, 그녀의 명예를 위해 교수형에 처한다."(같은 책)

1609 조산사 **루이즈 부르주아**Louise Bourgeois는 '불임과 낙태, 출산 및 여성과 신생아 질병에 대한 다양한 관찰'이라는 글을 발표했다. 이 연구서는 모두 50장으로 되어 있고, 약 2000명에 이르는 여성의 출산 경험을 기록한 것으로, 산과 실습에 필수적인 글이 되었다.

1604
여성들이 글을 쓰고 애인을 고르며 황제 자리까지 오른 **일본**의 중세 이후, 에도 시대부터 극심한 여성 혐오가 시작되었다.

1650 폴란드의 천문학자 **마리아 쿠니츠**Maria Cunitz는 문화적·과학적 기여로 '슐레지엔의 팔라스'(아테나 여신의 호칭_옮긴이)로 알려졌다. 그녀는 《우라니아 프로피티아Urania propitia》라는 책을 썼는데, 이것은 '루돌프 표Rudolphine Tables'(요하네스 케플러에 의해 1627년에 출간된 항성과 행성의 표_옮긴이)를 간단히 축약한 것으로, 여기에는 새로운 수학적 표들이 포함되어 있고, 행성의 궤도 위치를 결정하기 위해 '케플러의 난제'에 대한 해답을 제시했다.

1629 은동고Ndongo와 마탐바Matamba, 두 왕국을 통치하던 **은징가**Nzinga 여왕은 포르투갈 사람들에게 쫓겨났지만, 게릴라전을 통해 영토와 권력을 되찾았다.

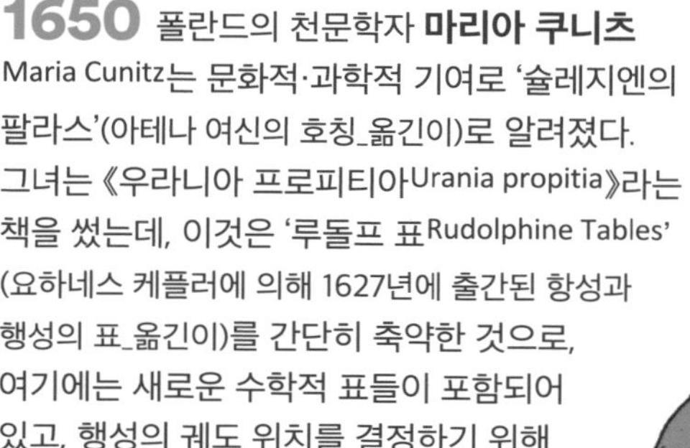

1692 미국 매사추세츠주에서 '**세일럼 마녀재판**'이 열렸다. 극단적 청교도 마을인 이곳에서 종교적 히스테리가 일어났는데, 여성 세 명을 고발하는 일로 시작해서 결국 스무 명이 처형되었다. 20세기 미국 극작가 아서 밀러Arthur Miller는 《시련 The Crucible》이라는 작품을 통해 세일럼의 마녀재판을 실증적으로 담아냈다. 여기서 미국의 공화당 상원의원인 조셉 매카시Joseph McCarthy의 공산주의 박해를 비판했다.

1673 **후아나 이네스 데 라 크루스** Juana Inés de la Cruz는 멕시코에서 태어났다. 당시 멕시코는 에스파냐의 식민지였는데, 그녀는 산헤로니모 수도원에 들어가서 독신으로 살면서 문학에 집중했다. 스페인 황금기의 중요한 인물인 그녀는 개인 성향 때문에 푸에블라 주교로부터 불경하다는 비난을 받고, 《필로테아 수녀께 보내는 답신 Respuesta a Sor Filotea》이라는 책을 썼다. 여기서 여성의 교육과 창작 권리를 옹호했다.

1659 아쿠아 토파나Aqua Tofana(맹독성 약물)를 발명한 **줄리아 토파나** Giulia Tofana는 독극물 판매 사실이 밝혀지고 난 후 교황 당국에 의해 처형당했다. 그녀는 남편에 의한 폭력적인 결혼 생활에 갇혀 있는 여성들에게 독극물을 만들어 판매했다.

1688 네덜란드령 기아나에서 노예 반란을 목격한 영국인 첩자이자 작가인 **애프라 벤**Aphra Behn은 최초의 반노예제 소설로 알려진 《오루노코Oroonoko》를 발표했다.

1616 바로크 화가 **아르테미시아 젠틸레스키**Artemisia Gentileschi는 로마 미술 학교에 들어간 첫 번째 여성이 되었다.

1613 아메리카 인디언이자 포우하탄Powhatan 족장의 딸인 **마토아카**Matoaka(포카혼타스)는 영국 식민자들의 납치에 시달렸다.

1624 **펠리시아나 엔리케스 데 구스만**Feliciana Enríquez de Guzmán은 스페인의 최초 여성 극작가 중 하나다. 그녀는 《희비극, 사바의 들판과 정원들》(10곡의 합창과 4곡의 간주로 이루어진 1, 2부)을 출간했다.

1789 빵 부족과 물가 상승을 이유로 파리에 모인 여성 항의 집단은 시장에서 많은 여성들을 규합하고, 프랑스혁명의 핵심 행사인 **베르사유 행진**에서 절정에 이르는 큰 항의 시위를 일으켰다.

1792 영국 작가 **메리 울스턴크래프트**Mary Wollstonecraft는 프랑스혁명의 이론 정립과 성과에서 여성을 제외한 것에 대한 응답으로 《여성의 권리 옹호》를 출간했다. 프랑스혁명은 한마디로 바지 입은 사람의 존엄성만 지켜주는 혁명이었다.

1780 **안젤리카 카우프만**Angelica Kauffmann과 **메리 모저**Mary Moser는 왕립미술아카데미의 창립회원 40명에 포함되었지만, 여성이라는 이유 때문에 누드 그림 수업에는 들어가지 못했다.

1720 여성 해적 **메리 리드**Mary Read와 **앤 보니**Anne Bonny는 바넷Barnet 선장의 선원들에게 체포되어 교수형을 선고받았다. 어린 시절부터 남자 옷을 즐겨 입은 메리 리드는 잭 라캄Jack Rackham 선장이 직접 뽑았고, 앤 보니도 그의 선원이었다. 앤 보니는 메리 리드가 여성이라는 걸 나중에 알았고, 그렇게 두 사람은 우정을 맺었다. 하지만 그 우정은 레즈비언적 성향 때문에 투기의 대상이 되었다.

1780 인도 라마나타푸람Ramanathapuram의 공주인 **벨루 나치야르**Velu Nachiyar는 자국에 들어온 영국 식민자들을 상대로 우다이얄Udaiyaal이라는 여성 군대를 이끌었다.

1800

1600년부터 1800년까지

일본 에도 막부의 여성 혐오와 '쾌락 지역'

일본에서 여성의 지위는 1604년부터 하락했는데, 그 이유는 유교의 유행과 가이바라 에키켄貝原益軒이 쓴 《여대학女大学》(여자 교훈서) 때문이다. 이 책에는 "여성은 멍청하니 신뢰하지 말고, 남편에게 복종하라"는 내용이 적혀 있다. 유교에서는 아내를 단순히 가정 관리자로 여겼기 때문에, 대개 남편들은 섹스와 오락을 위해 다른 여성들을 찾았다.

에도 막부 시대에는 이를 위해 '쾌락 지역'(유곽)을 지정했다. 그곳에는 '유녀遊女'들이 거주하고 있었고, 매춘이 합법이었다. 이 유곽들은 남성에게 쾌락과 섹스를 제공하는 중심지가 되었다. 수많은 고급 유녀들은 춤과 노래, 시, 서예와 접대하는 기술을 갖고 있었다.

이 현상과 '오도리코'(부유한 사무라이가 고용한 무희들로, 나중에 매춘부가 됨)들이 합쳐지면서 게이샤Geisha가 탄생했다. 1750년, 가수로 큰 성공을 거둔 후쿠오카의 기쿠야Kikuya와 함께 처음으로 그녀들의 존재가 기록되었다.

포카혼타스의 진짜 이야기

1613년 3월, 북아메리카 원주민 마토아카Matoaka(포카혼타스)는 영국 식민자들에게 납치되어 인질로 있었다. 왜냐하면 그녀의 포우하탄족도 영국 인질들을 데리고 있었기 때문이다.

납치된 그녀는 체스터필드의 백작 영토에서 살았고, 그곳에서 영어와 기독교 교육을 받았다. 홀아비였던 존 롤프John Rolfe는 그녀에게 홀딱 반해 추장에게 약혼 허락을 구하는 편지를 쓴다. 그는 편지에 이교도와의 결혼이 두 영혼을 구할 것이라고 썼다. 그가 간절한 마음을 담아 편지를 썼던 당시 그녀도 같은 마음이었는지는 알려져 있지 않다.

1614년 가톨릭 의식으로 결혼식을 올리면서 그녀는 '레베카'라는 세례명을 받았다. 그들은 롤프의 농장 중 한 곳에서 살았고, 1년 후 첫 번째 아들이 태어났다. 1616년 그녀는 가족과 함께 영국으로 여행을 갔고, 11명의 북아메리카 원주민들이 동행했다. 그러나 그녀는 여행을 떠난 지 얼마 안 돼서 열병이 났고(결핵 때문으로 여겨짐), 원주민들은 혼란에 빠졌다. 그들의 몸은 유럽 질병에 대한 면역력이 없었기 때문이다.

결국 그녀는 스물한 살의 나이로 죽음을 맞는다. 인질로 잡혀갔다가 식민자와 결혼하고, 다시 유럽으로 갔다가 젊은 나이에 죽음을 맞이한 그녀의 비극적인 이야기는 디즈니 영화 〈포카혼타스〉(1995)로 세상에 나왔다. 영화에서는 식민자 존 스미스와의 우정이 사랑의 관계로 발전한다.

아르테미시아 젠틸레스키의 강력한 화풍

아르테미시아 젠틸레스키Artemisia Gentileschi는 아버지의 작업실에서 미술 교육을 받았다. 당시 여성의 환경은 가정 안으로 제한되었기 때문에, 그녀는 아버지의 허락이 있어야 화가가 될 수 있었다.

공식적인 학교에서도 여성들의 교육이 제한되었기 때문에 그녀는 스승에게 따로 교육을 받아야 했다. 그러다 1611년, 그녀는 교육을 지도해준 스승인 피렌체의 화가 아고스티노 타시Agostino Tassi에게 강간을 당한다. 이 일이 알려지면서 로마에서 큰 사건이 되었다.

법정에서 아고스티노 타시는 강간, 강도, 근친상간 및 (아내에 대한) 살인 미수의 죄목으로 처음에는 감옥행을 판결 받는다. 하지만 이후 추방령이 내려졌다. 재판 과정에서 젠틸레스키는 증거들을 밝히기 위해 여러 가지 검사를 거치면서 극심한 고통을 겪어야 했다.

이 경험은 그녀의 작품 활동에 커다란 영향을 미쳤다. 〈홀로페르네스의 목을 치는 유디트〉라는 작품에서 보여주듯이, 그녀는 지도력 있고 능력 있는 여성들을 주인공으로 하는 성경 이야기를 그리기 시작했다.

펠리시아나 엔리케스 데 구스만과 여성을 위한 극장 개시

1587년까지 스페인에서는 극장 무대나 관객석에 여성이 들어오는 것이 허용되지 않았으며, 여성을 작품에 참여시킨 극단은 5년간 공연이 금지되고, 100마라베디(스페인의 옛 화폐)의 벌금을 내야 했다. 이후 카스티야 협의회의 명령에 따라, 여배우들이 결혼하여 남편과 동행할 경우 제한적이나마 극장이 개방되었다.

그리고 남자 작가들만큼 유명하진 않지만, 펠리시아나 엔리케스 데 구스만Feliciana Enríquez de Guzmán처럼 자기 작품을 쓴 여성들도 있었다. 그녀는 《희비극, 사바의 들판과 정원들》에서 연극 이론을 정립한 한편, 동시대의 스페인 극작가 로페 데 베가Lope de Vega가 쓴 《새로운 희극 작법》에는 반대했다.

《희비극, 사바의 들판과 정원들》의 막간극에서는 '라스 그라시아스 모호사스Las gracias mohosas'라는 제목을 붙이고, 그로테스크한 인물들을 그려냄으로써 스페인의 소설가 겸 극작가인 바예 잉클란Valle-Inclán의 표현주의적 '추함'을 촉진했다.그 시대에는 펠리시아나에 대해 비판하는 글이 많이 나왔는데, 특히 그녀의 인습을 조롱하는 능력을 지적하고, 그녀의 작품들이 사실과 허구를 구별하기 어렵다고 평했다. 예를 들어, 로페 데 베가는 《아폴로의 월계관Laurel de Apolo》에서 펠리시아나가 살라망카에서 남장한 채 공부했을 거라고 말하기도 했다.

은징가와 앙골라를 괴롭힌 포르투갈인들

전설에 따르면 한 현자가 어느 여인에게 머지않아 딸이 미래를 통치하게 될 거라고 예언했다. 그 딸은 아프리카의 '은동고'와 '마탐바' 왕국을 다스린 전제 군주의 딸 은징가Nzinga였다.

그 왕국에는 음분두족이 살고 있었다. 그러나 1610년 아버지의 패배 이후 오빠인 은골라Ngola가 권력을 장악하고, 위협 인물로 여긴 동생 은징가를 쫓아낸다.

당시는 대서양 노예무역이 급증하고 있었다. 포르투갈, 영국, 프랑스는 아프리카를 식민지로 삼아 약탈하고, 사람들을 납치해서 강제 노동을 시키거나 인신매매를 했다. 프랑스와 영국이 이 시장에서 통합될 무렵, 포르투갈은 콩고와 아프리카 남서부 쪽으로 방향을 돌려 음분두족이 있는 땅까지 쳐들어가서, 그곳을 지도자인 은골라의 이름을 따서 '앙골라'라고 불렀다.

이들의 약탈을 눈치챈 은골라는, 왕국의 독립을 협상하기 위해 은징가의 귀환을 명령한다. 그녀는 포르투갈인들과 거래해서 가톨릭교로 개종한다. 그러나 식민자들은 약속을 지키지 않고 약탈과 노예무역을 계속했다. 이 대립은 은골라의 자살로 끝이 나고, 은징가는 다시 권력을 잡는다.

벨루 나치야르와 여성 자살 군대

인도 라마나타푸람의 공주인 벨루 나치야르Velu Nachiyar는 무남독녀 외동딸로, 어려서부터 전사와 지식인으로 교육을 받았다. 그녀는 무기를 완벽히 사용할 줄 아는 기수이자 궁수였다. 무술을 연마하고, 프랑스어와 영어, 우르두어까지 했다.

하지만 남편 시바강가Sivaganga 왕이 도시를 침공한 영국 군인들에게 살해당하자, 그녀는 그곳을 떠나 비라푸치Virapuchi로 피신해 복수의 칼을 간다. 1780년, 자체 군대를 만들어 영국인을 몰아낼 준비를 마친 그녀는, 추종자 중 한 명을 탄약 보관 창고로 보낸다. 이후 화제가 된 여성 병사 쿠일리Kuyili는 몸에 기름을 퍼부은 채 안으로 들어가서 불을 붙이고 식민자의 창고들을 폭파시킨다.

나치야르의 군대는 또 다른 영국 병기고를 폭파시키는데, 이때 죽은 이가 그녀의 수양딸 중 한 명이다. 그리고 이 수양딸의 이름을 따서 이 군대를 '우다이얄Udaiyaal'이라 불렀다.

1790년, 나치야르가 죽기 6년 전 그녀의 친딸이 왕위를 물려받지만, 나치야르의 간절한 소원에도 불구하고 인도는 1947년 영국의 식민지가 된다.

혁명과 유리 천장: 프랑스 여성의 실망

1789년 여름이 시작된 지 사흘 만에 파리에서 삼부회가 소집되고, 프랑스혁명이 시작되었다. 첫 번째 문서적 성과인 〈인간과 시민의 권리선언〉에서는 여성들을 무시하고, 본래 시민권이 없는 존재임을 확인했다.

이에 분노한 여성 철학자 올랭프 드 구주Olympe de Gouges는 〈여성과 여성 시민의 권리선언〉(1791)으로 대응했고, 많은 여성이 '불만 목록cahiers de doléances'(시민들의 청원을 적은 기록부_옮긴이)을 제출했다. 이것은 여성의 정치적 요구나 열망과 관련해 공식적인 목소리를 낼 수 있는 유일한 방법으로, 18세기 프랑스 여성의 삶과 우선순위를 담은 증거이기도 하다.

이런 어려움에도 불구하고 여성들은 정치 참여 정신을 분명히 보여주며 1789년 7월 14일 혁명가 테르외뉴 드 메리쿠르Théroigne de Méricourt가 주도하는 바스티유 습격에 참여했다. 그녀는 보수주의자들의 비난 가득한 눈빛 앞에 검을 휘둘렀다. 곧 봉기가 프랑스 전역에 퍼지고 의회에서 왕의 권리가 부결되었다. 이런 강압 앞에 기존 권력은 사그라들었고, 군주제가 뒤집혔으며, '성난 여성들las Furias'은 계속 행동을 이어갔다. 이 여성들은 베르사유를 행진하는 파리 여성들로, 왕가에 궁을 버릴 것을 요구했다.

1791년에 승인된 새로운 헌법은 남성으로 이루어진 입법 의회만을 염두에 둔 것이었다. 즉, 푀양파(군주제를 옹호하는 정파_옮긴이), 지롱드당(프랑스혁명기의 온건한 공화당_옮긴이), 자코뱅당(프랑스혁명기의 과격 공화주의 정당_옮긴이), 코르들리에(급진적 대중 정치 클럽_옮긴

이)를 위한 것이었다. 이 급진적 단체들은 남성의 보통 선거권을 요구했고, 여성의 권리는 그 대상에 전혀 없었다. 이로 인해 여성 조직들이 출현했는데, 여기서는 신문을 읽고 법률을 논의했다.

1793년 자코뱅당이 권력을 잡으면서 프랑스에서 여성 조직 결성이 금지되고, 많은 여성 혁명가들이 처형당하면서 온 나라가 피로 물들었다. 앞서 언급한 선언의 저자인 올랭프 드 구주는 로베스피에르를 중심으로 한 자코뱅당의 공포정치에 반대한 이유로 참수형을 당했다.

롤랑 부인Madame Roland도 비슷한 운명에 처했다. 그녀는 정육점으로 변하기 시작한 해로운 폭동 과정을 비난했다. 하지만 아무리 롤랑 부인이 인기가 많아도 사형 선고를 피하지는 못했다. 그녀는 처형되기 전에 "오, 자유여. 그대의 이름으로 얼마나 많은 죄악이 벌어지고 있는가!"라고 한탄했다고 전해진다.

1794년 프랑스혁명의 위대한 사상가들이 처형당한 이후 여성의 정치 활동이 금지되었고, 1년 뒤 그 모임에 참여한 사람들이 체포되었다. 나폴레옹 보나파르트Napoléon Bonaparte가 권력을 쥐면서 1804년에 나폴레옹법전을 시행했는데, 이는 여성 혐오를 담은 것으로, 프랑스혁명이 여성을 배신했음을 여실히 보여준다.

1791년에 승인된 새로운 헌법은 남성으로 이루어진 입법 의회만을 염두에 둔 것이었다.

마룬족의 내니 여왕

수 세기 동안 유럽 국가들이 저지른 해외 식민지화를 떠받치는 세 가지 중요한 기둥이 있다. 그중 하나가 가톨릭 종교로, 교세 확장은 다른 나라의 땅을 손에 넣기 위한 좋은 핑곗거리가 되었다. 그다음은 원주민 추방과 살인, 문화변용acculturation이다. 그리고 마지막이 노예 시장인데, 대서양의 노예 시장은 1492년 아메리카 침략 이후에 시작되었다.

19세기 노예제 폐지 이후에도 폭력적인 인종차별을 낳은 이 현상은 초기부터 강한 저항으로 공격을 받았다. 이 가운데 가장 눈에 띄는 사례 중 하나가 자메이카의 마룬족 이야기다. 이들은 노예제 초기의 특징을 잘 보여줄 뿐만 아니라, 새로운 공동체의 생성 자체만으로도 중요하다. 그 공동체에는 여성이 전면에 나섰는데, 현재 자메이카에서 가장 우상화되는 인물 중 하나인 내니 여왕Queen Nanny이었다.

아프리카 마룬족 사람들은 유럽인들에게 납치당해 아메리카 노예로 팔려갔고, 상품이나 물물교환의 대상으로 전락했다. 이후 도망친 이들은 자기들만의 정착지를 만들었다. 대규모 사탕수수 생산지라서 노예 인구가 많았던 자메이카에서는 17세기 초부터 탈출하려는 사람들이 많았다. 일단 그들이 농장을 몰래 탈출하면 지역 원주민 집단에 합류했는데, 이들은 백인에게 정복당하거나 자신들의 공동체를 만들었다.

1654년 이후 영국인들은 스페인 사람들이 지배한 풍부한 재산에 통제권을 행사하기 위해 카리브해에 군대를 보냈는데, 이때 수많은 노예가 탈출했고 다양한 마룬족 공동체가 생겨났다. 종종 아라와크족(콜럼버스가 도착했을 때 대앤틸리스제도, 즉 현재의 쿠바, 자메이카, 아이티, 도미니카, 푸에르토리코에 살던 민족_옮긴이)과 유럽인들이 몰고 온 질병과 폭력 때문에 파괴된 자메이카 원주민들이 공동체를 이루기도 했다. 그중 가장 안정적이고 지속적인 저항 공동체 중 하나가 바로 아산테Asante 부족 출신 여성인 내니 여왕이 이끄는 '내니 타운Nanny Town'이었다.

가나에서 태어난 그녀는 납치되어 자메이카로 왔고, 거기서 포트로열(현재 킹스턴) 근처 농장으로 팔려갔다가 가까스로 탈출했다. 그녀는 자신의 자유를 위해서 싸웠을 뿐만 아니라, 자메이카에서 다른 사람을 돕는 일도 했다. 한편 마룬족 사람들은 도망치지 않고 영국군에 맞서 저항했다. 그들은 노예 반란에 힘을 더하고, 농장 탈출 조직을 돕고, 토지와 대지주들의 재산을 공격했다.

내니 타운은 1720년경에 세워졌는데, 그곳의 조직력 덕분에 영국군의 여러 차례 공격에도 저항할 수 있었다. 그들은 블루마운틴 전략으로 오벵obeng이라는 뿔 모양 악기를 들고 영국군의 움직임을 감시했다. 덕분에 시야 확보에도 유리했고, 영국군의 공격을 교란하는 데에도 도움이 되었다. 하지만 그 모든 노력에도 불구하고 1734년 내니 타운은 공격당했고, 스토더트 장군의 명령에 따라 영국인들은 그곳에 불을 질렀다.

오늘날 내니 여왕을 기리는 기념비는 무어 타운Moore Town에서 방문객을 맞고 있다. 이곳은 1740년 영국인과 마룬족 사이에 체결된 평화협정 이후 설립된 곳으로, 처음에는 '뉴 내니 타운'이라고 불린 산간지역 정착지였다. 자메이카는 1962년인 20세기까지 독립하지 못했다. 그렇게 내니 여왕은 자메이카 문화의 아이콘이자, 유럽인에 저항하는 아프리카 노예의 아이콘이 되었다. 그녀의 초상화는 500달러짜리 자메이카 지폐에 실렸고, 이를 '내니스nannies'라고 부른다. 마침내 1976년 그녀는 국가 영웅으로 선언되었다.

19세기

1800

1802 노예이자 여군인 **빅토리아 몽투**Victoria Montou는 아이티 혁명에 참여했다. 이 혁명은 생도맹그(지금의 아이티공화국)에서 노예제 폐지를 이룬 노예들이 주도적으로 이끈 중남미 최초의 혁명적 반란이다.

1804 나폴레옹법전이 제정되고 유럽 전역에 그 효력이 발생했다. 이것은 프랑스혁명 동안 나온 제안들에 비해 후퇴한 부분이 있는데, 여성들을 다시 아버지나 남성의 권한 아래 두도록 했기 때문이다.

1816 후아나 아수르두이 Juana Azurduy는 스페인이 라틴아메리카에서 부에노스아이레스의 자본으로 설립한 '리오데라플라타 부왕령'(스페인이 아메리카 식민지를 다스리기 위해 설치한 통치기관_옮긴이) 해방을 위해 싸운 전쟁에서 세로 데 포토시Cerro de Potosí를 습격하고 중령의 자리에 올랐다. 그러나 부왕령 독립 이후 그녀의 운명은 조국의 운명보다 더 나빠졌다. 남편이 전쟁에서 죽고, 그녀도 가난 속에서 죽음을 맞이했기 때문이다.

1817 폴리카르파 살라바리에타 Policarpa Salavarrieta는 콜롬비아 재봉사이자 스페인 사람들을 감시하는 스파이였다. 그녀는 콜롬비아 보고타 중앙 광장에서 총살되었는데, 죽기 전에 군중들을 향해 "보라, 내 비록 젊은 여성이지만, 이 죽음 그리고 더 많은 죽음을 견딜 용기가 남아 있다. 내 모습을 잊지 말라"라고 외쳤다.

1822 '랑골렌의 숙녀들'로 알려진 이 유명한 여성들은 시골에 사는 아일랜드 출신 괴짜 여성 커플이다. 이들은 다양한 사람들의 방문을 받았는데, 그중에는 부유한 상속자인 앤 리스터Anne Lister(첫 번째 근대적인 레즈비언이라 불림_옮긴이)도 있었다.

1834 물라토mulatto(백인과 흑인의 혼혈_옮긴이)임을 드러낸 맑은 피부의 여자아이, 아프리카계 미국인 **마거릿 가너**Margaret Garner가 세상에 태어났다. 그녀는 켄터키의 메이플우드 농장에서 태어나면서부터 노예 신분이 되었다.

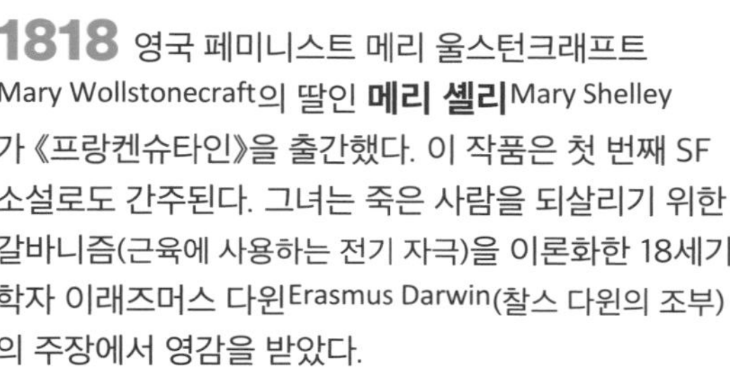

1818 영국 페미니스트 메리 울스턴크래프트Mary Wollstonecraft의 딸인 **메리 셸리**Mary Shelley가 《프랑켄슈타인》을 출간했다. 이 작품은 첫 번째 SF 소설로도 간주된다. 그녀는 죽은 사람을 되살리기 위한 갈바니즘(근육에 사용하는 전기 자극)을 이론화한 18세기 학자 이래즈머스 다윈Erasmus Darwin(찰스 다윈의 조부)의 주장에서 영감을 받았다.

1818 새 군주가 도착하자 **다호메이 왕국**(지금의 서아프리카 베냉 지역)에 여전사 군대를 위한 여성 징병 제도가 만들어졌다.

1807 남편의 사망 이후 중국 여성 **칭시**鄭氏는 남동쪽 바다에서 가장 강력한 해적이 되었다.

1810 멕시코의 **레오나 비카리오**Leona Vicario는 비밀 결사인 '로스 과달루페스Los Guadalupes'의 일원이 되어서 스페인으로부터 독립을 추진했다. 멕시코가 해방된 이후에는 혁명 과정에서 여성 참여에 관한 글을 썼고, 여성들에게 "영광과 자유의 느낌은 여성들에게 이상한 게 아니다"라고 언급했다.

1842 **에이다 러브레이스**Ada Lovelace(본명은 오거스타 에이다 바이런Augusta Ada Byron)는 수학자인 안나 이사벨라 노엘 바이런Anna Isabella Noel Byron의 딸로, 과학자 메리 소머빌Mary Somerville의 학생이었다. 그녀는 찰스 배비지Charles Babbage의 해석기관에 대한 기사를 번역한 후 자신의 주석을 추가했다. 그녀는 컴퓨터 역사의 핵심이 적힌 주석에서 코드화된 알고리즘을 처리하는 기계의 기능을 예측했다. 이것이 컴퓨터 프로그래밍의 시초로 인정받았다.

1837 캄보디아 왕 **앙 두엉**Ang Doung은 남편에게 폭력을 당해도 항상 그를 존경해야 한다고 주장하는 '여성 행동 규범Cbpab Srei'을 강요했다. 이 규범에는 큰 소리 금지, 정숙하지 않은 웃음 금지, 심지어 옷이 스치는 소리 금지 같은 내용이 담겨 있었다.

1844 이란의 시인이자 신학자인 **타히리**Táhirih는 이슬람과 연결된 바브교 신비 운동의 가장 중요한 인물 중 한 명이었다. 평등을 위해 일하던 그녀는 남성과 여성을 가르치고 히잡을 쓰지 않고 설교에 나타나기도 했다. 이 중요한 영적 지도자는 이란 왕의 결혼 제안을 거절한 뒤, 바브교 진압 기간에 가족과 정부로부터 박해를 당하며 1852년에 사형을 선고받았다.

1838 남편의 박해에도 불구하고 페루의 뿌리를 가진 프랑스의 페미니스트 **플로라 트리스탕**Flora Tristán은 《파리아의 긴 여행》을 출간해서 예상치 못한 큰 성공을 거두었다.

1848 스웨덴의 **소피 세이거**Sophie Sager는 그 시대 습관적 관행에 반대하며 하숙하던 남성의 강간을 신고하고 공격 중 자기방어를 하다 상처를 입어 국가적으로 유명인이 되었다.

1850

1800년부터 1850년까지

칭시: 바다의 여왕

1785년경 광저우(중국 남부)에서 칭시鄭氏가 태어났다. 그녀는 건달과 도적질로 청소년기를 보내고, 해적과 상인들이 드나드는 곳에서 매춘부가 되었다. 그곳에서 무적 해적인 칭이쑤鄭一嫂를 만나 결혼하면서 그의 오른팔 노릇을 했다. 칭시의 전략과 대외 홍보 능력 덕분에 칭이쑤는 중국 남부에서 가장 힘이 센 해적이 되었다. 그리고 칭시의 명령에 따라 연합 세력을 결성하고 1800대 이상의 선박을 모았다.

스물한 살의 남편이 바다에서 죽고 난 뒤 칭시는 최고의 권력을 거머쥐었다. 또한 거대한 간첩과 강탈 활동 조직을 만들어 큰 재산을 모았다. 그녀는 자신의 해상 영역을 지나는 사람들에게 돈을 요구하고, 자신에게 반항하며 음모를 꾸미려는 사람들을 처형했다.

칭시가 육지까지 점령하자, 청나라는 그녀의 침입을 저지하기 위해 영국과 포르투갈, 네덜란드 선박과 계약을 맺었다. 하지만 청나라는 끝내 목표를 이루지 못하고 그녀의 선박 운항을 허락했고, 그로 인해 칭시는 자신의 세력을 더욱 키워나갔다. 이후 이 여성 해적은 청나라와 협상 합의를 하고 모든 일에서 물러나지만, 엄청난 약탈물 덕분에 남태평양의 주인으로서 명성을 누렸다.

아프리카 여전사의 왕

식민지 시대 이전 아프리카에는 아주 사나운 여전사들이 유명했다. 특히 다호메이 왕국의 여전사 이야기가 유명한데, 1818년 게조 왕Ghezo King은 그녀들의 충성심에 크게 감명을 받았다.

그러다가 전쟁뿐만 아니라 계속되는 노예 납치로 남성들이 부족해지자 게조 왕은 여성 군대를 만들었다. 이 군대의 이야기는 시간이 흐르면서 사라졌는데, 그녀들이 아주 오래된 코끼리 사냥꾼이었을 것이라는 추측도 있다.

서양 여행자들과 아호시ahosi(왕의 여인들), 그 지역 사람들은 그녀들을 '여전사'라고 불렀다. '손댈 수 없는 존재'라는 뜻으로, 은유적으로 '군주의 아내들'이라는 의미를 내포하고 있었다. 미혼 여성들로 이루어진 이 군대는 왕이 덜 찾는 왕실 첩들이나 서민 여성들 사이에서 주로 모집했는데, 더러 범행이나 간통죄 때문에 뽑히는 사람도 있었다.

1845년이 되자 이 군대는 5000명으로 이루어진 돌격부대가 되었고, 이 숫자는 전체 군대의 3분의 1에 해당했다. 오드리 로드Audre Lorde(미국의 시인이자 페미니스트_옮긴이)에 따르면, 전성기에 그녀들은 따로 하녀들을 두었는데, 무기나 탄약을 운반하거나 보다 사적이고 친밀한 시중을 들었다고 한다.

하지만 이 부대의 공격성도 식민주의자의 공격을 막아내기엔 역부족이었다. 프랑스는 영토 정복에 헌신하고 수많은 노예를 낳은 전사 마을, 이른바 다호메이 왕국을 없애려고 호시탐탐 기회를 노렸다. 이 여전사들이 지켜온 춤과 의상은 영화 〈블랙 팬서〉(2018)에서 볼 수 있다.

마거릿 가너: 존엄한 삶을 찾아서

노예제도의 끝을 의미하는 미국 남북전쟁 전, 수백 명의 물라토 남녀 아이들이 미국 남부의 면화 농장에서 태어났다. 그들의 얼굴은 농장 관리인과 지주들이 여성 노예들과 불륜을 저질렀다는 사실을 그대로 드러냈다. 그래서 그들은 종종 불편한 일을 피하고자 백인 가정에 아이들을 팔아넘겼다.

마거릿 가너Margaret Garner도 농장주가 여성 노예 중 한 명을 성폭행해서 낳은 딸이었다. 그녀 역시 주인인 게인스 형제의 자녀들을 낳았다. 여러 차례 강간으로 많은 자녀를 낳은 후 그녀는 도망치기로 마음먹는다.

그녀는 추운 겨울 꽁꽁 얼어붙은 오하이오강을 건너 신시내티에 도착한다. 그곳에는 노예로 있다가 자유의 몸이 된 삼촌이 살고 있었다. 그녀는 가족과 함께 자유를 누리고 싶었지만, 노예 사냥꾼들은 그녀의 모든 계획을 수포로 만들었다. 그녀는 다시 노예 생활로 돌아갈 생각에, 딸들 가운데 두 살배기 딸을 죽인다. 그리고 다른 아이들도 죽이고 자살을 시도한다. 그러나 감옥의 집행관들이 그녀의 행동을 저지했다.
그 재판은 여성 노예들에 가해진 학대를 그대로 보여주었다. 이후 미국의 노예제도 폐지론자인 루시 스톤Lucy Stone이 그녀를 변호했다. 그러나 결국 메이플우드 농장으로 돌아온 그녀는 노예로 생을 마감했다. 소설가 토니 모리슨Toni Morrison은 그녀의 이야기를 《빌러브드Beloved》에서 풀어냈다.

플로라 트리스탕: 역경 속에서 이룬 성공

파리의 유복한 집안에서 어린 시절을 보내며 미래 작가를 꿈꾸던 플로라 트리스탕Flora Tristán은 다섯 살에 페루 출신 귀족인 아버지를 잃었다. 하지만 부모님의 결혼이 프랑스에서 합법적으로 인정받지 못해 아버지의 재산을 상속받지 못하고, 그로 인해 힘들게 살아가야 했다.
그녀는 경제적 안정을 위해 열다섯 살에 앙드레 샤잘André Chazal의 인쇄 공장에서 일하다 그와 결혼했다. 하지만 결혼 후 남편에게 온갖 학대와 폭행을 당했고, 둘 사이에서 태어난 딸에게까지 이 폭력이 이어졌다. 결국 그녀는 집을 뛰쳐나와 딸과 자신의 존엄을 회복하기로 마음먹는다. 그리고 친가의 도움을 얻고자 페루 여행을 시작한다.
1838년 여행에서 돌아온 그녀는 《파리아의 긴 여행Peregrinations of a Pariah》이라는 여행기를 출간했다. 그녀는 침몰한 사회경제 상황 속에서 자신을 '파리아'(사회·집단에서 배척받는 사람_옮긴이)라고 불렀다. 사회적 평가에 대한 상처와, 페루 노예들과 여성의 삶을 뒤섞은 비참함에 대한 진정성 덕분에 이 작품은 큰 성공을 거둔다. 하지만 전남편은 이에 분노하고, 길에서 그녀를 총으로 쏘아 심한 상처를 입힌 후 감옥에 갇힌다. 당시 기자였던 그녀는 샤를 푸리에Charles Fourier와 앙리 드 생시몽Henri de Saint-Simon의 유토피아적 사회주의에 관심을 두고 여성 해방 캠페인을 시작했다.

랑골렌 숙녀들의 작은 살롱

19세기에는 여성은 집안에, 남성은 공공 영역에 있도록 구분되었다. 이 때문에 레즈비언 관계에 뜻밖의 자유 공간이 생겼다. 어떤 여성들은 우정을 병풍 삼아 함께 살기도 했다. 사회에서는 이것을 성적 부분이 아닌 감정적 부분으로 인정했고, 그녀들은 비공식적이지만 오래 함께 살 수 있었다.
그녀들은 자신들의 관계를 일컬어 소설가 헨리 제임스Henry James의 소설 《보스턴 사람들》을 인용해 '보스턴 결혼'이라고 이름 붙였다. 예를 들어, 여성 화가 로사 보뇌르Rosa Bonheur는 후원자의 딸인 나탈리 미카스Nathalie Micas와 함께 살았다. 그 후원자는 죽기 전에 이 만남을 축복했다.
이러한 '결혼들' 중 가장 유명한 것은 '랑골렌의 숙녀들'(엘리너 버틀러Eleanor Butler와 세라 폰스비Sarah Ponsonby)이었다. 이 둘은 게일즈에서 농장을 운영하던 지주들의 딸로, 아일랜드 괴짜들이었다. 남자 같은 외모에다 농장일에는 무관심하고, 문학과 식물학에 관심이 많았기 때문에 그녀들의 거주지는 국가적으로도 관심 대상이 되었다. 수많은 사람들이 그녀들을 방문했고, 언론에도 단골로 나왔다.
이들 방문자 가운데 한 명이 1822년 영국 요크셔에서 온 앤 리스터Anne Lister였다. 교양 있고 유복한 그녀의 별명은 '신사 잭Caballero Jack'이었다. 앤 리스터는 수많은 일기를 썼는데, 거기에 그녀의 삶이 고스란히 드러난다. 하지만 아주 사적인 내용은 비밀 코드로 적었다. 1980년에 암호 해독이 되면서 이 내용이 큰 논란을 일으켰는데, 거기에는 레즈비언의 욕망이 분명히 드러나 있었다.

1851 페미니스트 철학자인 **해리엣 테일러**Harriet Taylor는 남편인 철학자 존 스튜어트 밀John Stuart Mill의 이름으로 에세이집 《여성의 참정권 부여》를 출간했다. 그녀는 이 책에서 기혼 여성도 독립하기 위해 일할 수 있어야 한다고 주장했다. 또 그녀는 남편과 함께 페미니스트적 주장인 《여성의 종속》(1869)을 썼는데, 이 책은 이후 그녀의 다른 작품들에 영향을 주었다.

1851 여성 복장 개혁의 산물인 **블루머** bloomer(품이 넓은 바지 형태로, 허리와 아래 부리에 고무줄을 넣어 입는 속옷이나 운동경기 때 스커트 없이 입는 헐렁한 바지_옮긴이)는 미국에서 큰 인기를 누렸다.

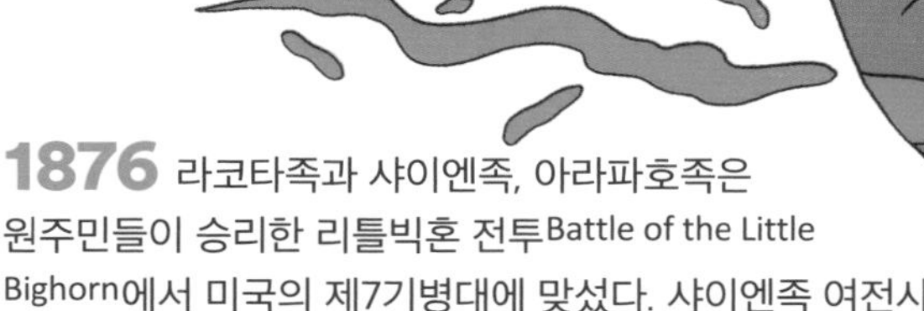

1874 러시아의 여성 수학자 **소피아 코발레프스카야**Sofia Kovalevskaya는 오늘날로 말하면 첫 박사학위를 받은 여성이다. 그녀는 미분 방정식에 관한 정리로 1888년 권위 있는 보르뎅 상Prix of Bordin을 받았고, 새로운 '여성 파스칼'로 불렸다.

1876 라코타족과 샤이엔족, 아라파호족은 원주민들이 승리한 리틀빅혼 전투Battle of the Little Bighorn에서 미국의 제7기병대에 맞섰다. 샤이엔족 여전사인 **버펄로 카프 로드 우먼**Buffalo Calf Road Woman은 유명한 조지 커스터George Custer 장군을 화살로 쓰러뜨렸다.

1878 출산 휴가를 가장 먼저 결정한 국가는 독일이고, 이후 프랑스(1928), 스웨덴·핀란드·덴마크(1937)가 뒤를 이었다. 1977년에 노르웨이는 출산 휴가를 아버지에게까지 확대 시행한 첫 번째 국가가 되었다.

1889 페루 작가이자 기자인 **클로린다 마토 데 투르네르**Clorinda Matto de Turner가 첫 번째 소설 《둥지 없는 새들Aves sin nido》을 출간했다.

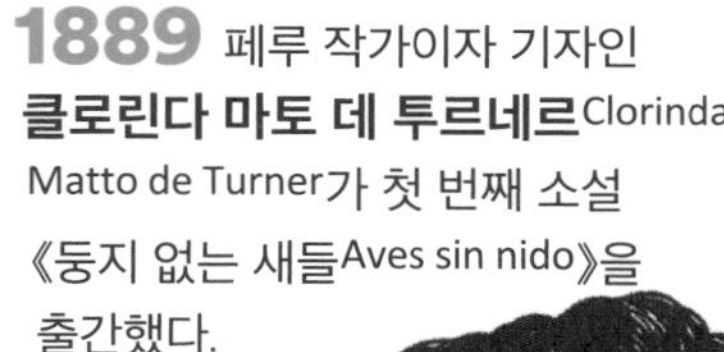

1887 스페인 여성 담배 제조업자들은 작업장의 기계화를 반대하는 다양한 반란을 일으켰다. 기계화가 비인간적인 환경을 만들고, 대화나 관심을 두지 못하게 만든다는 이유였다. 한편 많은 여성들이 자녀를 공장에 데리고 왔는데, 이들에게는 엄격한 일정이 부과되었다.

1888 판디타 라마바이 Pandita Ramabai는 인도에서 여성에 대한 폭력을 고발하는 《브라만 계급의 힌두 여성들The High Caste Hindu Woman》이라는 책을 써서 세계적으로 주목을 받았다.

1853 플로렌스 나이팅게일 Florence Nightingale은 크림전쟁의 전장에서 치료를 전문화하면서 간호 분야에서 혁명을 일으켰다. 그녀 덕분에 위생 조치가 개선되고 부상자들의 사망률이 감소했다.

1864 영국 의회는 매춘 여성을 비난하고 기소하기 위한 조처로 '**전염병에 관한 법률**'을 승인했다.

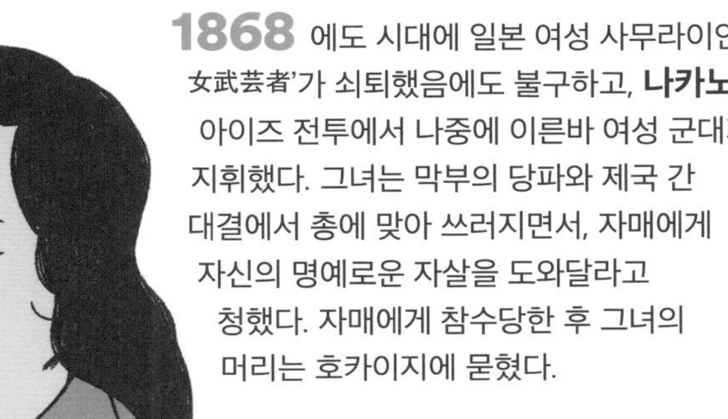

1868 에도 시대에 일본 여성 사무라이인 '온나 부게이샤 女武芸者'가 쇠퇴했음에도 불구하고, **나카노 다케코**中野竹子는 아이즈 전투에서 나중에 이른바 여성 군대가 될 여전사들을 지휘했다. 그녀는 막부의 당파와 제국 간 대결에서 총에 맞아 쓰러지면서, 자매에게 자신의 명예로운 자살을 도와달라고 청했다. 자매에게 참수당한 후 그녀의 머리는 호카이지에 묻혔다.

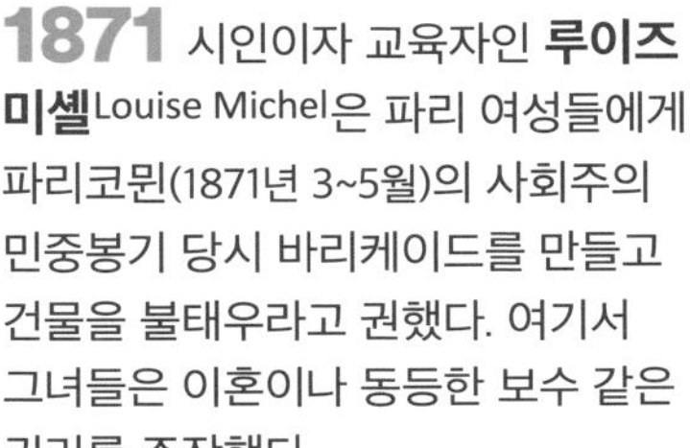

1871 시인이자 교육자인 **루이즈 미셸**Louise Michel은 파리 여성들에게 파리코뮌(1871년 3~5월)의 사회주의 민중봉기 당시 바리케이드를 만들고 건물을 불태우라고 권했다. 여기서 그녀들은 이혼이나 동등한 보수 같은 권리를 주장했다.

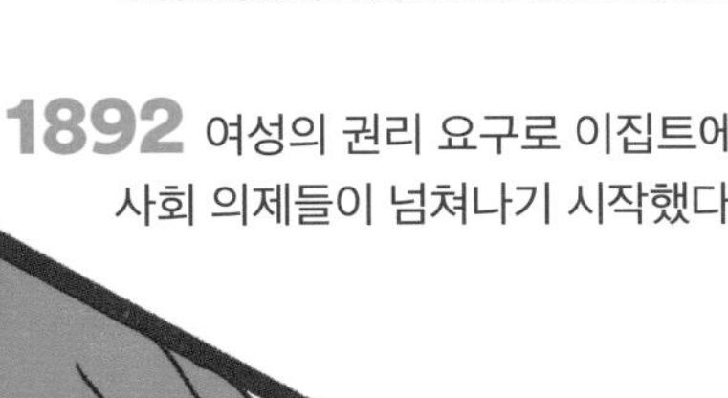

1892 여성의 권리 요구로 이집트에서 사회 의제들이 넘쳐나기 시작했다.

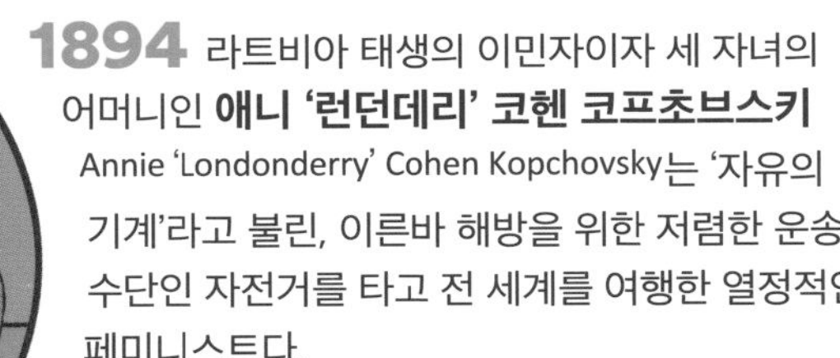

1894 라트비아 태생의 이민자이자 세 자녀의 어머니인 **애니 '런던데리' 코헨 코프초브스키** Annie 'Londonderry' Cohen Kopchovsky는 '자유의 기계'라고 불린, 이른바 해방을 위한 저렴한 운송 수단인 자전거를 타고 전 세계를 여행한 열정적인 페미니스트다.

1892 아프리카계 미국인 운동가인 **아이다 B. 웰스-바넷**Ida B. Wells-Barnett은 여러 언론 매체에 남부의 교수형을 비난하는 기사를 썼다.

1895 비비 카눔 아스타라바디 Bibi Khanoom Astarabadi는 《마옙 알-레잘Ma'ayeb al-Rejal》(남성의 잘못)이라는 책을 출간했다. 이 책에서 현대 이란의 여성 권리를 처음 선언했다. 그녀의 본래 목적은 소녀들에게 양질의 교육을 제공하는 것이었다. 그리고 1907년에는 자신의 집에서 여학교를 설립했다.

1896 짐바브웨 쇼나족의 영적 지도자인 **음부야 네한다**Mbuya Nehanda는 토착민에게 세금 납부와 노예제도 준비를 요구하는 영국 정착민들과 전쟁을 벌이도록 설득했다.

1850년부터 1900년까지

빅토리아시대의 섹슈얼리티 전염과 균열

19세기 말 유럽에서 가장 유명한 페미니스트 운동 중 하나는 1864년 영국에서 시작한 '전염병에 관한 법' 폐지 운동이었다. 실제로 이 법안은 매춘 여성들 추행에 자유재량을 주었다. 그녀들은 매춘을 위해 잔인한 신체검사를 요구받았고, 남성 손님들은 그 어떤 처벌도 받지 않았다. 이것은 빅토리아시대의 이중적인 성적 도덕성을 여실히 보여주었다.

조세핀 버틀러Josephine Butler가 이끈 이 캠페인은 경제력 부족이 매춘의 원인이라고 비난하며, 남성들에게 성적 교육이 필요함을 역설했다. 또한 이것은 부부 사이 강간을 반대한 엘리자베스 울슨홈-엘미Elizabeth Wolstenholme-Elmy를 비롯해 여성 참정권론자들이 주장한 여성의 성적 자율성에 관한 빅토리아시대의 담론에 균열을 일으켰다는 점에서 중요하다.

이런 움직임은 여성의 참정권 운동과 함께 섹슈얼리티에 대한 여성의 담론이 증가했음을 보여주었다. 자유로운 사랑을 몸소 체험한 유토피아 사회주의자의 담론에서부터 "여성에게 투표를, 남성에게 금욕을"이라고 외치며 성적 파업을 실시한 크리스타벨 팽크허스트Christabel Pankhurst와 같은 청교도의 담론에 이르기까지 아주 다양했다.

블루머: 여성 참정권론자들, 바지를 입다

19세기 중반 미국에서 있었던 페미니스트 복장 개혁은 당시 불편한 여성 패션을 해결하기 위한 것이었다. 이때 나온 중요한 복장이 바로 움직임이 자유로운 터키식 니커보커스(무릎 근처에서 졸라매는 느슨한 반바지_옮긴이)인 블루머bloomer였다.

이 옷의 이름은 아멜리아 블루머Amelia Bloomer의 이름에서 따왔다. 역사상 최초의 페미니스트 신문 중 하나인 〈더 릴리The Lily〉(1849~1853)에서 블루머는 새로운 패션으로 떠올랐고, 개인 살롱에서 거리로 나오게 되었다.

수전 B. 앤서니Susan B. Anthony와 엘리자베스 캐디 스탠턴Elizabeth Cady Stanton 같은 여성 참정권 운동의 주역들이 선택한 이 복장은 자유 의상으로 널리 알려졌으며, 언론에서는 많은 조롱의 대상이 되기도 했다. 이 패션의 인기는 사회적 존경을 보여주는 이미지를 통해 표를 얻으려는 욕구와 같은 역사적 문제와, 여성 참정권 운동 안에서 생긴 특정 변화들로 인해 점점 사그라들었다.

인종차별에 반대하는 목소리

미국 남북전쟁 이후 반反인종차별주의 투쟁에서 빼놓을 수 없는 인물인 아이다 B. 웰스-바넷Ida B. Wells-Barnett은 남부 아프리카계 미국인들의 잔인한 '린치lynch'를 막는 데 집중했다. 그녀는 한 신문에, 청과물 가게를 연 흑인 친구가 당한 린치 관련 기사를 썼다. 백인 상점 주인들은 그를 자신들에게 위협적인 존재로 여겼다. 그녀는 그 글에서 흑인 상점 주인을 향한 백인들의 공격성은 경제적 논리 때문이지, 성범죄를 저지를 가능성 때문이 아니라고 단언했다.

바넷은 신문에 이 기사를 낸 후 곧바로 습격을 당했지만, 이것은 사회운동을 하면서 처음 겪는 일은 아니었다. 이전에도 백인에게 자리를 내주라고 강요한 철도 회사를 고소하고, 학교에서 인종차별 철폐를 발표했다가 교사 자리에서 쫓겨나기도 했다.

북쪽으로 이주한 뒤에는 전쟁 후 해방된 노예들이 겪은 1만 건이 넘는 린치 사례를 조사했고, 시카고만국박람회(1893)에서 흑인 참석의 부족을 알렸다. 그리고 여성 참정권자들의 특정 구역을 명확하게 짚고 넘어갔다. 왜냐하면 남부 대표단에 불쾌함을 주지 않기 위해 워싱턴의 전국여성참정권협회의 행렬 끝에 있어야 한다는 제안을 거부했기 때문이다. 또한 전미흑인지위향상협회NAACP는 노예제 폐지 이후 아프리카계 미국인의 권리를 제한하려는 백인들의 시도를 문서화하는, 당시 꼭 해야 하는 일을 했다.

이집트 페미니즘*의 시작

1892년 시리아의 편집자인 힌드 나우팔Hind Nawfal은 《알-파타Al-Fatah》(소녀)라는 잡지를 창간했다. 이로 인해 아랍 세계에서 여성 언론이 출범하고, 여성이 직접 생각을 전할 수 있는 새로운 포럼이 열렸다. 이 잡지의 목적은 여성을 주인공으로 만드는 것뿐만 아니라, "여성이 쓴 진주 같은 글들로 잡지를 꾸미는 것"이었다. 또한 사회운동가인 자이나브 알-파와즈Zainab al-Fawwaz는 《알-닐Al-Nil》이라는 잡지에 "우리는 서품에 관한 입법부 법령도, 여성이 남성과 같은 일에 종사하는 것을 금지하는 이슬람 종교 단체법도 보지 못했다"라고 발표했다.

이 신흥 페미니즘은 알아즈하르대학 교수이자 지식인인 무함마드 압두Muhammad Abduh에 의해 공식화된 현대 이슬람교의 틀 안에서 설명되었다. 그는 신자들이 종교적 근원에 직접 다가가야 자유롭게 해석할 수 있고, 그래야 그 종교가 '현대적'인 것과 양립할 수 있다고 말했다. 특히 이혼 및 일부다처제와 관련하여 이슬람의 이름으로 저질러진 가부장적 학대를 규탄했다.

평등적 발전을 위해 이슬람 경전을 재해석하려는 이러한 경향은 현대 이슬람 페미니즘의 시초가 되었다. 이것은 종교를 부정하는 것이 아니라, 역사적으로 남성이 자기 이익을 위해 했던 남성 우월주의적 해석을 부정하는 것이었다.

클로린다 마토 데 투르네르를 반대한 교회

페루의 여성 작가 클로린다 마토 데 투르네르Clorinda Matto de Turner가 쓴 첫 번째 소설 《둥지 없는 새들Aves sin nido》이 큰 성공을 거두었다. 이 소설은 메스티소 여성과 백인 남성의 사랑 이야기로, 이 둘은 음란한 사제의 자녀로 남매 사이였다. 이 작품은 그 시대 성직자의 부도덕한 성적 행동과 위선을 강조하다가 교회의 맹렬한 공격을 받았다. 교회는 마토를 제명했고 폭도들은 그녀의 집에 불을 지르는 등 수년간 그녀를 반대하는 행동을 했다.

마토는 페루에서 최초로 계몽된 여성 중 한 명으로, 이 그룹에는 엘비라 가르시아 이 가르시아Elvira García y García와 라스테니아 라리바 데 요나Lastenia Larriva de Llona, 메르세데스 카베요 데 카르보네라Mercedes Cabello de Carbonera가 함께했다. 그녀들은 여성의 교육을 향상시키기 위해 모임을 조직하고, 잡지를 발간하며, 소녀들을 위한 학교 건립을 추진했다. 그녀는 쿠스코 원주민의 존엄성과 인간성을 잘 드러낸 문학을 통해 원주민들을 긍정적으로 바라보게 만드는 데 관심을 가졌다. 이것은 당시 백인들 사이에서 아주 특별한 일이었다.

판디타 라마바이: 반항의 가르침

인도의 판디타 라마바이Pandita Ramabai는 계급이 높았음에도 가문의 활동 때문에 사회적으로 거부를 당했다. 그러면서 그녀의 집은 여성들에게 종교적 내용을 가르치는 중심지가 되었다. 그러나 그러한 활동은 당시 불법 행위였다. 대기근으로 고아가 된 후, 그녀는 인도 여기저기를 다니다가 콜카타에 정착해 산스크리트어 교사로 유명해졌다. 그러나 낮은 계급의 남자와 결혼한 후에 남편이 먼저 세상을 떠났고, 주변으로부터 소외를 당했다.

이런 새로운 상황에서 그녀는 더 큰 노력을 기울였다. 학교를 세우고 《브라만 계급의 힌두 여성들The High Caste Hindu Woman》(1888)이라는 책을 출간해 국제적으로 유명 인사가 되었다. 이 책에는 인도 여성들이 당한 폭력들이 묘사되어 있다. 예를 들어, 그녀는 여아들의 영아 살해를 지적했는데, 암리차르Amritsar 도시 인구 조사에 따르면 1870년에만 약 300명의 신생아가 늑대의 공격으로 사망했다고 한다. 부모들이 아기들을 고의로 죽게 만든 믿을 수 없는 일이었다. 불편한 인물로 찍힌 그녀는 기독교인이 되었고, 서구 계획들에 합류하는 대신 자체 프로젝트를 관리했다.

*'페미니즘'이라는 단어는 유럽에서 유래된 것으로, 여기서는 실용적인 이유로 여성의 상황 개선에 관한 일련의 관심과 계획들을 언급하는 데 사용했다.

세네카폴스의 <감정 선언서>

1840년 6월 12일, 두 여성 엘리자베스 캐디 스탠턴Elizabeth Cady Stanton과 루크리셔 모트Lucretia Mott는 노예제도를 반대하는 세계 대회가 열리고 있던 런던의 엑시터홀 로비에서 격렬히 이야기를 나누었다. 두 사람은 공통점이 많았다. 둘 다 미국인이고, 노예제도 폐지 투쟁에 적극적으로 참여했으며, 이후 많은 방법을 만들고 연설을 했다.

여섯 아이의 어머니인 모트는 자유주의 퀘이커교도*였고, 여성도 노예 폐지 운동을 할 수 있게 되면서 여성 지도자가 되었으며, 페미니스트인 메리 울스턴크래프트의 작품 전체를 읽었다. 스탠턴은 모트의 입에서 나오는 《여성의 권리 옹호》라는 책을 통해 메리 울스턴크래프트가 한 말을 처음 들었다.

그 대회에서 여성들은 강당에 입장할 수는 있지만, 커튼 뒤에서 연설을 들어야 한다는 말을 듣고 몹시 분노했다. 분노를 느낀 두 여성은 미국으로 돌아가 여성의 권리를 위한 대회를 개최하기로 마음먹는다.

그때 이후 많은 일들이 일어났는데, 그사이 스탠턴은 뉴욕주의 세네카폴스로 이주했다. 그녀는 지겨운 지방 생활과 집안일에 지쳐서 다른 여성 활동가들과 더 많은 서신을 주고받았다. 1848년 7월 13일, 가정생활에 너무 지쳐 있던 그녀는 퀘이커교도 친구인 제인 헌트Jane Hunt의 집에서 다시 모트를 만나고, 그러면서 수년간 연기되었던 계획이 다시 속도를 내기 시작했다. 즉, 미국의 첫 여성 인권 대회를 열기로 한 것이다.

그 첫 번째 대회에 참석한 300명 가운데 장갑 제작자인 젊은 여성 샬럿 우드워드Charlotte Woodward는 오프닝에

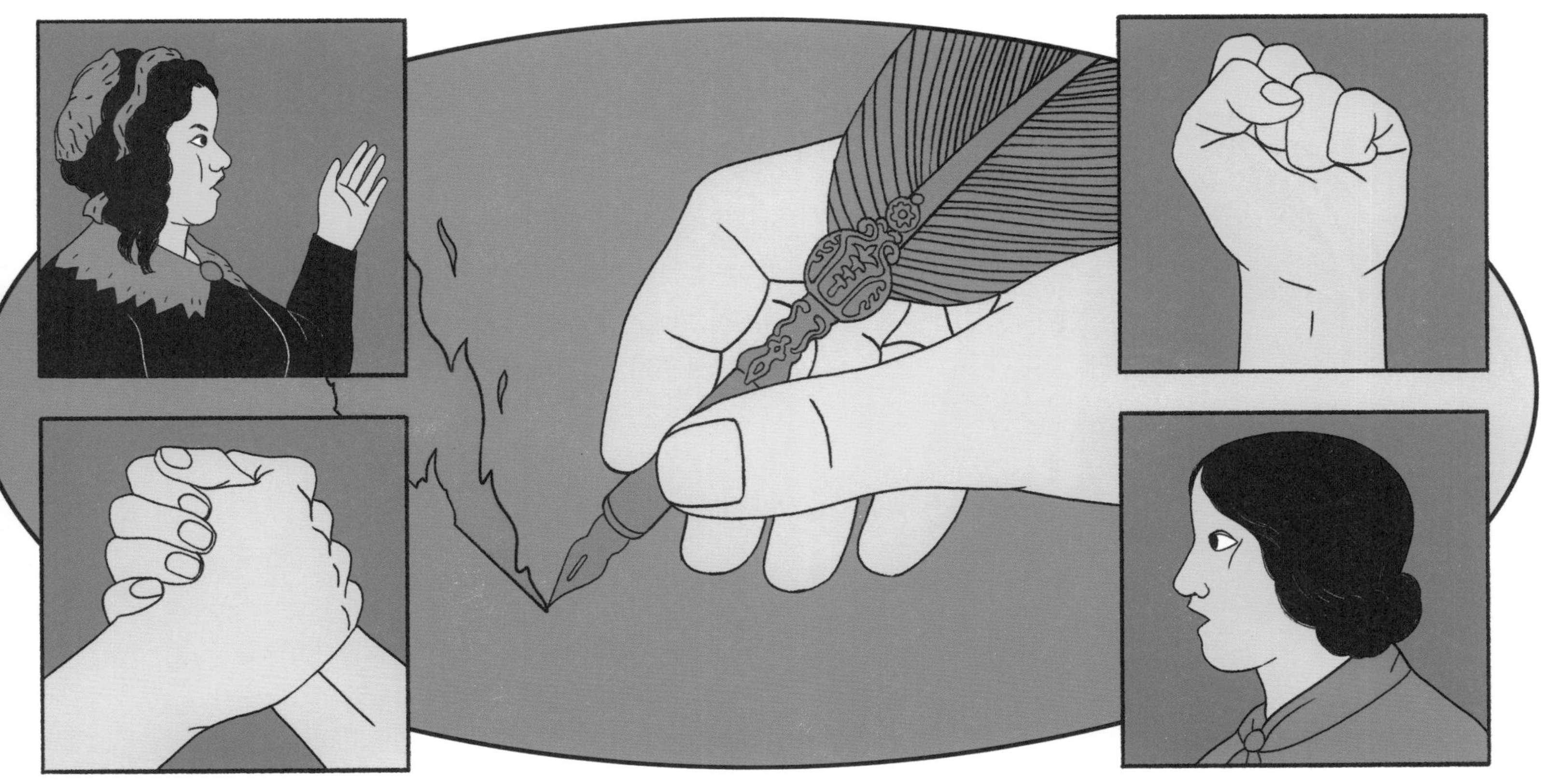

참석하기 위해 마차로 60km를 달려왔다. 하지만 여성이 이 대회를 맡기엔 부적합하다고 판정해서 결국 스탠턴의 남편이 주관했다.

이틀에 걸쳐 이어진 이 대회의 중심 내용은 세네카폴스의 〈감정 선언서Declaration of Sentiments〉작성이었다. 이것은 미국의 독립선언에 근거해 이후 수십 년 동안 투쟁의 기초가 될 내용으로, 결혼과 임금 평등, 합법적인 대표가 될 가능성, 공직에 선출될 권리, 투표권 등을 요구했다. 이 마지막 결의안은 과거에 노예였고 현재는 사회운동가인 프레더릭 더글러스Frederick Douglass의 도움으로 마지막 순간에 승인되었다. 이 선언문에는 100명이 서명했는데, 그중 68명이 여성이었다.

이후 수십 년 동안 노예 해방과 여성 해방은 미국에서 평행선을 달렸다. 그러나 미국 수정헌법 제15조(1870)의 토론(흑인 남성이 투표할 수는 있지만, 여성은 투표할 수 없다)은 여성 참정권 운동 안팎으로 큰 균열을 불러왔다.

이렇게 1848년 세네카폴스 대회는 하나의 중요한 이정표가 되었다. 언론이 수년간 여성 권리를 위해 싸우는 수천 명의 미국 여성에 대해 보도했기 때문만은 아니다. 국제적으로 여성 참정권론자들의 투쟁이 시작되었기 때문이다.

*퀘이커교도는 개신교의 급진파로 신god과의 직접적인 만남을 옹호했고, 유럽에서 박해를 당한 탓에 미국에서 성장했다. 여성의 동등한 대우를 주장하는 좀 더 자유로운 종교였다.

사티: 남편을 잃은 인도 여인들의 자살 의식

가부장제 사회에서 혼자 살아가는 여성은 통제해야 할 위험한 존재로 간주됐다. 또 남편과 사별한 여성은 후손과 유산, 명예와 관련된 다양한 의식을 통해 사회적인 협상 과정을 다시 시작해야 했다. 이것은 정립된 문화마다 다르긴 했지만, 이러한 의식에는 대부분 금욕주의와 학대 사이를 움직이는 다양한 관행과 물리적 또는 상징적 고립이라는 공통점이 있었다.

인도에서 남편을 잃은 여자는 부정적인 의식을 치러야 했다. 여성은 남편을 잃은 책임을 지고 집에 감금되어 옷과 음식을 제한받았는데, 이것은 완전한 사회적 죽음을 의미했다. 그것을 피하고자 남편과 사별한 여자들은 자살 의식, 즉 사티sati를 할 수 있었고, 이것은 18세기와 19세기 동안 인도에서 흔하게 일어났다.

사티는 인도에서 아내가 남편의 장례식 때 함께 묻히는 전통으로, 그 죄를 씻고 사랑하는 사람 옆에서 하늘의 삶으로 보상받기 위한 목적을 지니고 있다. 이 의식은 여성의 '순결' '정절' 개념과 관련이 있다. 사티의 첫 번째 사례는 4세기 때 나왔고, 몇 세기가 지난 뒤에는 전사의 계급인 라지푸트 크샤트리아rajput ksatriyas와도 연결되었다. 이는 종교적 통과 의례와 관련이 있을 수도 있지만, 강간과 약탈의 대상이 되는 것을 피하고자 왕비들이 자살한 관습과, 자우하르Jauhar(집단자살)의 여전사 관습에 역사적 뿌리가 있을 가능성이 더 크다.

사티는 수 세기 동안 유지되었다. 이것이 전사의 상위 계급과 관련이 있고, 부계의 재산으로 생길 수 있는 외부 요소, 즉 남편과 사별한 여성을 제거하는 하나의 방법이었기 때문이다. 부계의 재산이 분산되는 것을 막는 것은 인도의 의식적 희생을 유지하는 열쇠였다.

19세기 초반에는 다양한 카스트 계급의 여성들에게 영향을 끼친 자살 의식 사례가 폭발적으로 증가했다. 이 급격한 증가는 벵골 같은 지역에서 상속권이 여성에게 확대되었다는 사실로 설명된다. 수십 년 동안 인도를 통제한 영국인은 그 관행을 규제하고, 미성년자와 임산부에 대한 관행을 거부했다.

그러다가 1829년 사티 때문에 여자 형제를 잃은 근대 인도의 아버지 람 모한 로이Ram Mohan Roy가 마침내 그것을 금지했다. 이후 인도의 페미니스트들은 1947년 나라의 독립 이후에 40명이 사망한 이 관습을 제거하기 위해 사티를 따르는 여성들을 칭송하지 못하도록 온갖 노력을 다했다.

사티는 인도에서 아내가 남편의 장례식 때 함께 묻히는 전통으로, 그 죄를 씻고 사랑하는 사람 옆에서 하늘의 삶으로 보상받기 위한 목적을 지니고 있다.

하지만 1987년, 남편을 잃은 열여덟 살의 여성이 고작 8개월의 결혼 생활 끝에 스스로 목숨을 끊는 사건이 발생했다. 이후 조사에 따르면, 그 행위는 합의된 방식으로 이루어진 게 아닐 가능성이 컸다(자유의지는 이 관습의 지지자들이 수세기 동안 해온 변명이었다).

그리고 잊힌 관습처럼 보인 이 의식이 다시 등장한다. 2008년 일흔다섯 살의 여성이 라이푸르 지역에서 사티를 시행한 것이다.

반노예제에서 참정권까지: 소저너 트루스와 해리엇 터브먼의 투쟁

19세기 미국에서 노예제도를 지지하는 남부 주들과 노예 폐지론을 지지하는 북부 지역을 연결하는 은밀한 길이 확장되었다. 노예가 된 아프리카계 자손의 도주에 사용된 이 길과 관련된 일을 하기 위해 사람들은 암호를 이용했다. '운전자'는 도망자를 안내하는 사람들이고, '역'은 피난처가 되는 장소, '승객'은 남쪽에서 도망친 사람들, 그리고 나중에 많은 사람이 '철도'라고 부른 네트워크와 협력했다. 이들 중 역사에 이름을 남긴 사람은 바로 소저너 트루스Sojourner Truth(1797~1883)와 해리엇 터브먼Harriet Tubman(1820~1913)이다.

이 두 여성은 노예의 운명을 피하고자 '철도'를 이용했다. 뉴욕주에서 태어난 트루스는 어린 시절 경매로 백인인 존 듀몬트의 집에 팔렸다. 듀몬트는 트루스에게 푹 빠졌고, 그의 아내는 끊임없이 그녀를 괴롭혔다. 트루스에게는 다섯 명의 자녀가 있었는데, 그중 한 명은 집주인의 성적 학대의 결과였다.

1826년 트루스는 농장에서 도망쳤고, 뉴욕주에서 노예제를 금지하자 그녀는 법정에서 백인을 이긴 최초의 흑인 여성이 되었다. 판사는 듀몬트가 노예제도가 여전히 시행되고 있는 앨라배마의 지주에게 불법으로 팔아넘긴 그녀의 아들을 풀어주라고 판결했다.

트루스는 이후 사회운동에 전념했고, 미국 여성 참정

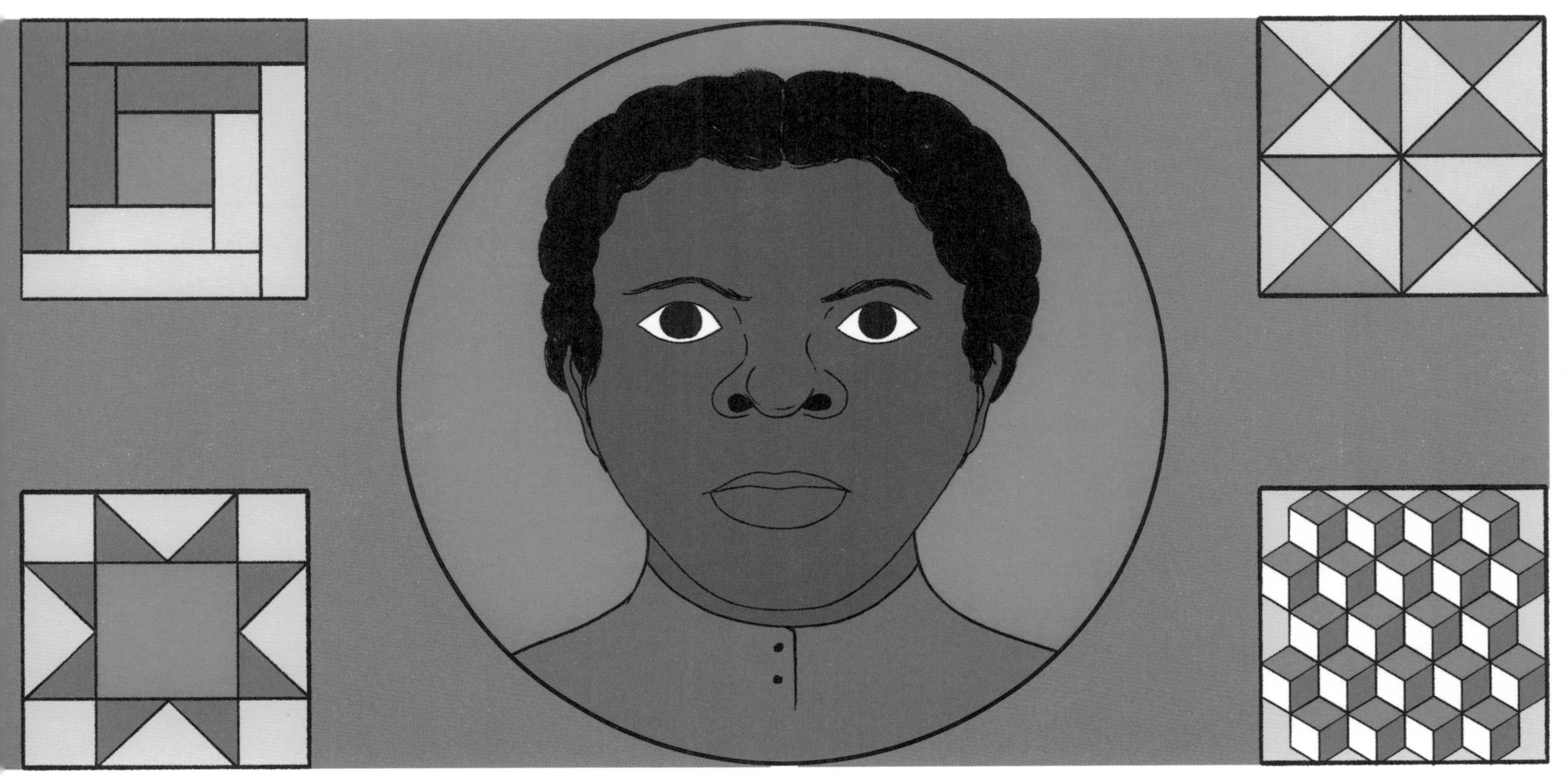

권 운동의 선구자가 되었다. 오하이오 여성 권리 집회에서 그녀는 '나는 여성이 아닌가요?'라는 유명한 연설을 했다. 이것은 상호 교차적 의견이 담긴 흑인 페미니즘의 첫 번째 본보기가 되었다.

트루스는 이 연설에서, 얼마 전에 자유를 위해 도망친 또 다른 중요한 여성인 해리엇 터브먼을 언급했다. 그녀는 자기 어머니가 자녀들이 팔려나갈 때 고용주들에게 어떻게 저항하고 위협을 가했는지 지켜보며 자유에 대한 갈망을 갖게 되었다고 했다.

1850년 '철도' 덕분에 터브먼은 펜실베이니아로 도망을 쳤다. 노예 사냥꾼을 피해 늪과 숲속에 숨어 있다가 야간에 150km를 이동했다. 모든 주가 도망친 노예들을 잡는 데 협조해야 한다는 법이 강화될수록, 그녀는 더 많은 노예를 캐나다까지 인도하는 확실한 '철도 운전자'가 되었다. 18세기 자메이카에서 일어난 일처럼 아프리카 도망자들이 정착지를 만들자, 그들은 캐나다 온타리오에서 미국으로 온 흑인 공동체를 준비하기 시작했다.

남북전쟁이 발발하자, 트루스와 터브먼은 연합군 군인 모집에 협조했다. 그리고 터브먼은 컴바히강 습격에 참여해 수많은 노예를 구출했다. 1865년 남부 연방 붕괴 이후에도 두 사람은 흑인들의 권리를 위해 싸우고 페미니스트 투쟁에 계속 힘을 보탰다.

기시다 도시코: 상자 속 숙녀들

1883년 인도네시아 크라카타우 화산의 맹렬한 폭발로 인해 전 세계의 기후가 크게 바뀌었다. 일본 오쓰시에서는 초여름 이후에 큰 비폭풍이 불어닥쳤다. 하지만 이 악천후도 기시다 도시코岸田俊子의 연설을 듣기 위해 극장에 몰린 600명을 막지는 못했다. 당시 그녀는 고작 스무 살이었다. 바람을 가르고 극장에 도착한 그녀는 그저 그런 평범한 여성이 아니었다. 일본 최초의 여성 대중 연설가이자, 법정에서 일할 수 있는 몇 안 되는 서민 여성 중 한 명이었다.

1863년, 부유한 상인 가문에서 태어난 그녀는 폭넓은 교육을 받았고, 쇼켄 황태후는 일본 문학에 대한 교육을 그녀에게 부탁할 정도였다. 궁녀가 된 기시다는 궁에서 2년간 머물며, 엄격한 관습에 갇혀 있으면서도 메이지 천황 첩들의 모임을 만들었다. 그러나 1882년 왕실 분위기에 숨이 막힌 그녀는 병에 걸렸다는 핑계를 대면서 궁녀의 직책을 버리고 어머니와 함께 전국 여행을 시작한다. 이 여행에서 그녀는 1870년대에 등장한 일본 민주화와 남성 투표권을 위해 일한 대중의 권리 운동 대표들을 만나게 된다.

기시다의 참여로 이 운동은 여성의 권리에도 관심을 가지기 시작한다. 그녀는 여성의 참정권을 위해 직접적으로 호소하지는 않았지만, 그녀의 정치적 생각은 온통 더 나은 나라를 건설하고 여성의 상황을 좀 더 개선하는 데 있었다. 그러면서 그녀는 "국가 건설에서 여성을 배제하는 것은 비합리적이다"라고 주장했다.

군중을 격동시키는 대중 연설로 유명한 그녀가 오쓰시에 도착하자, 극장에서는 그녀를 향한 박수갈채가 쏟아졌다. 한 여성은 "도쿠시마에서는 경찰이 기시다의 연설을 막으려 했지만, 사람들이 그것을 막아내고 그녀는 환호 속에서 연설을 계속했습니다"라고 말했다. 그러자 또 다른 사람은 "히토요시에서 한 남자가 그녀와 무대를 나누어 쓰지 않으려고 배 아픈 척을 하자, 그녀가 무대 위로 올라가 그 모습을 흉내 냈고, 모두가 웃음을 터뜨렸습니다"라고 했다. 그날, 그녀는 자유당이 후원하는 회의에서 가장 강력한 연설인 '상자 속 숙녀들'을 준비했다.

그녀는 과보호를 받는 젊은 여성들에 관해 교토 지역의 유명한 표현을 빌려, 아버지의 교육 때문에 많은 여성이 '쓸모없는 하인들'의 감시를 받고 후견인 남편들 때문에 고립을 경험한다고 지적했다. 이 전제에 근거하여 여성의 교육 확대와 여성 근대화에 대한 여성의 역할 강화를 옹호했다. 이 연설이 끝나자 우레와 같은 박수 소리가 터져 나왔고, 곧바로 그녀는 경찰에 체포되었다. 지역 당국자들이 듣기에 그것은 정치적 연설이 분명했기 때문이다. 여기서 '숙녀들'은 일본 국가를, '아버지들'은 황제를, '쓸모없는 신하들'은 경찰을 표현했다고 그들은 해석했다.

기시다는 오쓰시 연설 이후 감옥에 갇혔는데, 이것은 그녀의 삶에 큰 전환점이 되었다. 그녀는 연설을 그만두고 기자로 활동하며, 내연관계 반대 투쟁과 동시에 기독교에 대한 경험을 이야기했다. 하지만 몇 년 뒤 대중 참여에 관한 법률이 강화되면서, 그녀의 연설은 씨앗을 심기도 전에 사라지고 말았다. 한편, 후쿠다 히데코福田英子는 기시다의 연설에 감명을 받아 일본 최초의 페미니스트 간행물을 발간했다.

20세기

1900

1900 미국의 여성 무용수인 **로이 풀러**Loïe Fuller는 파리 만국박람회에서 자신만의 극장을 열었다. 그녀의 춤은 아르누보(새로운 예술)와 상징주의, 산업 기술(다양한 조명 시스템 특허 획득) 및 추상화 사이에서 20세기 초의 문화 풍조를 완벽하게 요약했다.

1900 아샨티 제국(가나)의 여왕인 **야 아산테와**Yaa Asantewaa는 영국 침략자들에 맞서 마을 사람들을 이끌었다. 아샨티 제국은 자치 정부를 유지하는 데는 성공하지만, 그녀는 망명 생활을 하다가 죽음을 맞았다.

1902 여성 교육가인 **오이게니 슈바르츠발트**Eugenie Schwarzwald는 20세기 초 소녀들의 교육을 위해 오스트리아 빈에 현대 여성 학교를 설립했다. 그리고 그곳을 우수한 기관으로 만들기 위해 여학생들을 교육할 훌륭한 예술가와 과학자들을 확보했다.

1903 **헬렌 켈러**Hellen Keller는 앤 설리번Anne Sullivan의 도움으로 청각 장애인으로서의 고립감을 극복한 이야기인 《나의 인생 이야기The Story of My Life》를 출간했다. 사회운동가이자 맹인의 수호자가 된 그녀는 사회주의나 여성 참정권 운동 같은 사회운동에도 앞장섰다.

1903 **메리 해리스 존스**Mary Harris Jones는 광부들에게 '마더 존스Mother Jones'로 불렸다. 그녀는 노조 조직가, 노동운동가로 일하면서 미성년 노동에 반대하며 엄격한 조치를 요구했다. 이를 위해 시어도어 루스벨트 대통령 자택까지 가는 어린이 행진을 진행했다.

1903 여성 참정권론자이자 동물 실험 반대자인 **리찌 린드 아프 하게비**Lizzy Lind af Hageby는 학생 기록지에 제대로 마취되지 않은 개의 생체실험에 대한 신랄한 글을 써서, 국가적 논쟁을 불러왔다.

1904 **게르다 프레데리케**Gerda Fredrikke와 **릴리 엘베**Lili Elbe(코펜하겐에서는 에이나르 베게너Einar Wegener라고 부름)는 작가 부부다. 릴리 엘베의 성전환수술(세계 최초) 이후 결혼이 취소되었지만, 이 이야기는 영화 〈대니시 걸The Danish Girl〉(2016)에 영감을 주었다. 게르다의 레즈비언 그림들은 큰 성공을 거두었다.

1906 **카르멘 데 부르고스**Carmen de Burgos는 일간지 〈디아리오 우니베르살Diario Universal〉에서 '여성을 위한 독서' 코너를 맡기 시작했다. 그녀는 스페인 최초의 저널리스트가 되어 이혼 또는 여성 참정권 합법화와 같은 문제를 변호했다.

1900 노스캐롤라이나주의 흑인 노예 가정에서 태어난 **안나 J. 쿠퍼**Anna J. Cooper는 아프리카계 미국인 역사 분야의 개척자로, 제1회 런던 범아프리카 회의에서 '미국의 흑인 문제'를 알렸다. 1892년에 《남부의 목소리A Voice from the South》를 출간한 후, 흑인 페미니즘의 초기 대표 주자 중 한 명이 되었다.

1900 첫 번째 폭동 이후 미국은 하와이 왕국을 강제로 통합하고, 처음이자 유일한 여왕인 **릴리우오칼라니** Lili'uokalani를 폐위시켰다. 그녀는 군주들이 선택한 딸이자 작곡가이며, 자유주의 헌법을 촉진한 여성이었다.

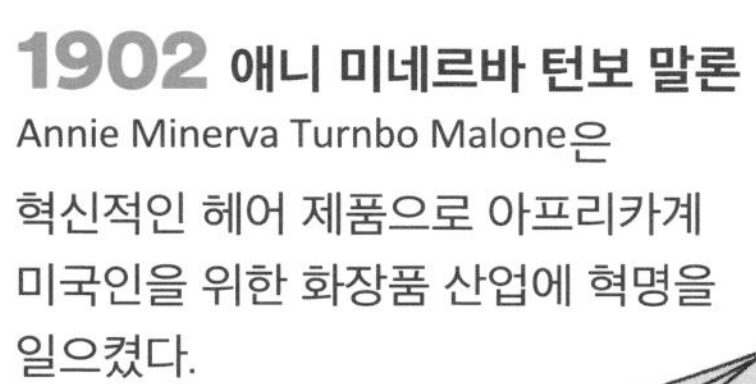

1902 애니 미네르바 턴보 말론 Annie Minerva Turnbo Malone은 혁신적인 헤어 제품으로 아프리카계 미국인을 위한 화장품 산업에 혁명을 일으켰다.

1901 세르비아의 수학자인 **밀레바 마리치**Mileva Marić는 취리히대학 기술연구소 일을 포기하고 자녀 양육에 헌신했다. 앞서 그녀는 남편 앨버트 아인슈타인Albert Einstein이 현대 물리학에 혁명을 일으킨 1905년 논문에서 특히 계산 부분에 주목할 만한 공헌을 했다.

1907 시인이자 사회운동가인 **추근**秋瑾은 자신이 처형된 해에 첫 번째 중국 여성주의 잡지인 《중국여보中國女報》를 발간했는데, 이것은 딱 두 번만 출간되었다.

1907 알리시아 모로 Alicia Moreau는 부에노스아이레스 의과대학에 들어갔고, 이 분야에서 교육을 받은 첫 번째 여성 그룹의 일원이 되었다.

1907 마리아 몬테소리 Maria Montessori는 과학적인 교육법을 적용한 로마의 '카사 데 밤비니Casa dei Bambini'(어린이집)에서 처음으로 13명의 어린이를 받았다.

1906 조르주 멜리에스Georges Méliès 이후 가장 큰 영향을 끼친 영화 〈양배추 요정La Fée aux choux〉(1896)을 연출한 **알리스 기-블라쉐**Alice Guy-Blaché는 〈페미니즘의 결과Les Résultats du féminisme〉라는 영화를 만들어서 페미니즘이 승리한 사회 모습을 보여주었다.

1909 말라크 히프니 나시프 Malak Hifni Nasif는 이집트 여성의 권리 향상에 초점을 맞춘 강연과 수필을 모아 《알-니사이야 al-nisa'iyyat》(여성 문제)를 출간했다.

1900년대

수백만 달러짜리 아이디어

켄터키주 백인 가정에서 노예 부모 아래 태어난 애니 미네르바 턴보 말론Annie Minerva Turnbo Malone은 이른 나이에 고아가 되어서 일리노이주로 이주한다.

교육을 받으면서 화학에 큰 관심을 보이지만, 그녀는 건강상의 이유로 정규 과정을 따라갈 수가 없었다. 집에서 시간을 보내면서 취미를 하나 갖게 되는데, 이것이 후에 수백만 달러로 바뀔 사업이 되었다. 화학에 대한 사랑과 아프리카인들의 매력적인 머리카락 덕분에, 그녀는 머리 관리를 위한 특별한 제품을 만들었다.

화장품에 대한 꿈을 품은 그녀는 방문 판매와 무료 샘플을 통해 아프리카계 미국인 가정의 틈새시장을 개척했다. 이어서 가게를 열고 흑인 언론 매체에 광고를 내면서 매출이 갈수록 증가했고, 1902년에는 세인트루이스에 매장을 열었다.

하지만 이 새로운 매장은 헤어 제품을 파는 상점과 공장 그 이상의 의미가 있었다. 그녀는 그곳을 '포로Poro 학교'(미용센터에서 일하기 위해 많은 아프리카계 미국인 여성이 공부하는 곳)와 사무실, 콘서트홀, 회의실, 식당, 정원, 헬스클럽, 예배당으로 내주었다. 이렇게 그 건물은 흑인 공동체를 위한 사회적·종교적 중심지가 되었다.

문화 정체성에서 발전한 의식

1886년 이집트 카이로의 비교적 풍족한 가정에서 자란 말라크 히프니 나시프Malak Hifni Nasif는 여성에게 부여된 겸손함과 신중함의 전통적인 규율을 포기하지 않으면서도, 더 나은 삶의 질과 일정 수준의 교육을 받기를 원했다.

페미니스트인 후다 샤으라위Huda Shaarawi와 나바위야 무사Nabawiyya Musa는 히잡을 쓰지 않고 대중 앞에 등장한 반면, 말라크 히프니는 히잡을 모든 여성이 다 싫어하는 것은 아니므로 굳이 벗을 필요가 없다고 생각했다. 그러다가 그녀는 유럽 문화에 매료된 상류 계급 여성들이 히잡을 쓰기 싫어한다는 사실을 알아챘다. 하지만 동시에 이집트의 식민 통치 상황도 같이 고려해야 했다.

그녀는 주로 십 대 여성의 결혼, 일부다처제 및 여성의 교육 금지를 비판하면서 이렇게 말했다. "처음에는 히잡을 쓰도록 강요하다가 곧 당신들을 해방한다는 명목으로 그것을 벗길 남편들을 조심해야 합니다."

'갈색 개 사건'과 여성 참정권 운동

여성 참정권론자인 리찌 린드 아프 하게비Lizzy Lind af Hageby는 의대생 시절 자신의 경험을 발표했다. 여기에는 런던대학에서 개를 마취하지 않은 상태로 진행한 생체실험 이야기가 포함되어 있었다. 생체 실험을 한 교수가 명예훼손으로 그녀를 고발하면서 결국 재판을 받게 되었다.

그녀는 그 내용을 철회하고 벌금을 물어야 했다. 그 당시 '갈색 개 사건Brown Dog Affair'은 모든 신문 앞면을 장식했고, 나라 안에서도 여러 의견이 나뉘었다. 서서히 벌금 모금이 시작되었고, 여론이 여성 참정권론자들에게 유리해지면서, 그 동물을 기념하는 동상도 세워졌다.

그러나 이 기념비는 모두의 관심 속에서 공격을 받기 시작했다. 폭력이 점차 커졌고, 1907년 12월 수천 명의 의대생은 그 동상을 철거하기 위해 횃불을 들고 트라팔가 광장에 모였다. 그렇게 이 동상은 1910년 큰 시위가 일어나면서 철거되었다. 그러면서 페미니즘과 연결된 동물 보호론자의 첫 번째 사건이 기억에서 제거되었다.

하지만 20세기 내내 캐럴 J. 애덤스Carol J. Adams의 《육식의 성정치: 페미니즘과 채식주의 역사의 재구성》(1990)과 같은 작품들이 쏟아져 나왔다.

몬테소리: 구름 가득한 시대에 나무로 만든 무지개

마리아 몬테소리Maria Montessori는 의대에서 학위를 받은 최초의 여성으로, 로마대학 부속병원 정신과에서 일하면서 다양한 학습 능력을 지닌 아이들을 만났다. 그녀는 시스템에서 버림받은 아이들의 상황을 보면서, 외국의 새로운 교육 방법을 조사하게 되었다. 먼저 게임과 자유로운 상호 작용 및 감각 자극을 기반으로 혁신적인 작업을 시작했다. 그렇게 그녀는 1907년 로마의 노동 계급 지역에 첫 학교를 열었다.

곧 이탈리아와 유럽 및 미국에서 그녀의 방법을 따르는 학교들이 늘어났고, 수년간 아주 복잡한 변화를 겪었다. 무솔리니는 처음에는 그 학교들을 통제하려는 목적으로 지원했지만, 끝내 문을 닫게 했다. 결국 그녀는 그곳을 벗어나 스페인 바르셀로나로 건너왔고, 국제적인 권위자가 되었다.

그 중요한 여정에서 그녀는 여성 참정권론자이자 여성 지도자인 에스텔 실비아 팽크허스트Estelle Sylvia Pankhurst의 딸을 비롯한 여성 동료들을 만난다. 한 세기에 걸친 전쟁에서 그녀는 평화주의자였고, 남성 우월적 세상에서 일하는 여성의 권리에 관해 이야기했다. 그녀에게 미래는 곧 어린 시절이기 때문에, 소년소녀 교육을 아주 중요하게 여겼다.

추근: 여성 혁명가 시인

추근秋瑾은 중국 변혁의 시기에 활동한 여성 시인이다. 당시 중국의 마지막 왕조인 청나라가 무너질 위기에 있었고 이런저런 혁명들이 일어났지만, 발전이 이루어지지는 않았다. 따라서 여성들은 교육을 받기 위해 일본으로 가야 했다. 1910년 당시 중국 여성 중 90%가 문맹인 반면, 일본은 고작 13% 정도였다. 그녀는 일본으로 가기 위해 결혼 생활을 깨고 자녀들을 버렸다.

그곳에 가서 그녀는 반전통주의 잡지인 《백화보白話報》를 창간하고, '2억 명 여성 동지들에 대한 존경의 선언'을 발표했다. 이 글에서 그녀는 1인칭 시점으로 중매결혼과 내연관계, 전족(어린 소녀나 여성의 발을 인위적으로 묶어 성장하지 못하게 하는 풍속으로, 중국 미인의 절대 조건이기도 하다_옮긴이)을 반대하고 여성들의 교육을 장려했다.

추근은 신체 운동에 대한 애정과 무장투쟁 전술, 서양 남성 옷 덕분에 기존의 인식을 깨고, 옛 정권에 충격을 가하는 데 힘을 보태기 위해 2000명의 학생과 함께 중국으로 돌아왔다. 중국 자유의 상징이 된 그녀는 1907년에 참수형을 당하고, 몇 년 뒤 청나라를 종식한 혁명의 순교자로 인정받았다.

일상의 존엄성을 위한 투쟁

추방당한 프랑스의 사회주의자 아버지 덕분에 어린 시절부터 정치의식에 대한 주입 교육을 받은 알리시아 모로Alicia Moreau는 아르헨티나의 사회주의자이자 페미니스트 운동의 개척자로, 스물한 살 나이에 '아르헨티나 페미니스트센터와 여성선거권위원회'를 만들었다.

그녀는 사회주의 이데올로기와 산부인과 전문성을 결합해 성 노동자와 빈곤층 여성을 위한 무료 진료소를 개설했다. 항상 근로자의 편에 서고, 이른바 '세입자 파업'이라고 하는 '서민 공동주택'(가정마다 침실을 임대하고 주방과 욕실은 공동으로 사용하는 주거 형태)이 요구하는 높은 임대료와 비위생적인 환경에 반대하는 시위를 장려했다.

이 파업에서는 여성들이 주도적인 역할을 했다. 어머니들은 경찰들과 맞섰고, 수백 명의 여성은 '라 보카La Boca' 거리를 가득 메웠는데, 이를 '빗자루들의 행진'이라고 불렀다. 이러한 행동은 이 지역의 가정들을 위한 더 나은 삶의 조건을 요구하는 시위였다. 이미 1920년에 그녀는 '전국페미니스트연합'을 창설하고, 보수 성향의 상원의원이 거부한 여성 참정권 법안을 작성했다.

주장강 삼각주에서 결혼 생활에 저항하다

중국 남부 광둥 지역의 중심에는 주장강이 흘러드는 비옥한 삼각주가 있다. 이곳은 19세기 말과 20세기 초 사이에 비단 생산 산업이 발달한 중요한 지역이다.

한편, 결혼에 대한 여성의 저항 운동으로 10만 명의 여성 공동체가 생겨났는데, 이 현상이 일어난 이유는 다양했다. 자급자족(양잠업은 흔히 독신 여성 집에서 나타났다)과 이른바 '여성의 늦은 이전移轉'이라는 지역 관습 때문이었다. 유교는 사람과 성별에 계층적 역할을 부여하고, 결혼한 여성이 남편의 가족에게 복종하며, 모든 사회적 관계를 끊을 것을 요구했다. 그러나 '늦은 이전' 제도로 막 결혼한 여성이 자기 가족과 3년에서 5년 정도 더 머무를 수 있었고, 그 덕분에 제한을 적게 받았다. 이로 인해 그 지역의 미혼이나 기혼 여성들이 독립적으로 살 수 있게 되었다.

삼각주에 거주하던 여성들은 결혼 생활에서 겪게 되는 복종에 여러 가지 방법으로 반항했다. 이를테면 성생활을 피하면서(임신하면 가정에 계속 있어야 하므로) 남편에게 두 번째 부인이 생길 때까지 부부 거처로 이전하는 것을 늦추었다.

이 여성들은 귀족 가문을 '누에고치'라고 불렀는데, 결혼한 여성들을 숨 막히게 했기 때문이다. 많은 여성은 이런저런 핑계를 대며 결혼을 피한 후에 공개적으로 독신

서약을 했다. 여기서 그녀들의 머리를 빗겨주는 의식 행사를 하고 선물을 받았다.

한편, 다른 독신 여성들과 '찌슈'라는 의식(자신의 죄를 씻거나 속죄한다는 의미에서 치르는 의식_옮긴이)을 통해 안정적으로 연합을 이루는 여성들도 많았다. 이 의식으로 '의자매'가 되는 것이다. 이 현상은 금란회金蘭會와 관련이 있다. 이 집단은 반비밀적 성격을 띠고 불교 여승들의 요소를 담고 있는데, 여신인 관음을 숭배하고 환생을 종교적 구실로 삼아 여성들 사이의 사랑을 정당화했다. 이를테면 한 여성은 여자로 환생한 남자에게 선택될 운명이라고 스스로를 정당화했다.

독신 여성 간의 결혼 예식은 점차 복잡해졌다. 신문 광고를 포함해 축하 저녁 식사를 하고, 커플 중 한쪽 또는 남편 역할을 하는 여성 쪽에서 이 비용을 지불했다. 이런 감상적이고 에로틱한 연합은 현재 남아 있는 노래와 전설들을 통해 알 수 있다.

양잠업 붕괴와 공산주의의 박해로 인해 이런 여성 커플들은 홍콩이나 싱가포르로 이주해 가정부로 일했다. 또한 많은 커플들이 채식 식당을 열었는데, 1955년에는 그 숫자가 350개에 이르렀다. 대도시의 새로운 환경에서 이 현상은 많이 줄었지만, 회원들은 그들의 관습을 계속 유지했다.

위대한 여성 사회운동가: 영국의 여성 참정권 운동

모든 사회운동에는 자체 서사가 필요하다. 그중에서도 영국 여성 참정권 운동의 역사는 유럽 여성들의 투쟁에서 가장 기억될 만한 현상 중 하나다. 모든 서사가 그런 것처럼, 그 안에는 수많은 실패도 있다. 이른바 '블랙 프라이데이'(1910년 11월 18일)에 영국의 억압은 하원 입구에 모인 300명의 여성 참정권 운동가들과 정면으로 충돌했다. 이들은 여성에게 투표권을 주겠다는 선거 약속을 어긴 영국 자유당 총리 허버트 헨리 애스퀴스Herbert Henry Asquith를 비난했고, 그날 경찰들의 대처는 가혹했다. 여성 참가자들은 거리에서 끌려와 성폭행을 당했다. 이 가혹한 날은 그 운동의 변곡점이 되었다.

이 시위는 1903년 에멀린 팽크허스트Emmeline Pankhurst가 결성한 가장 급진적인 여성 참정권론자 집단인 '여성사회정치연맹WSPU'이 조직했다. 처음 WSPU는 지역적 규모로 움직이는 소규모 집단이었지만, 1905년 총선에서 "여성을 위한 투표"라는 외침으로 알려지기 시작했다. 그 일로 에멀린 팽크허스트는 감옥에 갇히고, 그 운동에 소용돌이가 일어나기 시작했다.

그러다가 의회에 반대하는 대규모 시위와 통합 움직임들이 나타났다. 이것은 오직 여성으로만 이루어진 집단으로 전환되어 제도 정치에서 벗어난 길을 걸으며, 그녀들의 전략은 수년간에 걸쳐 변화했다. 그리고 여성의 정치적 정체성이 생길 때까지 "말 대신 행동으로deeds not words!"라는 외침과 함께 갈수록 급진적인 성격을 띠었다. 그들은 이른바 '서프러제트suffragette'(전투적 여성 참정권 운동가)로, 대부분의 영역에서 합법적인 방법을 채택하는 '서프러지스트suffragist'(온건적 여성 참정권 운동가)와는 달랐다. 하지만 이런 분리가 훨씬 더 인위적인 행동으로 나타나기도 했다. 전투적 운동가들은 법에서 벗어나

거나 단독으로 움직이지 않는 반면, 헌법 옹호자 집단들은 오히려 불법적인 행동을 했기 때문이다.

WSPU가 급진적인 운동을 시작한 1905년부터 제1차 세계대전이 발발할 때까지 수천 명의 여성이 폭력적인 행동으로 투옥되었다. 이 행동에는 직접적인 대립뿐만 아니라, 사유재산 파괴에 중점을 둔 게릴라 전술도 포함되었기 때문이다. 그녀들은 수많은 행동을 하면서 상점 창문을 부수고 웨스트엔드에서 런던 사람들을 결집시켰다. 빈 건물에 폭탄을 설치하고 불태우며, 예술 작품을 칼로 찢고, 우편함에 등유를 뿌리고, 런던과 글래스고 사이의 전선을 끊었다. 경찰에게 잡히면 판사들 앞에서 고함을 치고 노래를 부르거나, 밀가루를 던지면서 반항했다. 이 모든 행동은 무장단체가 수행했으나, 심각한 개인적 희생이 따를 수밖에 없었다. 많은 여성들이 체포되었고, 1909년에 일부가 단식 투쟁을 시작하자 정부는 그녀들에게 강제로 먹일 것을 명령했다.

수천 명의 여성이 폭력적인 행동으로 투옥되었다. 이 행동에는 직접적인 대립뿐만 아니라, 사유재산 파괴에 중점을 둔 게릴라 전술도 포함되었기 때문이다.

1913년 4월 이 조치가 취소되면서 수감자의 가석방이 허용되었다. 그리고 제1차 세계대전이 발발하자 이 투쟁은 끝이 났다. 전쟁이 끝나갈 무렵인 1918년, 재산을 소유한 서른 살 이상의 여성들에게 투표권이 주어졌다. WSPU의 전략은 성공적인 결과를 낳았다. 그녀들은 힘을 합쳐 대중을 끌어들였고 정치에서 여성의 역할을 재정의했다.

지트칼라-사, 붉은 새, 백인 침략자들

미국 사우스다코타주와 네브래스카주 경계에 있는 미주리강 입구에, 전국에서 두 번째로 큰 양크턴 원주민 지정 거주지가 세워졌다. 1876년, 지트칼라-사Zitkala-Ša가 1804년 이후 유럽인이 침략한 고대 수족Sioux(북아메리카의 평원 인디언으로, 수어족語族에 속하는 언어를 사용한 인디언들의 부족연합_옮긴이) 지역에서 태어났다. 그녀의 이름은 라코타족 언어로 '붉은 새'라는 뜻이다.

독일계 미국인 아버지가 가족을 버리고 떠나면서 그녀는 어린 시절을 어머니의 부족에서 보냈고, 녹지와 강을 소유했다. 하지만 그녀의 행복은 오래가지 못했다. 그녀는 토지를 관리하고 울타리를 치는 것에 만족하지 않았는데, 백인들은 인디언들의 복음화 사명을 주장했기 때문이다.

양크텐에 도착한 그녀는 충격을 받는다. 백인들의 예고 없는 침략으로 어머니의 집은 폐허가 되었고, 가족 중 일부는 절대 빈곤에 빠졌기 때문이다.

지트칼라-사가 여덟 살 때, 선교사들은 수족의 소년 소녀와 함께 그녀를 선발해 인디애나주 워배시에 있는 퀘이커교 학교에 데리고 갔다. 그녀는 성경을 공부하고 봉제 일을 하면서 하느님과의 소통과 개인적 영성 탐구에 근거해 매우 절제된 기독교 신앙을 받아들여야 했다. 게다가 전통 의상과 길게 늘어뜨렸던 머리카락을 버리면서, 예전 삶의 흔적 때문에 힘든 동화 과정을 겪어야 했다. 한편 독서 수업과 바이올린 수업에는 매료되었다.

그녀는 백인이자 기독교도인 젊은 여성이 되기 위해 3년간의 학습을 거친 후, 게르트루드 시몬스Gertrude Simmons로 이름을 바꾸었다. 하지만 그녀의 배움에 대한 열망은 워배시의 제한된 교육을 넘어섰고, 곧 리치몬드, 보스톤, 펜실베이니아에서 바이올린을 공부하며 음악 교사가 된다. 시몬스의 학교 교장은 그 학교를 원주민을 위한 재교육의 장소로 전환하기로 마음먹고, 교육받을 원주민 아이들을 선발하기 위해 그녀를 양크턴으로 보낸다. 그리고 양크턴에 도착한 그녀는 충격을 받는다. 백인들의 예고 없는 침략으로 어머니의 집은 폐허가 되었고, 가족 중 일부는 절대 빈곤에 빠졌기 때문이다.

시몬스는 수족의 권리에 대한 글쓰기를 시작했고, 1900년 첫 번째 신문 기사인 '인디언의 어린 시절의 인상Impressions of an Indian Childhood'을 발표했다. 이 기사에서 그녀는 퀘이커교 학교에서 강요받은 엄청난 혼란을 풀어놓았다. 또한 '스탠딩 락 인디언 보호구역Standing Rock Indian Reservation'에 정착한 그녀는 수족의 인디언 전설을 모아 영어로 번역하여 아메리카 원주민 전통의 위대한 전파자가 되었다.

또한, 토착 문화에 헌신한 1910년대 음악가 윌리엄 F. 핸슨William F. Hanson과 함께 대본 작업을 하고, 수족과 우테족의 전통을 바탕으로 한 최초의 오페라 〈태양의 춤La Danza Del Sol〉(1913) 노래 작업도 했다. 또 1926년에는 원주민들이 미국 시민권과 권리를 얻을 수 있도록 '아메리카인디언협의회National Council of American Indians'를 설립했다. 법률과 문학 분야에서 시몬스가 남긴 업적은 아메리카 원주민 문화의 보전과 인정을 위한 투쟁에서 가장 유명한 사례 중 하나가 되었다.

1910 멕시코혁명은 여성들의 적극적인 참여로 시작되었고, 그녀들을 가리켜 '솔다데라soldaderas'(여전사, 여성 투사_옮긴이)라고 불렀다.

1911 에델 스미스 Ethel Smyth는 여성 참정권자의 찬가라 불리는 〈여성 행진곡The March of Women〉을 작곡했다. 그녀가 홀로웨이 교도소(런던 북부의 여성 교도소_옮긴이) 창문에서 칫솔을 들고 지휘하는 순간 깜짝 놀랄 연주가 시작되었다.

1914 전위파 시인 **미나 로이**Mina Loy는 여성 참정권 운동이 부르주아적으로 바뀌는 걸 반대하는 미래주의적 색채를 띤 작품《페미니스트 선언Feminist Manifesto》을 썼다. 그녀는 자본주의를 거부하고 빅토리아시대의 순결을 비판하며 남성들을 적으로 선포했다. 또, 남성들이 계급차별적이고 인종 개량주의적인 성향을 가지고 있으며, 심각한 인종차별주의 시대의 상징임을 폭로했다.

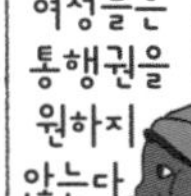

1913 블룸폰테인에서 수백 명의 남아프리카인은 흑인 남녀 노동자들이 도심에 접근하기 위해 정부가 발급한 **통행권**을 보여줘야 한다는 명령에 반대했다.

1914 마들렌 펠티에 Madeleine Pelletier는 프랑스 여성 참정권 운동에서 가장 매력적인 여성 중 한 명이다. 그녀는 《여아의 페미니스트 교육L'éducation féministe des filles》을 출간했다.

1915 제1차 세계대전 중 **'평화와자유를위한국제여성연맹**Women's International League for Peace and Freedom, WILPF'이 탄생함으로써 평화주의에 대한 여성들의 공약이 드러났다.

1915 오스만제국의 '청년 튀르크당'이 자행한 **아르메니아인 대학살**이 시작되었고, 이 과정에서 여성에 대한 폭력이 광범위하게 자행됐다.

1915 미국의 사진작가 **이모젠 커닝험**Imogen Cunningham은 벌거벗은 남편의 사진을 시리즈로 발간했고, 이런 소재로 과감하게 출간한 최초의 여성이 되었다.

1915 샬럿 퍼킨스 길먼 Charlotte Perkins Gilman이 페미니스트 과학소설의 선구자 격 작품인《허랜드Herland》를 출간했다. 그녀는 이 책에서 평화롭고 평등하며 질서 있는 여성들만 사는 세계인 '허랜드'를 만들었다. 그러나 책 내용 때문에 인종차별 논란에 시달리게 되면서, 당시 백인 페미니스트들의 작품 가치까지 떨어뜨렸다.

1911 마리 퀴리Marie Curie가 노벨 화학상을 받았다.
1911 일본의 무정부주의 기자인 간노 스가코管野須賀子는 여권 운동가이자 강간 피해자였고, 메이지 천황 암살 음모에 연루되어 처형되었다. 그녀는 항상 평화로운 방법을 따랐지만, 1908년 도쿄에서 정치 시위를 하다가 투옥된 뒤, 긴급한 혁명에는 폭력적 수단이 필요하다고 마음을 고쳐먹었다.
ACTRESSES
TO HOLD AS TWERE THE MIRROR UP TO NATURE:
8M
1913 뉴욕의 그리니치빌리지에서 미국의 여성 참정권 운동 가운데 가장 논란이 된 '헤테로독시 클럽Heterodoxy club' (이단 클럽)이 만들어졌다. 여기서는 예술가와 레즈비언, 양성애자, 사회주의자, 무정부주의자들이 연합해서 공동의 목표인 사회적 평등과 성적 해방을 요구했다.
1913 '여성 노동자의 날'이 3월 8일로 제정되었다.
1916 아르헨티나 출신의 시인 알폰시나 스토르니Alfonsina Storni는 혼자 사는 어머니의 삶을 토로한 첫 책 《장미원의 동요La inquietud del rosal》를 출간했다. 〈암늑대La loba〉라는 시에서는 "내겐, 법의 테두리를 벗어난 사랑, 그 사랑으로 태어난 아들이 있네/ 나는 다른 여성들처럼 될 수가 없네, 소에도 계급이 있는 것처럼"이라고 표현했다.
1918 '스페인여성협회ANME'가 세워졌다. 이들은 페미니스트들이 정당을 조직해야 한다며, 1934년 '독립 페미니스트 정치 활동당'을 만들었다. 하지만 1936년 인민전선Frente Popular(좌파계 인사의 합의로 여러 단체가 조직한 사회주의 정당_옮긴이)이 그들과의 통합을 거부하자, 그들은 좌파의 표를 분산시키지 않기 위해 해산을 결정했다. 이것은 여성 투쟁의 고질적 문제인데, 좌파에서는 늘 여성의 이익을 부차적으로 생각했기 때문이다.
1915 아프리카계 미국인 과학자 앨리스 볼Alice Ball은 하와이에서 화학 석사학위를 취득하고 나병 치료를 위해 대풍자유大風子油 사용에 관한 연구를 이끌었다. 그리고 이 기름을 사용한 주사제는 1940년대까지 가장 좋은 치료법이 되었다.
1916 논란의 중심에 있던 마거릿 생어Margaret Sanger는 뉴욕에서 최초의 산아제한 진료소를 열고 피임 방법에 대한 정보를 국제적으로 앞장서서 알렸다. 그러나 그녀는 가장 취약한 계층과 인종차별을 받는 사람들의 출생률을 제한하는 우생학 이론을 따랐다. 이러한 경향은 당시 널리 퍼져 있었고, 20세기 초반에 심각한 인종차별을 보여주었다.
1919 이란의 주간지 《자번-에 자넌Zabān-e zanān》(여성의 목소리)이 발간되기 시작했다.
1920

1910년대

세계 여성의 날

'세계 여성의 날' 개최는 여러 사건의 결과물이다. 그중 첫 번째는 1857년 3월 뉴욕의 여성 의류 공장 노동자들이 주도한 사건이다. 그녀들은 근로시간 단축과 급여 인상을 요구하며 소규모 시위를 벌였다. 1908년 3월에는 같은 조건으로 1만5000명의 여성이 참여하여 노동환경 개선을 요구했다. 이듬해 2월 말에는 또 다른 시위가 열렸는데, 클라라 체트킨Clara Zetkin이 1911년 3월 '제2회 여성 사회주의자들의 국제회의'를 열고, 최초로 '세계 여성의 날'을 만들었다. 이 행사는 오스트리아, 덴마크, 독일, 스위스 등에서 큰 성공을 거두었다.

그달 말, 트라이앵글 셔츠웨이스트 공장에서 비극적인 화재 사건이 일어났는데, 이 사건으로 123명의 여성 노동자가 사망했다. 이들 대부분은 이민자로, 이 사건은 끔찍한 노동환경을 보여주었다. 1913년에는 세계 여성의 날이 3월 19일에서 3월 8일로 바뀌었다. 러시아에서 일부 여성들의 반대가 있었지만, 이 날짜를 상트페테르부르크에서 '빵과 평화' 시위를 여는 날로 선택하고, 러시아 군주의 몰락을 촉발하는 시발점이 되었다.

아델리타를 넘어서:
멕시코혁명에서 활약한 여성들

멕시코혁명에 참여한 여성들 중에는 전쟁 중 집에 있었던 사람들과 무기를 들고 밖으로 나온 사람들이 있었다. 마르가리타 네리Margarita Neri와 같은 여성들은 타바스코 지역의 군대를 지휘했다. 페트라 에레라Petra Herrera(가명은 페드로 에레라Pedro Herrera로, 남자 이름임_옮긴이)는 판초 비야Pancho Villa(산적 출신의 전설적인 혁명가_옮긴이)가 자신을 인정하지 않자, 남자 옷을 입고 토레온 시를 점령해 자체 여성 전사 대대를 만들었다. 여기에는 무정부주의자인 구티에레스 데 멘도사Gutiérrez de Mendoza와 같은 여성 선동자들도 있었는데, 그녀는 사파티스타Zapatista(멕시코의 신사회주의 혁명군_옮긴이) 대령이 되었고, <베스페르Vésper> 등의 신문에 여성 참정권과 농부·광부의 권리에 대한 글을 썼다.

이 여성들의 이미지는 대중문화 속에서 매우 모순적인 모습으로 바뀌었다. 전쟁 시기 여성의 정절에 대한 낭만적인 시선과, 〈아델리타Adelita〉(전쟁 시기에 혁명군을 따라다니는 여성_옮긴이)와 같은 노래 속 관능에 관한 생각은 젊은 여성 농민의 덕목과 남성화되는 것에 대한 두려움을 함께 보여준다.

혁명 이후 1917년 멕시코 헌법은 여성 투표권을 고려하지 않고, 군대를 전문화하여 여성들을 제외시켰다.

마리 퀴리의 업적을 방해하다

오늘날에는 폴란드의 마리 퀴리Marie Curie를 20세기 초 위대한 과학자이자 두 번의 노벨상을 받은 인물로 설명하지만, 남성 중심의 역사는 그녀의 업적을 호시탐탐 방해했다.

바르샤바에서는 여성들이 과학 교육을 받을 수 없었기 때문에 퀴리는 대학에서 몰래 과학을 공부해야 했다. 그러다가 결국에는 파리로 옮겼고, 약간의 능력을 보여 전공 공부를 시작했다. 여기서 '약간'이라고 말하는 이유는 파리에서도 여성이 하는 일을 늘 의심하고 못 미더워했기 때문이다.

퀴리는 1903년 남편 피에르와 물리학자 앙리 베크렐Henri Becquerel이 방사능 발견으로 노벨 물리학상을 수상할 것이라는 편지를 받았다. 퀴리도 그 팀에서 함께 연구했지만, 스웨덴 학술원은 남편인 피에르 퀴리의 편지를 받고 나서야 수상자에 그녀를 포함시켰다. 그러나 학술원의 실수는 여기서 끝나지 않았다. 남편이 죽은 뒤 퀴리는 파리대학 물리학 연구실의 담당자이자 첫 번째 여성 교수가 되었다. 1911년에는 라듐과 폴로늄을 발견하여 노벨 화학상을 받게 되었는데, 스웨덴 학술원은 마리를 유부남과의 불륜설을 이유로 시상식에는 부르지 않기로 했다. 하지만 그녀는 시상식에 참석했다.

펠티에: 미래를 바라본 급진주의

마들렌 펠티에Madeleine Pelletier는 개인적 신념 때문에 프랑스 제3공화국 동안 제도적인 정치적 행동을 멀리했다. 가정 내 성적 학대를 피해 달아난 그녀는, 나중에 정신과 의사가 되어 비밀리에 임신중절병원을 열었다. 그리고 작은 급진적 페미니즘 단체인 '여성연대Solidarité des Femmes'를 운영했다.

그녀는 성교육의 중요성과 외적으로 불분명해 보이는 젠더(그녀는 재킷 슈트를 주로 입었음), 모성이라는 무거운 책임감을 옹호했다. 제1차 세계대전 당시 비밀 공제 조합원이자 무성애asexuality 지지자였던 그녀의 주장은, 당시 주요한 사상적 흐름과 연결되기 어려웠다. 이후 성폭행 피해 여성에게 불법으로 낙태 수술을 해줬다는 이유로 유죄 판결을 받은 그녀는 정신병원에서 여생을 마쳤다.

통행권을 반대한 남아프리카 여성들

남아프리카공화국의 블룸폰테인 여성들은 도심으로 갈 때 통행권을 보여달라는 명령에 항의하기 시작했다.

그녀들은 대부분 백인 정착민의 집에 고용된 흑인 가사 노동자들이었다. 반투족 여성 단체(시위를 조직한 협회)를 만든 샬럿 맥세케Charlotte Maxeke는 200여 명의 여성들을 이끌고 마을 회관으로 행진했다. 시위대 철수 거부로 여성 8명이 체포되었고, 점점 반대파의 불길이 주변 마을까지 퍼져 시위가 반복되고 수십 명의 여성이 투옥되었다. 결국 통행권 의무는 취소되었고, 이 승리는 시민들의 불복종 후속 전술에 영감을 불러일으켰다.

아르메니아인 대학살과 여성 폭력

1915년 4월 24일 오스만제국이 사회적·학문적으로 중요한 200명이 넘는 아르메니아인을 살해했다. 이것은 아르메니아인의 체포와 강제 추방이 시작되었음을 의미했다. 추방된 남녀들은 뜨거운 태양 아래, 물도 없이 거의 쉬지 않고 걸었다. 그중 다수가 추방 중에 사망했는데, 걷다가 또는 기차 이동 중 질식사했다.

여성에 대한 성폭력은 아르메니아인 대학살의 핵심 부분으로, 수백 명의 소녀와 여성이 희생자가 되었다. 그리고 많은 이들이 납치되어 노예로 팔렸다. 이 학살의 생존자인 오로라 마르디가니안Aurora Mardiganian은 군인들의 성적 요구를 거절한 뒤 강간과 고문을 당한 16명의 아르메니아 소녀의 살해 장면을 상세히 증언했다.

여성의 권리를 위한 최초의 이란 잡지

이란 주간지인 《자번-에 자넌Zabān-e zanān》(여성의 목소리)을 만든 사디카 달라타바디Sadīqa Daulatābādī를 비롯한 많은 여성들은 교육받기를 원하며 엄격한 가정교육에 반항했다. 사디카는 어렸을 때 남자 옷을 입고 학교에 갔고, 어른이 되어서는 비밀리에 여학교를 설립했다.

이란 여성들의 상황을 개선하려는 그녀의 노력 중 하나는 잡지를 창간하고, 히잡과 중매결혼을 비판하는 것이었다. 이 출판물은 처음부터 공격을 받았으나, 극단주의자들의 반란으로 겨우 살아남았다. 그녀는 이런저런 협업을 경험하면서 프랑스로 유학을 떠났고, 돌아와서 다양한 교육 관련 일을 했으나, 개혁주의적인 바람을 다 이루지는 못했다.

세이토 소녀들:
종이 위의 혁명

메이지 천황이 즉위할 때 사무라이와 쇼군, 군부 독재의 일본은 약화되고, 서구의 정치·경제·사회 모델이 홍수처럼 밀려왔다. 1872년에 교육이 여성에게 개방되었지만, 여학생들에게 따르라고 제시한 여성상은 어머니와 아내의 모습이었다.

1911년 서구 모델에 직접 영향을 받은 '세이토' 집단은 문자 그대로 해석하면 '블루스타킹bluestocking'이다. 이것은 18세기와 19세기에 페미니스트들이 앵글로색슨 세계에서 얻은 이름(1750년대 영국에서 문학을 좋아하는 여성이나 여성 문학가를 자처하는 여성들을 일컫던 말_옮긴이)이라는 사실을 짐작할 수 있다.

잡지《세이토》창립에 참여한 사람들은 대개 중산층으로, 새로 생긴 일본 여자 대학에서 훈련을 받은 여성들이었다. 전후 독일처럼 일본의《세이토》구성원들은 중매결혼을 거부하고 지적인 교육을 받으며 독립적이고 섹슈얼리티를 즐기는, 이른바 '신여성'이라는 새로운 여성 유형을 만드는 데 찬성했다. 간단히 말해서, 이것은 그전까지 여성스러움을 상징했던 답답한 코르셋을 벗어던지는 것을 의미했다.

일본 고대사의 황금기라 불리는 헤이안 시대에 일본 여성 문학의 위대한 전통을 생각하면, 세이토 집단이 처음 출판한 같은 이름의 잡지《세이토》가 문학의 중심이 된 사실은 그리 놀랄 일이 아니다. 뛰어난 평화주의 시인인 요사노 아키코擧謝野晶子가 여기에 정기적으로 기고했고, 신여성의 모델이 될 만한 가장 가치 있는 서양 작품들을 일본 여성들에게 소개했다. 예컨대 이들은 헨리크 입센Henrik Ibsen의《인형의 집》을 번역해《세이토》에 실었다. 주인공인 노라는 내내 인형처럼 살면서 받은 고통 앞에 폭발하고 만다. 특히 가부장적인 남편에 대한 사랑을 벗어던진다. 스웨덴의 페미니스트인 엘렌 케이Ellen Key가 말한 것처럼, 이 소설은 여성의 경제적 자립과 성적 쾌락에 관한 금기를 깨뜨리는 데 중점을 두었다.

그러나 《세이토》를 만든 여성 창립자들의 생각은 곧 정치 논쟁으로 옮겨져 일본 정부의 걱정을 초래했다. 정부는 잡지의 여러 쟁점을 검열하고 보이지 않게 비난했다. 세이토 집단 여성들은 직접 시위는 하지 않고, 주로 글을 써서 문제를 일으켰다. 그중 히라쓰카 라이초, 요시코 야수모치, 카즈코 모주메, 데이코 키우치, 하쓰코 나카로와 같은 회원은 흡연과 음주, 공공장소에서 시시덕거리기, 배우자 직접 선택하기, 연애 결혼하기, 남성 전용 공간인 유흥업소 출입하기 등으로 사회적 이슈를 일으키기도 했다.

세이토 여성들은 그전까지 여성스러움을 상징했던 답답한 코르셋을 벗어던지는, 새로운 유형의 여성을 옹호했다.

정부의 압박에도 불구하고 1915년 무정부주의 여성 작가인 이토 노에伊藤野枝는 출판의 주도권을 쥐고, 잡지에 자본주의에 대한 비판과 성적 취향에 대한 노골적인 표현, 일부다처제에 대한 비판, 여성의 참정권에 찬성하는 글들을 여러 차례 실었다. 세이토 여성들의 대담함에 분노한 정부는 잡지 배급망을 차단하고, 결국 이 잡지는 사라지게 되었다. 그러나 이러한 억압은 오히려 온전한 권리를 가진 존재가 되기 위해 싸우는 여성들에게 커다란 영향을 끼쳤다.

투표를 향한 길고 모순된 길

여성의 참정권 투쟁은, 오랜 시간 지속되면서 개인 투쟁과 집단 투쟁이 하나로 결합된 모순된 정치 현상이었다. 1851년 퀘이커교도였던 수전 B. 앤서니Susan B. Anthony는 미국 최초의 여성 권리 대회인 '세네카폴스 대회Seneca Falls Convention'의 주최자 중 한 명인 엘리자베스 캐디 스탠턴Elizabeth Cady Stanton과 만난다. 그리고 그들은 미국의 첫 번째 페미니즘으로 각인될 공동 작업을 시작한다.

여성 참정권 운동의 어머니인 수전 B. 앤서니는 여성의 상황을 개선하기 위한 법적 조치를 요구하기 위해 여러 지역을 돌았다. 반면 일곱 명의 자녀를 둔 어머니인 스탠턴은 앤서니를 위해 엄청난 분량의 연설과 안내서 및 기사들을 썼다. 그러면서 그녀는 "내가 더 많은 연설문을 쓰기 바란다면, 여기에 와서 푸딩을 만들고 아이를 잠깐 돌봐줘야 해요"라고 편지를 썼다. 이 두 사람은 남북전쟁의 중요한 과정인 노예제도 폐지 투쟁의 기둥이었다. 그 과정에서 앤서니는 노예제도 폐지를 위한 '미국 수정헌법 제15조'를 제시했다. 하지만 이 논쟁이 끝날 때쯤, 아프리카계 남성에게만 참정권을 준다는 제15차 개정안을 정부가 채택하면서 여성 참정권 운동은 분열되고 반인종주의 투쟁에서 점차 멀어졌다.

1890년까지 주요 여성 참정권 운동 협회들의 비중은 더욱 반동적인 성격을 지닌 여성 단체로 대거 대체되었지만, 결과적으로 여성 참정권을 획득했다. 전미여성참정권협회National American Woman Suffrage Association, NAWSA가 창설됨에 따라 크게 두 가지 변화가 있었다. 먼저, 참

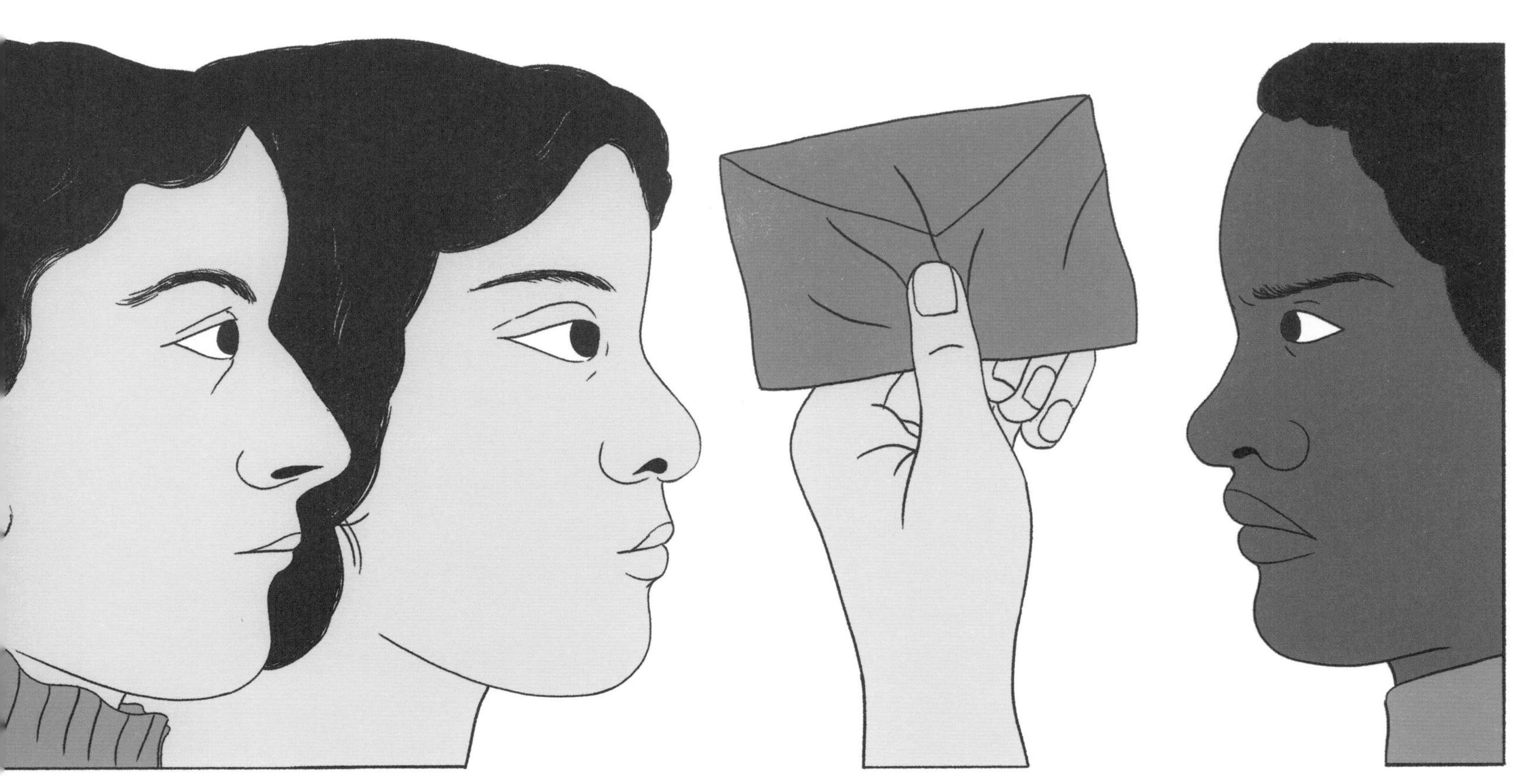

정권 운동이 국가별로 진행되었고, 애나 하워드 쇼Anna Howard Shaw나 캐리 채프먼 캐트Carrie Chapman Catt 같은 새로운 세대의 여성들이 등장했다. 이 여성 참정권론자들은 부르주아 페미니즘 속에서 투쟁을 유지했는데, 그 때문에 이들의 목소리는 개성과 도덕 및 사유재산에 영향을 미쳤다. 그 결과 NAWSA는 인종차별적인 태도를 보였고, 여성 참정권 투쟁에서 동등한 발판을 마련하자는 '전국유색인여성협회National Association of Colored Women, NACW'의 요구를 거부했다. 한편 NACW는 흑인 여성의 생활 조건 개선에 중점을 두었다.

1915년 앨리스 폴Alice Paul은 일련의 눈에 띄는 행동을 통해 투표에서 승리하기 위해 여성당Women's Party을 창설했다. 이들은 새로 선출된 우드로 윌슨 대통령의 워싱턴 입성을 저지하는 일을 비롯해, 제1차 세계대전 중 황제에게 억압당한 독일인들이 요구했던 것처럼 여성들에게 자유를 줄 것을 요구했다. 투옥된 여성당원들은 단식 투쟁을 시작하며 정치범으로 대우받길 요구했다.

1920년 8월 18일, 테네시에서 여성 참정권을 얻어내기 위한 중요한 투표가 이루어졌다. 여성 참정권 운동은 공화당 의원인 해리 T. 번Harry T. Burn의 투표 덕분에 승리했다. 그는 '좋은 아이'가 되려면 그 결과에 투표하라는 어머니의 편지를 받았다. 이 투표는 많은 여성에게 놀라운 발전을 의미했지만, 결과는 불평등했다. 백인 여성들은 권리를 행사할 수 있었지만, 남부의 흑인 여성들은 복잡한 문화적 검열에서부터 신체적 억압에 이르기까지 여러 걸림돌에 부딪혀야 했기 때문이다.

엠마 골드만: 혁명을 춤춘 여성

검은색 잉크가 신문 1면을 가득 채웠고, 신문 판매 소년들은 네 명의 남자를 기다리는 끔찍한 운명, 즉 교수대를 외쳤다. 그들은 1886년 5월 4일 시카고 헤이마켓 광장에서 경찰에 폭탄을 던진 혐의를 받은 네 명의 무고한 무정부주의자들이었다. 거리에서 이 소식을 듣고 돌처럼 굳은 리투아니아 출신의 젊은 여성 엠마 골드만Emma Goldman은 이를 꽉 물고 분노를 삭이려고 애썼다.

그녀는 17년 동안 수많은 폭력으로 고통당한 후, 뉴욕에서 1년째 거주 중이었다. 여전히 가정에서는 가부장제 폭력에, 공장에서는 성적 폭력에 시달렸다. 유대계인 그녀는 전제정치를 지지하는 러시아의 반유대주의 정책으로 고통 받았다. 하지만 그녀를 받아준 나라, 미국에서도 비참한 생활이 이어졌다. 봉제 공장에서 노예처럼 일하면서 노동조합원과 노동자에 대한 무자비한 박해 등 불합리한 일들을 경험했다. 그날, 전철의 소음이 마치 한탄처럼 들린 날, 그녀는 무정부주의자가 되었다.

엠마 골드만은 19세기 말 500만 명의 여성 노동자가 있던 미국에서 정치적 행보를 시작했다. 그들 중 절반은 가사 노동자였고, 섬유와 담배 산업의 낮은 임금과 긴 업무 시간에 대한 문제를 주로 다뤘다. 그리고 8시간 근무시간을 요구하는 섬유 공장 여성 노동자들이 합세하기 시작하면서 고용주들의 탄압이 생겨났다. 파업에 참여한 노동자들이 두들겨 맞으면서 집회는 벌집을 쑤신 듯 사방으로 퍼져나갔다. 당시 짧고 불행한 결혼 생활을 마친 골드만은 동료인 급진적인 작가 알렉산더 버크만Alexander Berkman과 무정부주의적 관계를 나누고 정신적 공동체가 되었다.

골드만은 1895년 유럽 여행 중에 오스트리아 빈에 장기간 머물면서 조산사·간호사가 되었고, 뉴욕에 와서 그 일을 시작했다. 이후 1906년 그녀가 발간한 잡지 《어머니 대지Mother Earth》를 통해 페미니스트 무정부주의 활동에 전념했다. 그녀는 공공의 위험인물로 여겨졌는데, 공공장소(공장)뿐만 아니라 개인적 장소(가정)에서도 지칠 줄 모르는 선동으로 전국적으로 유명해졌다. 그녀는 박해받는 정치 활동가나 투옥된 파업 참가자들을 돕는 기금 모금을 위해 전국을 돌아다녔고, 존엄성을 보장받는 급여나 여성에게 감옥인 결혼에 관한 문제를 다루는 집회를 제안했다.

1917년 미국이 제1차 세계대전에 몰두하는 동안 정부는 위험한 인물들에 대한 사냥에 나섰고, 골드만과 그녀의 배우자를 박해했으며, 그녀의 잡지 출판도 금지했다. 결국 골드만과 버크만은 러시아로 추방당했고, 공산 정권의 전체주의적 폭력의 고통을 감당해야 했다.

골드만은 오랜 경험을 바탕으로 결혼이나 피임 같은 주제에서 좌파 논쟁을 불러일으키는 데 엄청난 성공을 거두었다. 또한 혁명 투쟁에 필수적인 주제에 대해서도 불편한 태도를 유지했다. 그녀는 노동조합주의에 대한 폭력적 박해를 비판하는 동시에 조합주의의 수직성도 함께 비난했다. 그리고 여성 참정권을 위해 싸우는 부르주아 페미니즘을 강하게 비판하고 중산층 여성들에게서 잠재력을 보았다.

예순일곱의 나이에 자유로운 영혼으로 캐나다에 거주 중이던 골드만은 스페인 내전이 한창이던 당시 무정부주의자들을 지원하기 위해 바르셀로나로 갔다. 어느 날 한 동료가, 그녀가 춤을 추는 것을 보고 비난하자, 그녀는 이렇게 대답했다. "나는 나를 표현할 자유가 필요하고, 모든 사람은 아름답고 빛나는 것을 누릴 권리가 있다. 그것이 나의 무정부주의 운동이다."

MOTHER EARTH
Oct. 1915

1920

1920 베트사베 에스피날 Betsabé Espinal은 스물네 살 여성 농민으로, 콜롬비아 안티오키아의 베요 지역 직물 공장에서 근로자 파업을 주도했다. 이 파업에는 성적 학대와 매우 적은 임금에 항의하는 400명의 여성 근로자가 참여했다. 20일 뒤 농장주는 고발당한 농장 관리인들을 해고하고 여성들의 임금을 올려주었다. 이 일은 콜롬비아에서 노동자들이 거둔 첫 성공 사례다.

1920 여학생 **등춘란**은 베이징대학에 입학을 요구하는 편지를 썼다. 하지만 회신을 받지 못하자, 몽골에서 5000km 되는 학교까지 배를 타고 직접 찾아갔다. 1920년대에는 전 세계 여성이 대학 입학을 위해 특별한 여행을 시작했다.

1924 독일의 **마리안느 브란트**Marianne Brandt는 조형학교인 바우하우스Bauhaus의 금속공예 수업을 처음 수강한 여성이다. 그곳 설립자인 발터 그로피우스Walter Gropius는 여성들을 특정 수업에 참여하지 못하게 했다. 그러나 그녀는 남성 우월주의적인 편견이 지배적이던 학교에서 남성의 독점 공간을 깨뜨렸다.

1924 무용가이자 안무가인 바슬라프 니진스키Vaslav Nijinski의 여동생 브로니슬라바 니진스카Bronislava Nijinska가 안무한 발레 작품인 〈**암사슴들**Les Biches〉이 초연되었다. 이 작품은 최초의 페미니스트 발레로 평가된다.

1923 일본의 무정부주의 작가이자 사회운동가인 **이토 노에**伊藤野枝가 연인과 열 살 된 조카와 함께 경찰에게 잔인하게 살해당했다.

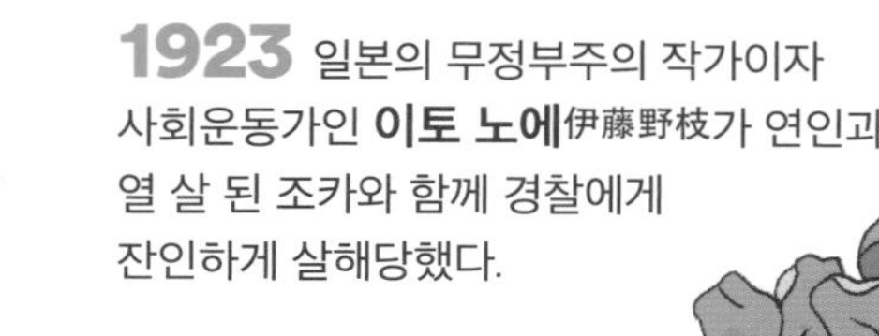

1926 페미니스트 성격을 띤 첫 번째 협회인 **라이시움 여성 클럽**Lyceum Club Femenino이 마드리드에 생겼다.

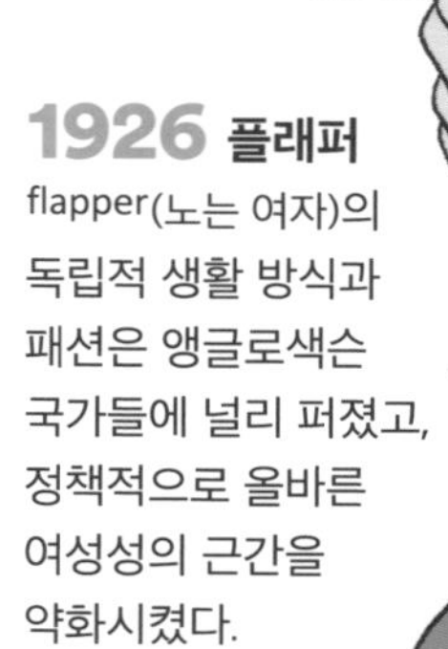

1924
스페인에서 특권층 여성은 미겔 프리모 데 리베라Miguel Primo de Rivera 장군의 독재 기간에 투표권을 얻어내지만, 단 한 번도 행사하지는 못했다.

1926
1922년에 세워진 소비에트연방에서 **볼셰비키 가정법**이 제정되었는데, 이것은 여성을 포함한 사회 및 법적 취약 계층 보호를 목표로 삼았다. 이혼 과정을 간소화하고, 부부가 재산을 함께 공유하며, 부모의 부양도 정했다.

1926 플래퍼 flapper(노는 여자)의 독립적 생활 방식과 패션은 앵글로색슨 국가들에 널리 퍼졌고, 정책적으로 올바른 여성성의 근간을 약화시켰다.

1921 **영국 상원**은 여성 동성애를 징역형으로 다스리기로한 하원의 투표 결과를 거부했다. 그러나 진보적인 이유가 아니라, 그로 인한 저항을 두려워했기 때문이다. 당시 동성애는 이미 너무 유행하고 있었다. 그 결과 영국 상원은 사람들에게 호감을 얻는 데 성공했다. 하지만 제1차 세계대전의 폐해로 남성이 아주 적어지자, 뒤늦게 그 판단을 후회했다.

1921 체로키족Cherokee(북미 원주민 부족_옮긴이) 아버지와 흑인 어머니 사이에서 태어난 딸 **베시 콜먼** Bessie Coleman은 민간 항공 조종사가 된 최초의 아프리카계 미국인이다. 하지만 미국에서는 여성이나 흑인이 조종사 훈련을 받을 수 없었기 때문에 그녀는 프랑스에서 비행 자격증을 따야 했다. 미국에서 거절당한 그녀는 유럽에서 준비해 저돌적이고 숙련된 항공쇼 전문가가 되었다.

1922 국제천문연맹International Astronomical Union, IAU은 **애니 점프 캐넌**Annie Jump Cannon이 제안한 별 분류 체계를 채택했다. 이 분류 체계는 온도와 스펙트럼 유형에 따른 분류였다. 여성 참정권 운동 지지자이자 자기 전문 분야에 헌신했던 그녀는 젠더적 편견뿐만 아니라 심각한 청력 상실로, 그녀의 능력을 의심하는 이들과도 맞서 싸워야 했다.

1922 올림픽 출전에 제외된 여성들은 여성 운동선수들을 위한 국제 대회인 **여성 올림픽**Women Olympic Games, WOG을 만들었다.

1923 마얍Mayab의 붉은 수녀Monja Roja로 알려진 **엘비아 카리요 푸에르토**Elvia Carrillo Puerto는 유카탄 지역 의회 의원으로 선출되었는데, 멕시코 여성으로서는 처음 있는 일이었다. 그녀는 여성 참정권을 얻기 위해 열심히 싸웠고, 첫 번째 농민 여성 조직을 만들었다.

1929 미국의 엔지니어이자 12명의 자녀를 둔 어머니인 **릴리언 길브레스**Lilian Gilbreth는 산업 분야 지식을 활용하여 부엌일을 합리적이고 효율적이며 신속하게 해냈다. 산업공학 심리학 박사인 그녀는 수년간 대통령 보좌관으로도 일했다. 또한 쓰레기통 페달과 냉장고 문 안쪽 선반과 같은 획기적인 발명품을 만들었다.

1929 정신분석학자 **조안 리비에르**Joan Riviere는 〈가면으로서의 여성성〉이라는 논문에서 지적으로 능력 있는 여성들이 직업적 야망과 연결된 남성적 특성들을 보완하기 위해 어떻게 여성성을 과잉 표출하는지 분석했다. 젠더를 가면과 연기로 보는 생각은 큰 반향을 불러일으켰다.

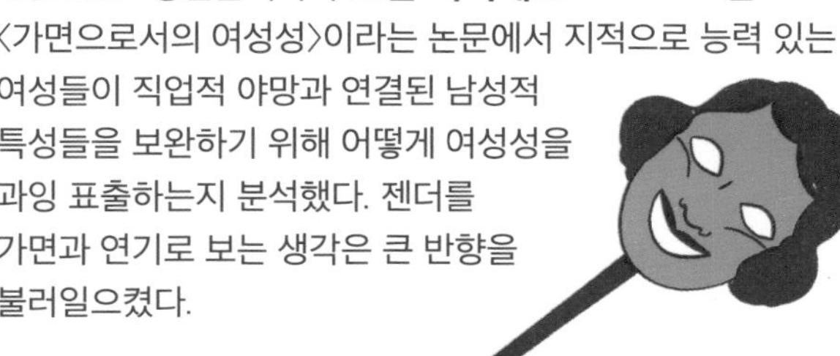

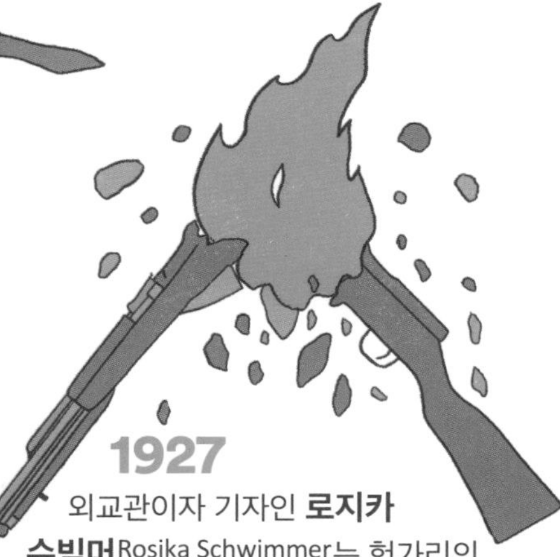

1927 외교관이자 기자인 **로지카 슈빔머**Rosika Schwimmer는 헝가리의 평화주의자이자 여성 참정권론자로 미국 정부와 대치했다. 그녀는 독재를 피해 헝가리에서 이민 왔지만, 미국 시민의 서약을 거부했다. 이 서약에는 기꺼이 무기로 국가를 방어한다는 내용이 포함되어 있었기 때문이다. 그녀는 전쟁을 금지하는 세계 정부를 창출한다는 꿈을 결코 포기하지 않은 채, 1948년에 가난한 무국적자로 사망했다.

1929 나이지리아에서 이그보족Igbo 여성들의 전쟁이 발생했다. 이것은 공적 생활에 여성 참여를 제한하는 당국에 맞서는 일이었다.

1929 남편이 총에 맞은 충격으로 유산을 겪은 유명한 프랑스 작곡가 **제르맨 타이유페르**Germaine Tailleferre가 유명한 작품인 〈여섯 곡의 프랑스 노래Six Chansons françaises〉를 썼다. 이것은 여성의 상황, 특히 부정한 여성들을 다룬 15~18세기의 글을 바탕으로 작곡한 작품이다.

1930

1920년대

좌절된 투표

스페인 제2공화국 기간에 비로소 여성들이 투표권을 얻지만, 실제로는 반세기 훨씬 전인 미겔 프리모 데 리베라Miguel Primo de Rivera의 군사독재 시절(1923~1930)에 이미 투표권을 얻은 바 있었다. 그러나 그때는 미혼이거나 남편과 사별한 여성, 즉 가정 내 여성 가장만 투표할 수 있었다. 남편이 명시적으로 허락한 경우를 제외하고, 기혼 여성들에게는 권한을 주지 않았다. 지방선거 투표권도 승인되었지만, 실제로 단 한 번도 실행되지는 않았다.
많은 남성들은 이른바 여성들의 감정 표현 능력(여성들이 자체 기준과 합리성을 바탕으로 투표권을 행사할 능력이 없다고 여김)과 교육 부족 및 교회와의 긴밀한 관계를 근거로 이런저런 방해를 하면서, 보수 진영의 승리를 예상했다. 하지만 이런 방해에도 불구하고 1931년 제2공화국이 들어서면서 마침내 여성이 투표권을 행사할 수 있게 되었다.

전투 자세를 갖춘 운동선수들

19세기 말 올림픽 전통이 부활했을 때 주최 측은 '여성 운동선수 배제'라는 후진적인 방침을 고수했다. 고대 그리스에서 여성은 4년마다 헤라 여신에게 경의를 표하며 헤라이안 게임Heraean Games을 열었지만, 20세기에는 테니스와 골프 두 가지 스포츠에서만 여성에게 공식 대회가 열렸다. 국제올림픽위원회IOC가 여성에게 허용되는 종목 수를 늘리고 싶다고 하자, 1922년 프랑스의 앨리스 밀리아Alice Milliat를 주축으로 여성 운동선수들이 '여성 올림픽'을 조직했다.
1934년까지 열린 여성 올림픽에서 여성들은 스포츠로 인정받기 위해 온갖 노력을 했다. 여성 올림픽은 대중적으로 큰 성공을 거두고 많은 참여를 이끌어냈으며, 이로 인해 IOC는 조금씩 여성을 통합하고자 노력했다. 그럼에도 불구하고 여성 선수들은 계속 더 많은 참여를 위해 투쟁했다. 1992년 바르셀로나 올림픽 이후, 여성 선수들은 종교나 문화적 이유로 참여를 저지하는 국가들에 대해 공동으로 거부권을 행사했다.

'아내들의 클럽'

1926년 스페인의 첫 번째 여성 협회인 '라이시움 여성 클럽Lyceum Club Femenino'이 만들어져서 스페인 내전이 끝날 때까지 운영되었다. 이 클럽은 1903년에 설립된 런던 여성 클럽의 모델을 본떠 다수의 여성이 만든 것이다. 이곳에서 여성들은 모임이나 사업을 하고, 문화 활동을 했다. 두 스페인 여성 카르멘 바로하Carmen Baroja와 카르멘 몬네Carmen Monné가 그랬던 것처럼 침대가 있는 곳에서는 밤을 새울 수 있었다. 런던 여행에서 돌아온 그녀들은 라이시움 모델을 마드리드로 옮기기로 마음먹었다.
초기에 이 클럽은 151명의 회원을 보유했는데, 이 중에는 20세기 초 스페인 여성 지식인을 대표하는 저명한 회원들도 있었다. 마리아 데 마에스투María de Maeztu와 세노비아 캄프루비Zenobia Camprubí, 빅토리아 켄트Victoria Kent, 클라라 캄포아모르Clara Campoamor까지 다양했다. 그 도서관 겸 회의장에서는 여성의 법적 지위가 유지됐고, 고등교육에서 여성의 통합을 장려하는 '숙녀들의 기숙사Residencia de Señoritas'(스페인에서 여성을 위한 대학 교육을 장려하기 위해 고안된 최초의 공식 센터_옮긴이)와 함께 교육 활동을 펴나갔다.
물론 이들을 향해 초기부터 가부장적 공격이 있었다. 그 클럽에 교제를 위한 응접실이 있다는 이유로, 그녀들은 '범죄자' '무신론자' '괴짜' '정신 이상자' 심지어 '도박꾼'으로 분류되었다. 여성 혐오자이자 노벨상 수상자인 하신토 베나벤테Jacinto Benavente는 '어리석고 미친 여자들'과는 말을 섞지 않겠다며 그곳에서 하는 강의도 거부했다. 그러면서 그 클럽을 '아내들의 클럽'이라고 이름 붙였다. 그곳에 가입한 기혼 여성의 숫자가 많았기 때문이다. 다양한 이데올로기를 가진 여성들이 모였지만, 그들은 여성의 지위 향상이라는 공통의 목표를 나누었다.

독점적 자유

제1차 세계대전 중 여성들이 일을 시작하면서 새로운 여성 모델이 생겼다. 이들은 바로 경직된 앵글로색슨 사회에서 재즈 리듬에 몸을 흔들고 담배를 물고 있는 '플래퍼flapper'였다.

독립적이고 쾌활한 백인 여성들인 플래퍼는 여성의 기본이 신중함과 예의 바름이라고 생각하던 당시에는 충격 그 자체였다. 패션의 혁명과 함께 시작된 이 뜻밖의 변화 속에 코르셋이 거들로 바뀌었고, 무릎이 드러난 편안한 옷을 선택하면서 움직임에 자유가 생겼다. 모자는 더 작고 머리에 딱 맞게 단순해졌으며 머리 모양 장식도 줄었다. 그리고 여배우 루이스 브룩스Louise Brooks 때문에 당시 단발머리가 유행했다.

그러나 그중 가장 큰 변화는 미적 변화가 아닌 태도의 변화였다. 플래퍼들은 대중적이고 오락적인 공간에 들어와 잘 교육받은 젊은 여성 모델들과 맞섰다.

플래퍼 여성들은 담배를 피우고, 술을 마시고, 혼자 여행을 다녔다. 그리고 운동도 하고 삶을 즐기기 위해 노력했다. 그러나 소수 여성만 접근할 수 있는 쾌락주의적 혁명은 1929년 경제위기 속에서 살아남지 못했다.

살해당한 여성 혁명가

일본의 무정부주의 작가이자 사회운동가인 이토 노에伊藤野枝는 연인과 열 살 된 조카 옆에서 경찰에게 잔인하게 살해당했다.

이토 노에는 20세기 초 일본의 가장 큰 두 페미니스트 집단인 '세이토'와 '세키란카이'(적란회)를 연결했다. 한 번도 누리지 못한 독립을 바라며 정략결혼에서 벗어난 그녀는 페미니스트 집단인 세이토에 들어갔다. 그리고 그곳에서 만드는 잡지에 낙태와 모성, 성매매와 같은 주제들로 글을 썼다. 그뿐만 아니라 리투아니아 출신 무정부주의자 엠마 골드만Emma Goldman의 작품을 일본어로 번역하기도 했다.

이토는 세이토에서 문학 관련 일 말고도 세키란카이 계획에도 참여했다. 이곳은 마르크스주의 관점에서 페미니즘의 방어에 초점을 맞춘 여성 집단으로, 그녀와 그녀의 애인인 일본의 무정부주의자 오스기 사카에大杉榮는 국가의 정치적이고 실질적인 권력들을 괴롭힌 대표적 인물이다.

간토에서 발생한 대지진 이후, 1923년 당국은 많은 사회주의 및 무정부주의 활동가들을 체포하라는 명령을 내렸다. 그들이 혼란을 일으켜서 백성들을 반역자로 만들 거라는 게 그 이유였다. 그녀와 애인, 그리고 그녀의 남자 조카가 체포되어 죽을 때까지 두들겨 맞고 우물에 던져진 이 사건은, 일본 내에서 큰 소동을 일으킨 '아마카스 사건'이다.

권력에 맞선 나이지리아 여성들

1929년 아프리카 대륙에서 가장 널리 퍼져 있는 나이지리아의 이그보족Igbo(나이지리아의 토착민족_옮긴이) 여성 수천 명은 이른바 '임명 군주'에 항의하기 위해 올로코Oloko로 향했다.

1861년부터 식민 지배를 한 영국이 임명한 이 지방 당국자들은 정부와 공공장소에서 여성의 역할과 참여를 제한했다. 오웨리와 카라바르 지방의 농촌 여성들이 이끄는 이 시위는 중요한 결과를 낳았고, 차별을 일삼아온 수많은 임명 군주들이 사임하는 결과로 이어졌다.

이 여성들은 비판적인 노래를 만들어 부르는 것에서 지역 포로들의 탈출을 돕는 것을 비롯해 대영제국이 수립한 여러 원주민 행정 센터에 불을 지르기까지 폭넓은 반란을 일으켰다. 그 결과 50명이 넘는 여성 활동가가 경찰에게 살해되었지만, 그로 인해 이그보족 여성들은 뛰어난 운동방식과 기민한 결단력을 갖추게 되었고, 이후 1938년에 일어난 부당한 세금 인상 시위처럼 나이지리아인들이 행동으로 이끈 수많은 계획에 영감을 주었다.

《파이어!!》, 할렘의 르네상스 역사

1910년부터 미국 남부에서 '짐크로법Jim Crow Law'(인종차별법)이 실시됨에 따라 수백 명의 아프리카계 미국인이 미국 북부로 이주했다. 이것이 현재 우리가 알고 있는 '흑인 대이동Great Migration'이다. 비록 북부가 인종차별주의에 영향을 받지 않았다고는 하지만, 남부의 공포로부터 도망친 사람들에게는 그곳도 결코 낙원이 아니었다. 그런 가운데 북부로 이주한 사람들은 새로운 경험과 인종적 자부심이 교차하는 새로운 정체성을 관리하고 보증할 수 있는 보루를 발견했다. 이 결합은 1960년대 강력한 '블랙 파워Black Power'(흑인의 인권 및 정치력 신장을 꾀하는 운동_옮긴이)로 이어졌다.

할렘은 네덜란드 이주민들이 세운 이래, 아프리카계 미국인 사업가인 필립 페이튼Philip Payton의 부동산 투자 덕분에 북쪽에서 가장 큰 흑인 지역이 되었다. 이후 1920년부터 흑인 공동체가 생기면서 이곳을 중심으로 문화 운동이 일어났다. 초반에는 아프리카계 미국인의 생각을 백인 지성인 집단과 긴밀히 연결해 세련되고 멋진 대학생의 생각과 같게 만들고자 했다.

그러다가 조라 닐 허스턴Zora Neale Hurston과 윌리스 서먼Wallace Thurman이 쓴 작품을 비롯해 그들이 만든 잡지 《파이어Fire!!》를 접하면서, 기존에 백인들과 같아지고 싶다는 생각을 고쳐먹었다. 이 잡지가 따르는 방향은 아프리카계 미국인의 문화적 표현을 제대로 재평가하는 것이었다. 즉, 예일대학과 하버드대학의 백인성Whiteness에서 벗어나 이웃의 실생활을 다루는 블루스, 재즈, 문학 등을 받아들이는 것이었다. 그리고 전체 아프리카계 미국인 집단을 대표해온 소수 엘리트에게 너무 무게를 두지도 않았다.

이 문화 운동의 창립 작품 중 하나는 편집자이자 문화

적 선동가인 제시 레드먼 포셋Jessie Redmon Fauset이 쓴 《혼란There Is Confusion》(1924)으로, 이 작품은 어머니와 아내의 역할에 대한 반성을 제안하고, 경제적 지급 능력 측면에서 인종차별이 넘어서야 할 장애물들의 차이점을 분석했다. 잡지 《위기The Crisis》의 편집장인 포셋은 할렘의 르네상스에 활기를 불어넣은 창조적인 여성 지성인들을 소개했다. 앞서 소개한 인류학자 조라 닐 허스턴을 비롯해 소설가 넬라 라슨Nella Larsen, 시인 헬레네 존슨Helene Johnson, 조각가 오거스타 새비지Augusta Savage, 화가 그웬 나이트Gwen Knight 등이 바로 그들이다.

조라 닐 허스턴과 월리스 서먼이 만든 문예 잡지 《파이어!!》 덕분에, 아프리카계 미국인의 문화 운동은 백인들과 동일시하고픈 욕구에 반대하는 날카로운 칼이 되었다.

특히 《파이어!!》의 창립자인 조라 닐 허스턴은 훌륭한 민속학자였다. 구어체 전통과 남부의 대중문화를 탐구했고, 미시시피와 루이지애나, 플로리다에서 작업에 집중한 결과, 단편집 《땀Sweat》(1926)에서 젠더 관습에 맞서는 새로운 유형의 여성 캐릭터를 제시했다. 한편, 넬라 라슨은 작품이 많지 않음에도 《퀵샌드Quicksand》(1928)와 《패싱Passing》(1929) 덕분에 오늘날 할렘 르네상스의 가장 훌륭한 여성 소설가이자 미국 현대 운동의 중요한 인물이 되었다. 두 소설 모두 자신이 혼혈이라는 이유로 차별당한 경험에서 영감을 받은 작품이다.

유럽에서 정형화된 많은 문화 운동과는 달리, 이 여성들은 미국에서 가장 확실한 문화 현상 중 하나인 '할렘의 르네상스'를 일으키는 데 꼭 필요한 역할과 행동 역량을 갖추고 있었다.

사회주의와 페미니즘,
조화롭지 못한 결혼

현대 역사를 통틀어 수많은 페미니스트 사회주의자들은 성별, 계급, 인종, 성적 취향 때문에 이루어지는 여성의 종속 관계를 깨닫고 그것을 끊고자 노력했다. 그러나 페미니즘과 사회주의의 관계는 복잡하고, 사회주의 이데올로기가 제도화됨에 따라 페미니즘은 무시되거나 뒤로 미뤄진 것처럼 보였다.

이 '조화롭지 못한 결혼'에 관한 이야기는 유토피아 사회주의에서 시작되었다. 유토피아 사회주의에서는 공동생활 프로젝트를 통해 여성을 좀 더 평등한 위치로 올렸다. 이후에는 사회주의에 대한 '과학적' 해석인 마르크스주의가 영향을 끼쳤다. 하지만 마르크스주의는 여성이 경험한 억압을 특별한 방식으로 분석하지는 않았다. 예외적으로 프리드리히 엥겔스가 1884년에 출간한 《가족, 사유재산, 국가의 기원》에 따르면, 여성이 겪는 차별이 늘 있는 것은 아니고, 이는 사유재산의 출현과 남성이 재산을 상속인에게 물려주려는 욕구와 관련이 있으며, 이로 인해 여성이 공적 영역과 노동에서 배제되었다고 강조했다. 이런 주장은 여성이 자신만의 해방을 위해 싸워선 안 되고, 동료들과 함께 싸워야 하며, 자본주의 종식이 곧 여성 해방을 가져올 것임을 암시했다.

한편 페미니즘은 엥겔스의 주장이 재생산(개인적으로 임금을 받고자 하는 목적 이외에 가사와 육아를 포함한 모든 노동_옮긴이)을 저항과 변화의 영역으로 생각하지 않는다고 비판했다. 이것은 여성이 공적·사적으로 이바지한

방식을 무시하고, 가사 노동을 부차적인 일로 여기며, 여성을 혁명의 주체가 아닌 동반자로 이해하고, 자본주의가 여성의 삶에 끼치는 영향을 무시한 이론이었다.

자본주의 및 가부장제와의 전쟁은, 예를 들어 여성 참정권 운동과 관련해 많은 마찰을 일으켰다. 1907년 제2인터내셔널(프랑스 파리에서 마르크스주의를 이론상 근거로 삼아 광범위하게 발전해온 사회주의운동을 배경으로 성립한 국제기구_옮긴이)은 여성의 참정권을 위해 싸울 것을 권하지만, 여성 참정권 운동과 관련 조직들을 지지하지는 않았다. 즉, 많은 사람이 이것을 위해 자율적으로 움직이지 않았고, '여성의 문제'로만 여겼다.

비록 여성 참정권 운동이 여성 노동자의 커다란 잠재력을 제대로 활용하지 못하고, 마르크스주의가 페미니스트의 특정 요구에 귀를 막은 것처럼 보이지만, 정치인이자 이론가인 알렉산드라 콜론타이Aleksandra Kollontai와 같은 위대한 인물은 양쪽의 담론을 잘 엮어냈다. 그녀는 여성이 해방되기 위해서는 사유재산 소유만으로는 충분하지 않고, 동료 관계와 새로운 지배계급, 즉 노동자계급을 기반으로 한 새로운 형태의 관계를 형성하는 심리적인 혁명이 필요하다고 주장했다. 하지만 이 논쟁은 공산주의적 이데올로기의 정통성과 충돌했다.

1930년, 스탈린이 소비에트연방에서 '여성의 문제'가 공식적으로 해결되었다고 선언하자, 많은 유력한 여성 사상가들이 사람들의 기억에서 잊혔다.

후다 샤으라위: 이집트혁명, 아랍의 마음

후다 샤으라위Huda Shaarawi의 삶과 그녀가 남긴 업적은 20세기 초 이집트혁명의 정체성인 민족주의와 여성들의 상황이라는 두 가지 요소로 주목받았다. 늘 그렇듯이, 두 번째 쟁점은 첫 번째의 긴급성에 밀렸다. 그래서 여성들은 해방 투쟁에 목소리를 내기 위해 힘을 합쳤고, 거기서 샤으라위가 핵심 인물로 두각을 드러냈다.

부유한 집안에서 태어난 샤으라위는 상류층 여성을 위한 이집트의 하렘(여기서는 코란을 암기하는 것이 의무였고, 아랍어로 가르치지는 않았지만 글은 아랍어로 써야 했음)에서 교육을 받고, 열세 살에 사촌과 결혼하지만, 그가 다른 여자와의 사이에서 낳은 아들을 기다리고 있다는 사실을 알고 곧 헤어졌다.

잡지 《알-마스리야》를 통해 그녀는 범아랍주의 이데올로기를 가진 이집트인의 입장에서 페미니즘과 아랍 민족주의를 전파했다.

이런 상황이 상류층 여성에게 생길 수도 있다는 사실에 충격을 받은 그녀는 터키어와 아랍어 등 많은 교육을 받았다. 그러나 스물한 살이 되었을 때, 영국의 보호국 시절 저명한 야당 인물이었던 남편에게 다시 돌아가기로 마음먹는다. 이집트의 독립을 원한 두 사람은 1920년대 큰 영향을 끼친 자유 민족주의당인 와프드당Wafd에 들어갔고, 1920년부터 1924년까지 샤으라위는 여성중앙의회를 만들고 의장을 맡았다. 그러나 당이 여성과 관련된 일들에 관심을 보이지 않자 사임했다.

1923년에는 와프드당 여성중앙의회와 신여성협회New Woman Society에서 얻은 경험으로 '국제여성참정권동맹'의 산하기구인 '이집트여성주의자연맹'을 세워 여성의 투쟁을 변호하고, 경제력이 없는 여성들의 기초 교육과 문맹 퇴치를 위해 활동했다. 또한 여성이 대학 교육을 받고 공무원이 될 수 있도록 노력하는 것과 더불어 해외 의회에도 열심히 참여했다. 그리고 《알-마스리야Al-Masriya》(이집트인)라는 잡지를 발간했다. 이 잡지의 편집장은 이집트 기자인 세자 나바라위Ceza Nabarawi가 맡았다.

연맹 창립 이후, 민족주의자였던 샤으라위는 아랍 페미니즘사에서 잊히지 않을 행동을 해서 유명 인사가 되었다. 로마에서 열린 국제여성동맹회의에 참석하고 돌아오는 공항, 그녀를 기다리는 수백 명의 여성 앞에서 히잡을 벗은 것이다. 이후 수많은 여성이 공공장소에서 항의할 때 그녀의 모습을 그대로 따라 했다.

《알-마스리야》를 통해 그녀는 이집트인의 입장에서 페미니즘과 아랍 민족주의를 전파했다. 지리적 상황과 관계없이 모든 아랍 민족이 단일 국가와 단일 정치 단위를 구성해야 한다는 그녀의 범아랍주의 이데올로기 덕분에 1945년 샤으라위는 아랍페미니스트연합Arab Feminist Union 의장이 된다.

그녀는 유복하다는 비판을 받았지만, 정치 의제가 없고 경제력을 갖추지 못한 여성들을 늘 고려했다. 히잡과 순종 사이에서 자기 정체성을 만든 그녀는 이집트 역사, 특히 여성의 역사에서 결정적이고 꼭 필요한 부분을 담당했다.

UFE
الاتحاد النوعى لنساء مصر
L'EGYPTIENNE

1932 일본 제국군은 동남아시아를 침략하고 강제 매춘을 제도화했다. 이 제도의 희생자들은 일본군 **'위안부'**로 알려져 있다.

1932 브라질 여성들은 '브라질여성진보연맹Federação Brasileira pelo Progresso Feminino'의 끝없는 노력 덕분에 투표권을 얻었는데, 그 수장은 라틴아메리카에서 가장 존경받는 페미니스트인 **베르타 루츠**Bertha Lutz다.

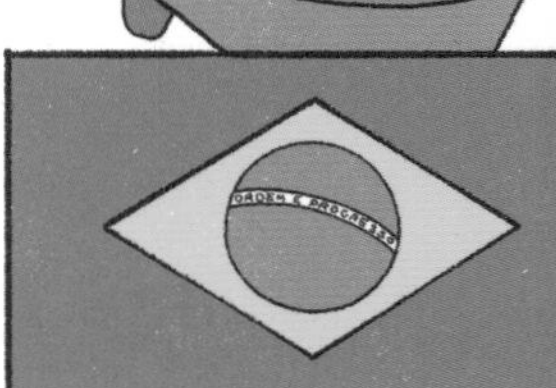

1934 아이티에서 **여성사회행동연맹**Ligue Féminine d'Action Sociale이 설립되었다. 이것은 아이티 최초의 페미니트스 집단으로, 미국 점령 시기 발생한 성폭력 피해로 만들어졌다. 이들은 법적인 변화를 요구하거나 문맹 퇴치를 위한 개혁주의 운동을 시작했다.

1933 나치 정부는 독일의 여성 독립 단체들을 없애나갔다. 정부가 운영하는 유일한 단체로 바꾸었고, 여기에는 열등한 민족으로 생각한 유대인 여성들은 제외되었다. 그 단체와 함께 공공 생활에서 여성들을 제외하려는 일련의 조치가 시작되었다.

1933 추상대수학을 만들고 '뇌터 정리'를 만든 독일의 수학자 **에미 뇌터**Emmy Noether는 평생을 대학에서 가르치는 일에 전념했다. 봉급을 받지 않거나 계약서를 쓰지 않은 적도 많지만, 유대인이라는 이유로 괴팅겐대학에서 쫓겨났다.

1935 인류학자 **마거릿 미드**Margaret Mead가 자신의 가장 유명한 글 중 하나인 《세 원시 부족사회의 성과 기질Sex and Temperament in Three Primitive Societies》을 발표했다. 여기서 대중에게 혁신적인 개념을 소개했다. 성 역할은 보편적이지 않고 상대적인 개념으로, 모든 문화에서 남성 또는 여성의 성 역할이 똑같은 건 아니라고 주장했다.

1935 화려한 행사가 진행되는 동안 **오무 오크웨이**Omu Okwei는 '상인의 여왕'으로 불리며 오소마리(나이지리아) 지역의 어머니협회 의장으로 지명되었다. 그녀는 영국인들이 상업에서 남성들을 어떻게 주인공으로 만드는지 지켜보았다.

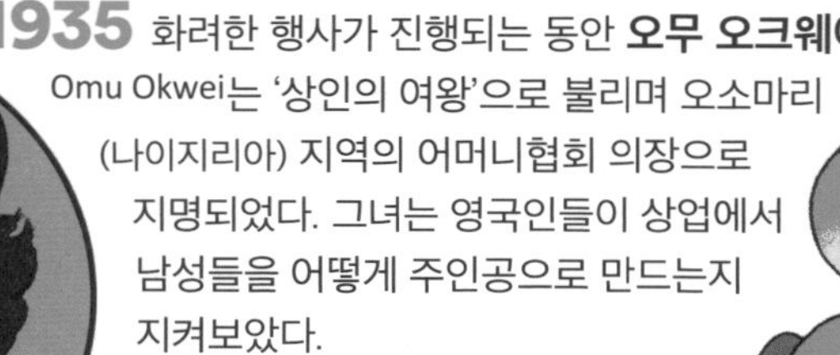

1935 네덜란드 정부는 대공황 때 남성 실업률을 줄이기 위해 기혼 여성들이 공무원, 특히 교사 또는 간호사로 일하는 것을 금지했다. 영국과 같은 여러 유럽 국가들은 기혼 여성이 직장을 그만두도록 법적 조치를 취해서, 일에 대한 퇴직금이 마치 지참금처럼 여겨졌다.

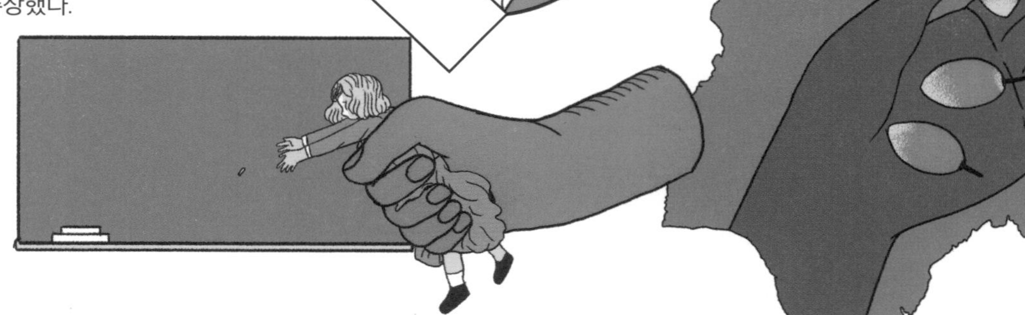

1932 자메이카의 시인이자 극작가인 **우나 마르슨**Una Marson이 런던에 도착했다. 그녀는 이곳에서 심각한 성차별과 인종차별을 느꼈다.

1933 팔레스타인 여성들은 계속되는 유대인 이민에 반대하며 예루살렘 성지로 행렬을 조직했다.

1933 지성인이자 현대 미술 수집가이자 실험적이고 전위적인 작가인 **거트루드 스타인**Gertrude Stein은 《앨리스 B. 토클라스의 자서전》을 출간했다. 여기서 동성 연인인 앨리스의 시선을 통해 자신을 설명했다. 1903년에는 최초의 현대 동성애 문학 작품 중 하나인 《Q. E. D.Quod Erat Demonstrandum》(증명해야 할 것)를 썼다. 여기서는 레즈비언의 힘든 삼각관계를 다루었다.

1939 **해티 맥대니얼**Hattie McDaniel은 영화 〈바람과 함께 사라지다〉에서 유모 역할로 오스카상을 받은 최초의 흑인 여배우다.

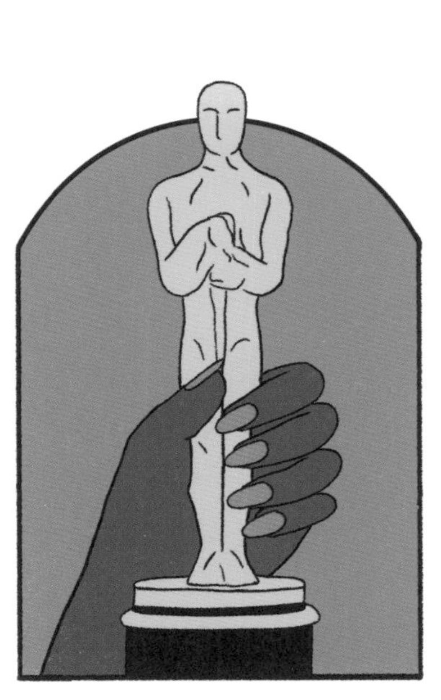

1936 스탈린 정부는 볼셰비키들의 호응을 얻어 여성에게 유리한 진보적인 움직임 대부분을 폐지했으며, 가족 강화라는 핑계로 이혼을 방해하고 낙태를 제한했다. 1930년대의 인구 감소를 염려하는 다른 권위주의 정부들도 비슷한 조치를 취했다.

1939 **프리다 칼로**Frida Kahlo는 세계적으로 유명한 그림 중 하나인 〈두 명의 프리다 칼로〉를 그렸다. 이러한 자화상을 통해 그녀는 육체적 고통과 복잡한 정서적 상황에서 화가로서의 성공을 모색했다.

1939 **빌리 홀리데이**Billie Holiday는 뉴욕의 클럽인 '카페 소사이어티'에서 〈이상한 열매Strange Fruit〉라는 곡을 불러 뉴욕 사람들의 마음을 사로잡았다.

1940

1930년대

일본군 '위안부': 전쟁에서 잊힌 여성들

1930년대에 현대의 비극이 될 사건이 시작되었다. 전쟁의 주요 희생자인 시민들, 특히 많은 여성들이 성폭력을 당했는데, 이들을 일컬어 '위안부'라고 불렀다. 그녀들은 제2차 세계대전 중에 군사 목적으로 일본 군인들에게 상납되기 위해 납치되었다. 8만~20만 명이 납치되어 고문당하고, 적게는 3주에서 8년까지 행해진 일련의 국가 매춘 업소에서 체계적으로 강간을 당했다.

군대 기록에 '전쟁 공급품'으로 기재된 이들 여성 대부분은 한국을 비롯해 대만, 필리핀, 인도네시아, 말레이시아, 태국 등 일본이 침략한 나라에서 강제로 끌려왔다. 무력 충돌이 끝나고 군대가 철수되는 와중에 처형되지 않은 여성들은 자국에서 잊히고 가족들로부터 버림받은 채 살아가야 했다.

1990년대에 이 문제는 한국 여성 세 명의 집단 소송으로 다시 드러났고, 동남아시아 전역에서 논쟁이 재개되었다. 그리고 서울 주재 일본대사관 앞에서는 현재까지 매주 수요일마다 항의 집회가 열리고 있다.

브라질 여성 투표 투쟁

페미니즘은 1930년대 라틴아메리카와 카리브해에서 큰 인기를 얻었고, 그것의 다양성은 이 기간 동안 긴장감을 반영했다. 국제주의와 민족주의의 절정, 그리고 다양한 투쟁을 묶으려는 좌파 페미니즘, 개혁주의적이고 부르주아적인 브라질의 페미니즘 사이에 긴장감이 감돌았다. 브라질에서는 교육을 받은 도시 여성들이 곧 서민 계층 사이에서 불꽃을 피우게 될 이 운동을 시작했다.

여기서 가장 눈에 띈 베르타 루츠Bertha Lutz는 프랑스 소르본 대학에서 생물학을 공부하고 프랑스와 영국에서 페미니즘을 접했다. 그리고 1919년에 모국인 브라질로 돌아와 페미니즘 운동을 일으켰다. 그녀는 국가 발전의 필수 요소인 여성의 교육 발전을 위해 협회를 설립했다. 국제적 페미니즘을 오래 경험하고, 여성 참정권 운동에서 영향력 있는 사람들 그룹에 속해 있던 그녀는 전국 대회에서 연설하고 참정권을 얻기 위해 투쟁했다. 그 결과 1932년 브라질은 중남미 국가 중 우루과이, 에콰도르, 푸에르토리코 다음으로 여성 투표를 승인하는 네 번째 국가가 되었다.

침략자에 대항하는 팔레스타인

기독교도인 마티엘 모간남Matiel Mogannam은 오마르 사원 앞에서 유대인 침략에 반대하는 연설을 했다. 타랍 압둘 하디Tarab Abdul Hadi 역시 그리스도의 무덤 앞 성묘 교회에서 똑같이 연설을 했다.

이 두 여성은 4년 전 타랍 압둘 하디의 집에서 '팔레스타인 아랍 여성 모임'을 만들었다. 그리고 집행위원회를 출범해 시온주의(유대인들의 국가 건설을 위한 민족주의 운동_옮긴이)에 반대하는 팔레스타인 여성 운동을 조직했다. 그들은 정반대 종교의 거룩한 장소에서 두 공동체 사이에 있었던 좋은 관계를 보여주고, 그들의 침략자에 반대하는 연설을 했다.

카리브해의 목소리

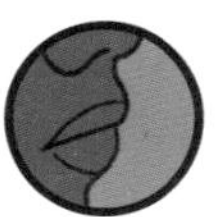

자메이카 여성 우나 마르슨Una Marson은 다양한 시집과 연극 작품의 연이은 성공으로 런던에서 범아프리카 감수성을 발전시키며 작품에 매진했는데, 그 주제는 흑인 여성의 역량 강화였다.

1933년에 그녀는 유명한 시 〈니거Nigger〉를 그녀가 속해 있는 유색인종연맹League of Coloured Peoples과 관련 있는 잡지인 《더 키즈The Keys》에 실었다. 1935년에는 이스탄불에서 열린 '국제여성연맹International Alliance of Women' 회의에 참석한 유일한 흑인 여성이었다. 그녀는 그 회의에서, 영국의 인종차별 문제와 흑인 공동체가 집을 임대할 때 겪는 어려움에 관해서 이야기했다.

2년 뒤에는 〈시네마 아이즈Cinema Eyes〉와 같은 시들을 모아 《나방과 별The Moth and The Star》이란 작품집을 출간했다. 이것은 딸을 영화관에 가지 못하게 하는 가상의 어머니에게 하는 이야기다. 이 책에 수록된 시들은 대부분 할리우드와 그곳이 말하는 아름다움의 개념, 어떻게 백인 여성이 흑인 여성에게 스스로 거부감을 느끼게 하고 육체적 좌절감을 주는지를 설명했다.

시인이자 극작가로서 뛰어난 경력을 쌓은 그녀는 라디오 프로듀서가 되어, 카리브해 문학 및 문화 보급을 위해 〈카리브해의 목소리Caribbean Voices〉라는 프로그램을 수년간 진행했다.

레드 카펫과 백인 전용 수영장

여배우 해티 맥대니얼Hattie McDaniel은 1939년 오스카상을 받았지만, 가정부 역할을 맡았다는 이유로 흑인들에게 비난을 받았다. 사실 1930년대에는 인종차별이 심했고, 흑인 여성에게 주는 유일한 역할이었기 때문에 그녀도 어쩔 도리가 없었다. 그런 비난에 그녀는 "하녀가 되어서 7달러를 버는 것보단 하녀 역할을 맡아서 주당 700달러를 버는 게 낫다"고 대답했다. 그녀는 로스앤젤레스에서 사망했으나, 그 도시에 있는 할리우드 묘지는 백인들 옆에 흑인을 묻을 수 없다며 그녀를 거부했다.

이후 아카데미 시상식에서 흑인 여배우가 여우주연상 후보에 오르기까지는 15년이 걸렸다. 그녀는 〈카르멘 존스〉(1954)에서 주연을 맡은 도로시 댄드리지Dorothy Dandridge다. 당시 인종차별이 팽배하던 사회 분위기 속에서 그녀가 승리한 것이다. 댄드리지는 미국의 영화감독 겸 제작자인 오토 프레민저Otto Preminger로부터 아주 높은 평가를 받았지만, 〈클레오파트라〉(1967)에서 주연을 맡은 엘리자베스 테일러Elizabeth Taylor의 등장 이후 서서히 인기가 사그라들었다.

결국 그녀는 노래를 부르며 생계를 이어갈 수밖에 없었다. 하루는 호텔에서 노래를 부르는데, 호텔 측에서 그녀에게 수영장 이용 금지 경고를 내렸다. 그녀가 수영장 물에 발을 담갔다는 이유로 수영장 물을 새로 다시 받았다고 했다. 엄청난 재능에도 불구하고 삶이 망가져버린 그녀는 과량의 항우울제 복용으로 마흔셋의 나이에 삶을 마감했다.

미국의 대표적인 유료 케이블 텔레비전 회사인 HBO는 1999년 그녀의 삶을 영화로 만들었다. 주연 배우로 연기한 할리 베리Halle Berry는 이후 영화 〈몬스터 볼〉(2001)로 오스카 여우주연상을 받았는데, 수상 소감 자리에서 댄드리지를 떠올렸다.

'이상한 열매'의 지옥

공산주의자이자 교사인 아벨 미어로폴Abel Meeropol이 쓴 〈이상한 열매Strange Fruit〉라는 시는 노래로도 만들어졌다. 시작은 미국 남부의 목가적인 풍경을 떠올리게 하지만, 흑인 공동체에 대한 끔찍한 폭력을 묘사하면서 끝이 난다. 이 시는 백인들의 린치로 사망한 인디애나주의 흑인 청소년 토마스 십Thomas Shipp과 아브람 스미스Abram Smith의 사진을 보고 영감을 얻었다. 그리고 이상한 과일들처럼 나무에 매달려 있는 검은 시체의 이미지는 시민 권리에 대한 강력한 상징이 되었다.

재즈 가수 빌리 홀리데이Billie Holiday는 카페마다 다니며 그 노래를 불렀다. 홀리데이의 정서적 힘이 짙게 묻어나는 이 노래는 엄청난 반향을 불러일으켰고, 대중에게 큰 충격을 주었다. 이 노래 덕분에 남부 흑인들의 공포스러운 삶은 흑인 신문뿐만 아니라 백인 신문에도 실렸다. 그녀의 동족 절반이 학살을 당하는 동안 카페에서 즐기고 있던 백인들도 충격을 받았다.

시민권 운동의 놀라운 업적과 흑인 대통령이 백악관에 들어왔음에도 불구하고, 인종차별은 여전히 미국에서 만연하다. 십 대 청소년인 트레이본 마틴Trayvon Martin, 마이클 브라운Michael Brown, 에릭 가너Eric Garner의 죽음으로 시작된 '흑인의 생명도 소중하다Black Lives Matter, BLM' 운동은 전 세계의 주목을 받았다. 이 운동은 흑인 공동체가 모든 분야에서 겪은 차별뿐만 아니라, 아프리카계 미국 시민들을 죽음으로 몰고 간 경찰들까지 고발했다.

스페인 제2공화국의 여성들

1931년 4월 14일: 공화국 수립

"새로운 체제 수립에서 가장 탁월하고 반가운 점은 여성들이 이바지한 부분이었다. (…) 여성의 젊음과 아름다움, 고귀한 열정은 삼색기 깃발의 바탕이 되었다."

잡지 《에스탐파Estampa》에 실린 글의 일부다. 공화국에 많은 어려움이 있었지만, 드디어 여성을 위한 첫 번째 조치가 생겼다. 여성들도 일부 공직에 오르고, 정치인으로서 선출이 가능해진 것이다. 또한 성차별주의 폭력 재판에 한정하긴 했지만 배심원 참여도 가능해지고, 여성 노동자만 혜택을 받을 수 있어 논란이 많긴 하지만 출산 보험도 생겨났다. 결혼 생활에서 여성이 일하려면 남편의 동의가 필요하지만, 결혼이나 출산으로 인한 해고는 불법으로 판결이 났다. 또한 시민 결혼(종교의식을 따르지 않는 신고 결혼_옮긴이)이 성립되어 소수의 현상이지만 1932년 이혼이 발생했다. 무엇보다 그 시대의 위대한 성공 중 하나는 여성의 문맹률을 줄인 것이었다.

1931년 10월 1일: 여성 참정권에 대한 투표

"여성들이 공화국을 위해 산다는 티를 내면, 그 대가로 투표권을 줄 것인가? 여자들은 공화국을 위해 싸우지 않았는가?"

변호사인 클라라 캄포아모르Clara Campoamor가 의회에서 한 말이다. 그녀는 당의 규율을 뛰어넘어 여성의 참정권에 맞서 싸웠다. 그녀는 빅토리아 켄트Victoria Kent와

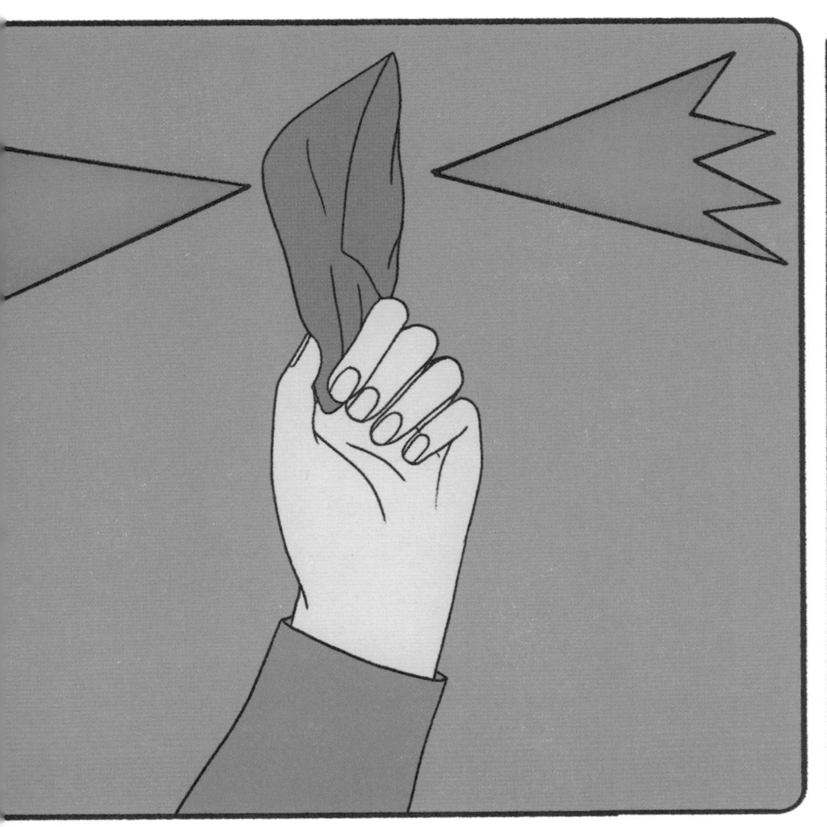

같은 여성 동료뿐만 아니라 남성 의원들과 함께 그 규율에 맞섰다. 그녀는 스페인 여성이 자유 투표를 행사하는 일에 교회와 부부 간의 힘에 너무 종속되어 있다고 생각했다. 결국 투표에서 접전 끝에, 스페인 여성도 참정권을 얻게 되었다.

1937년 7월 10일: 스페인 내전

"여교사들은 감자 껍질을 벗기고, 간호사들은 바닥을 닦았다. (…) 여성 재봉사들은 총을 들었다. (…) 한 단어가 들렸다. '혁명!'"

무정부주의 조합주의파 잡지인 《자유여성Mujeres Libres》에 실린 글이다. 역사가 메리 내시Mary Nash는 파시스트 국가의 쿠데타는 스페인에서 여성의 역할을 바꾸어놓긴 했어도, 완전히 뒤집어엎지는 못했다고 했다. 내전 당시 정치화된 민병대에 소속된 인물도 있었지만, 대개는 남편과 자녀들 때문에 후방에서 고뇌하거나, 식량 배급으로 길게 줄을 서는 어머니들처럼 전통적으로 여성화된 일을 통해 대의에 협력했다.

전쟁 후 공화국 여성들은 반동분자로 의심받는 여성들처럼 프랑코주의자들로부터 탄압에 시달렸다. 왜냐하면 여성의 정치적 활동은 남편이나 아들의 투쟁에 응징하거나, 폭탄을 싣고 하늘을 나는 비행기들을 향해 욕을 하는 정도로 여겼기 때문이다. 그 뒤 보복을 당한 여성들은 추방과 총살을 당하거나 사람들에게서 잊혔다.

요부들과 쓸모없는 사람들

남자들을 멸망시키는 나쁜 여자의 원형은 모든 서양 문화에 등장한다. 《오디세이》의 '세이렌'이나 성경의 '살로메'에서 모티프를 얻은 이야기부터, 19세기 이래로 수많은 문학과 연극, 회화에 나온 현대판 치명적인 여성들까지 다양하다.

1897년 필립 번 존스Philip Burne-Jones는 유명한 작품 중 하나인 〈뱀파이어The Vampire〉를 그렸다. 이 작품에서 여성은 의식이 없는 남성 위에 올라가 몸을 세우고 공개적으로 성적인 몸짓을 하고 있다. 이 작품은 그의 전 애인이던 여배우 패트릭 캠벨Patrick Campbell에 대한 불쾌한 감정과도 연관이 있다.

이 그림에 이어 그의 화가 가문(19세기 말 영국의 대표적인 화가 에드워드 번 존스도 있음)의 또 다른 작가인 러디어드 키플링Rudyard Kipling은 유명한 시 〈뱀파이어〉를 발표했다. 이 작품은 무대 공연으로도 올렸는데, '뱀파이어'는 '뱀프vamp'(요부)라는 현대 표현의 기원이 되었다. 최초의 문학 속 여성 뱀파이어는 레즈비언 캐릭터였지만(셰리던 르 파누Sheridan Le Fanu가 쓴 소설 《카밀라Carmilla》), 20세기로 오면 뱀프는 초자연적인 특징이 사라지고 약탈적인 이성애적 특징으로 나타난다. 이를테면 젠더 규범을 넘어 남성처럼 행동하고 사랑하며, 번식 의무에서 해방되어 쾌락을 즐기는 것은 물론, 연인들을 유혹하고 상처를 입히며 쓸모없는 사람들로 만들고, 가족들을 파괴하는 이색적인 인물이다.

'뱀프'는 1915년 영화에서 처음 나타났다. 키플링의 시를 영화로 옮긴 것인데, 그 캐릭터는 당시 큰 유행이 되었다. 그 영화의 여주인공 테다 바라Theda Bara는 요부의 대표 인물이 되었다. 그녀는 인터뷰에서 자신의 캐릭터에 대해 "내가 연기한 뱀파이어는 남성 착취자들에 대한 성sex의 복수다. 혹여 얼굴은 뱀파이어라도, 마음은 페미니스트다"라고 말했다. 영화 〈광대의 천국A Fool There Was〉의 성공으로 이런 부류의 영화가 수없이 쏟아졌다. '뱀프' 역할을 맡은 여배우로는 폴라 네그리Pola Negri와 마를렌 디트리히Marlene Dietrich, 그레타 가르보Greta Garbo, 베티 데이비스Bette Davis, 조안 크로포드Joan Crawford가 있다.

여성 참정권 운동과 '플래퍼flapper'와 같은 '신여성'이 나타나면서 전통적인 성 역할이 흔들리기 시작했고, 이런 위기 상황에서 '뱀프'가 출현했다. 그것을 징벌(남성이 여성의 독립을 두려워한 결과)의 원형으로 생각할 수도 있지만, 제국주의 확장의 결과이기도 하다. 이런 인종주의적인 인물은 여성을 억눌렀다가 터진 성욕과 위협적인 신비, 그리고 '타자'로 그려낸다. 어느 정도 권력을 누리기도 하지만, 성적으로만 대하고 희생자들의 인내심 있는 부인들과 맞서는 모습으로 표현하는 경우가 많다.

"내가 연기한 뱀파이어는 남성 착취자들에 대한 성의 복수다. 얼굴은 뱀파이어라도, 마음은 페미니스트다."

그러다가 1930년대와 1940년대로 오면 '뱀프'가 누아르 영화에서 남근적 여성Phallic woman의 모습으로까지 발전한다. 이러한 여성은 권위와 야망, 권모술수에 능한 남성적 특징을 보이는데, 가장 상징적인 특징은 가방 속에 권총을 숨겨놓는 것이다. 빌리 와일더Billy Wilder 감독의 영화 〈이중 배상Double Indemnity〉(1944)에서도 이런 모습을 보이는 파멸의 여주인공이 나온다. 이런 유형의 이야기에서 '뱀프'는 도덕적 종말의 막다른 골목에서 끝나고 대개는 가혹한 처벌을 받는다.

버지니아 울프와 '변화하는 방'

1928년 당시 영국의 작가 버지니아 울프Virginia Woolf는 《댈러웨이 부인》(1925)으로 이미 인정을 받은 상태에서, 케임브리지대학에 속한 여성 대학인 뉴넘칼리지와 거튼칼리지에서 강의를 하고 있었다. 그녀는 글쓰기에 대한 여성의 근본적인 어려움을 이야기하면서, 글 쓰는 데 매진하기 위해서는 개인 공간인 '자기만의 방'이 꼭 필요하다고 주장했다. 하지만 '자기만의 방'의 존재는 경제적 독립을 뜻하기에, 그 시대 여성들에게는 힘든 일이었다.

버지니아 울프는 강연할 때 먼저 여성의 교육이 왜 중요한지를 강조하며, 그녀가 만들어낸 인물인 '주디스 셰익스피어'의 허구적이지만 현실적인 삶을 이야기했다. 가공의 인물 주디스는 유명한 오빠인 셰익스피어처럼 능력이 있었음에도 교육을 받지 못했고, 자유와 독립적인 삶도 허락되지 않았다. 그리고 보호자이자 후견인은 아버지에서 남편으로 바뀔 게 뻔했다. 울프는 어릴 때부터 이런 상황에 놓인다면 그 어떤 여성이라도 자신의 능력을 찾거나 개발할 수 없다는 사실을 보여주었다.

여성의 창의력을 위한 공간으로서 '자기만의 방'이라는 개념은, 1936년 울프의 강연을 바탕으로 같은 제목의 책을 출간한 이래 페미니즘 역사에서 지금까지 참고하는 기준이 되었다. 대중문화에서 페미니스트 출판물과 문학 분야 블로그에도 이 이름을 붙이는 경우가 많다. 예컨대 프리다 칼로 헌정 사이트인 〈라 트리부La Tribu〉에도 '자기만의 방'이라는 이름이 붙었고, 그 외 수많은 여성 작가도 이 이름을 사용하고 있다. 또한 위스콘신주에 있는 페미니스트와 성소수자LGBTIQ를 위한 지역 도서관에도 '자기만의 방'이라는 이름이 걸렸다. 영국의 얼터너티브 록그룹 더 스미스The Smiths는 울프를 위해 〈셰익스피어의 여동생Shakespeare's Sister〉이라는 곡을 만들었다.

모든 페미니즘 영역과 마찬가지로 그녀의 작품들도 끊임없는 재해석이 이루어졌고, '자기만의 방'도 페미니스트들에게 많은 비판을 받았다. 학자이자 치카노 운동가(치카노는 원래 멕시코계 미국인을 비하하는 말이었으나, 1960년대 들어 자신들만의 주체성과 자긍심을 가진 멕시코계 미국인을 가리키는 말로 쓰이게 되었다_옮긴이)인 글로리아 안살두아Gloria Anzaldúa는 《방언: 제3세계 여성 작가에게 보내는 편지》에서 이렇게 말했다. "자기만의 방은 잊어라. 주방에서 화장실에서 글을 써라. 버스나 자선단체 배급 줄을 기다리며, 아니면 일터나 식사 중에 써라. (…) 부자가 아니라면 타자기 앞에 우쭐거리며 길게 앉아 있을 수가 없다. 타자기는 없어도 된다."

이 글에서 안살두아는 울프가 쓴 글의 대상(백인 여대생)이 제한되어 있음을 비판하고, 이중으로 억압받는 여성들(이민 여성 또는 가난한 여성들)의 문제를 공론화했다. 이런 여성들은 '자기만의 방'을 얻기가 훨씬 더 어렵고, 교육과 글쓰기가 사치이거나 이룰 수 없는 꿈이 될 수도 있기 때문이다.

'자기만의 방'이 탈근대주의 예술 운동과 인터넷 세대의 역동성과 만나자, 학자이자 페미니스트인 레메디오스 사프라Remedios Zafra는 2010년 유명한 저서인 《연결된 자기만의 방:(사이버) 공간과 '나'의 (자동) 관리Un cuarto propio conectado》를 발표했다. 이 작품에서 사프라는 네트워크 접근을 통해 '자기만의 방'의 고립된 성격을 뒤집었다. 즉, 개인적인 '자기만의 방'을 세상과 집단으로 통하는 큰 창문과 연결된 방으로 변화시켰다.

결과적으로 버지니아 울프의 영향력과 변화하는 환경, 창조적 여성들과 페미니즘의 필요성은 서로가 긴밀히 연결되어 있다는 것을 알 수 있다.

1940

1941 오스트리아의 여배우이자 발명가인 **헤디 라마**Hedy Lamarr는 히틀러와의 전쟁에서 동맹국들을 도와줄 비밀 통신 시스템인 '주파수 도약' 기술 특허를 취득했다. 이것은 오늘날 와이파이 기술에 단초를 제공했다. 그녀는 자신을 반노예처럼 부린 억압적인 남편으로부터 벗어나기 위해 배를 탔다. 그리고 "어떤 여자도 매력적으로 보일 수 있다. 그저 조용히 있고, 바보처럼 보이기만 하면 된다"라는 유명한 말을 남겼다.

1942 체코의 여성 참정권 운동 지도자인 **프란티스카 플라민코바** Františka Plamínková는 테레지엔슈타트Theresienstadt 강제 수용소에서 나치에게 처형당했다.

1943 락시미 사갈 Lakshmi Sahgal은 자유 인도 임시정부에서 여성부 장관으로 임명되었다. 당시 임시정부의 주요 목표는 대영제국에서 독립을 이루는 것이었다. 그녀는 제2차 세계대전 중 잔시 지역의 라니 락슈미바이Rani Lakshmibai 통치하에 영국 지배 타도를 위해 싸웠다.

1943
조피 숄 Sophie Scholl은 남동생을 비롯한 백장미단 Weiße Rose 위원들과 함께 처형당했다. 백장미단은 뮌헨대학에서 1942년에 만들어진 비밀 집단이다.

1945 사진 기자인 **마거릿 버크화이트**Margaret Bourke-White는 뉴욕 건물 사진을 찍어 유명해졌고, 나치 정권 붕괴의 특별한 증인이 되었다. 그녀가 찍은 부헨발트 수용소 사진은 전쟁의 공포를 알리는 데 도움이 되었다.

1946 퀴리 부인의 딸인 **이렌 졸리오퀴리**Irène Joliot-Curie는 라듐 연구소장으로 원자력에 관해 깊이 연구했다. 스스로를 파시즘 반대자이자 평화주의자, 페미니스트라고 여긴 그녀는 1935년 남편 프레데리크 졸리오Frédéric Joliot와 함께 노벨 화학상을 받았다. 그녀는 어머니 뒤를 이어 두 번째로 이 상을 받은 여성이 되었다.

1945 제2차 세계대전 이후 프랑스, 이탈리아, 일본과 같은 국가에서 여성 투표 합법화에 대한 두 번째 물결이 일어났다. 이와 함께 알제리와 같은 탈식민지화 과정을 시작한 국가는 독립과 함께 여성 투표권을 얻게 되었다.

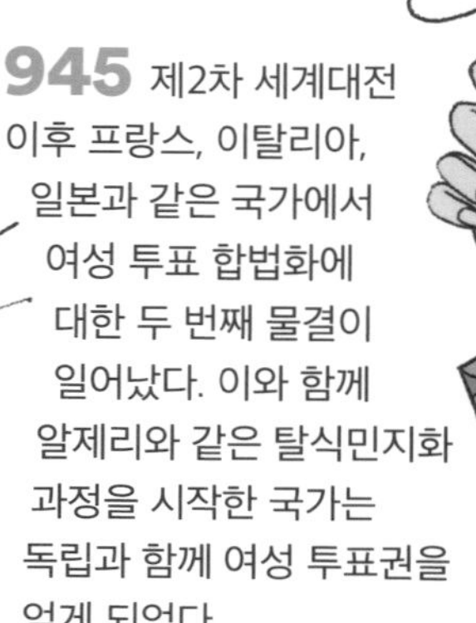

1943 독일 점령 기간에 노동자이자 주부였던 **마리-루이즈 지로**Marie-Louise Giraud는 프랑스에서 몰래 낙태 수술을 돕다가 유죄 선고를 받고 단두대에서 처형당한 마지막 여성이 되었다. 제2차 세계대전과 이전의 경제 위기로 낙태 수술이 생겨났는데, 비시 프랑스Vichy France의 연합군 정부는 그것을 국가 반역죄로 여기고 사형에 처했다.

1942
중국 작가 **딩링**丁玲은 공산주의 혁명 중에 '삼팔절유감三八节有感'을 발표했는데, 이 책은 강한 여주인공들로 주목을 받았다.

1942 하워드 밀러 Howard Miller는 제2차 세계대전 중 미국 여성들을 움직이기 위해 "우리는 할 수 있다!"라는 슬로건과 함께 '리벳공 로지Rosie the Riveter' 이미지를 만들었다.

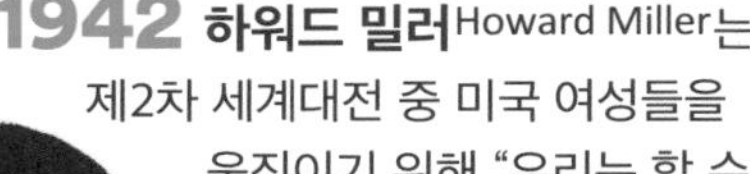

1943 마야 데렌 Maya Deren은 영화 역사상 가장 영향력 있는 아방가르드 영화 중 하나인 〈오후의 올가미Meshes of the Afternoon〉를 연출했다.

1948 올림픽이 재개되면서 네덜란드 출신 **파니 블랭커스 코엔**Fanny Blankers Koen이 대회 역사상 처음으로 네 개의 금메달을 획득했다. 언론은 서른 살에 두 자녀를 둔 그녀를 보고 "뛰기에 너무 늙었다"라고 말했다. 하지만 메달 획득 후에는 기사 제목을 '하늘을 나는 주부'로 바뀌었다.

1947 시민 다네시바르 Simin Daneshvar는 단편소설집《꺼진 불Atash-e jamush》을 출간한 첫 번째 이란 여성이다. 제2차 세계대전 중 외국군의 점령에 직면한 한 가족을 이야기한 소설《사부순Savushun》은 베스트셀러가 되었다.

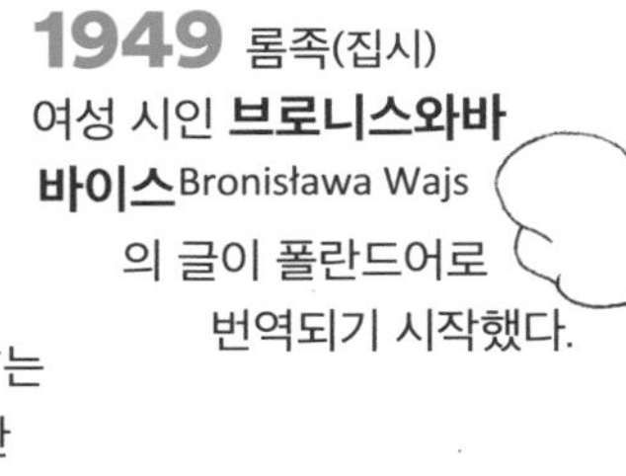

1949 롬족(집시) 여성 시인 **브로니스와바 바이스**Bronisława Wajs의 글이 폴란드어로 번역되기 시작했다.

1949 버지니아 아프가 Virginia Apgar는 하버드대학 최초의 여성 교수가 되어, 산부인과와 소아 건강 분야에서 수많은 발전을 이루었다.

1950

1940년대

여성 참정권 운동의 어머니와 저항하는 여걸

프란티스카 플라민코바František Plamínková는 오스트리아-헝가리 제국에서 여성 해방을 위해 싸운 핵심 인물이다.

그녀는 여교사의 결혼을 금지한 법에 대한 분노를 시작으로 페미니즘의 선구자가 되었다. 체코슬로바키아(현재 체코공화국)가 제1차 세계대전 이후 독립을 이루자 그녀는 정부와 페미니스트 조직에서 다양한 직책을 맡았다. 사생아 상황 개선부터 아버지의 법적 역할을 끝내고 이혼을 정착시키는 일에 이르기까지 다양한 일을 했다.

그녀는 여성이 참정권을 얻고 대공황의 불안정한 상황에서 여성을 위해 싸운 지칠 줄 모르는 투사였다. 나치 점령 같은 나라의 중요한 순간에, 그녀는 어려운 환경에도 불구하고 좀 더 유용할 거라고 생각되는 것을 선택했다.

리벳공 로지

20세기 가장 유명한 여성 아이콘 중 하나인 '리벳공 로지(리벳은 건설 현장에서 쓰이는 굵은 못을 가리킨다_옮긴이)'의 이야기는 제2차 세계대전 당시 배후에 있던 여성을 산업에 동원한 내용이다.

1942년 J. 하워드 밀러J. Howard Miller가 만든 "우리는 할 수 있다"라는 모토는 레드 에반스Redd Evans와 존 제이콥 로엡John Jacob Loeb의 노래 〈리벳공 로지〉와 관련이 있다. 가사는 미국 군수 산업에서 일자리를 요구하는 여성들에 관한 이야기를 담았다. 여기서 "로지는 리벳 기계로 남자 친구 찰리를 보호하고 있다"라고 말하는 대목이 나온다. 그녀의 작업복과 근육질, 빨간 두건 덕분에(1940년대에는 조립 설비에서 머리카락으로 인한 사고를 막기 위해 두건을 둘렀다), 로지는 전쟁 시대에 생산적인 강한 여성의 대표 이미지가 되었다.

매력적인 이미지에도 불구하고 전쟁이 일어난 해에 여성들을 위한 산업 노동이 줄어들면서 강한 여성들의 이미지도 점점 잊혔다. 그러다가 1990년대 미국의 페미니스트 운동의 상징으로 쓰이며 다시 등장했고, 오늘날에도 티셔츠, 머그잔 및 대중문화 상품들에 그 모습을 드러내고 있다.

딩링: 혁명과 페미니즘

20세기 가장 중요한 중국 여성 작가 중 한 명인 딩링丁玲의 작품들은, 중국에서 개인주의와 서양의 교리로 여겨지는 페미니즘이 공산주의적인 집단 가치와 종교적인 전통 가치들과 어떻게 상충하는지를 보여준다.

딩링은 공산주의 혁명 초기에 '삼팔절유감三八节有感'과 같은 불편한 글을 썼다. 이 글에서 그녀는 "독하게 결심하고 끝까지 지켜가자"며 여성들을 추동했다. 딩링이 일으킨 반란의 상당 부분은 여성들을 위한 것이었는데, 그녀는 특히 여성의 생활 조건은 나아지지 않았는데, 사회는 오히려 여성을 전통에 끼워 맞추려 한다고 비판했다.

1951년 그녀는 《태양은 쌍간강 위에서 빛난다太阳照在桑干河上》를 써서 1952년에 스탈린 문학상을 받았으나, 당국과의 불안정한 관계 때문에 문화대혁명(1966~1976) 중에 반당 분자로 몰려 투옥되었다.

인간 존중을 옹호한 백장미단

비밀 집단인 '백장미단'은 예술과 철학에 관한 관심과 기독교 정신으로 모인 조직으로, 항상 인간 존중에 중점을 두었다. 젊은 그들이 구체적으로 내세운 목표는 나치주의에 맞서 독일 시민들을 단합시키는 것이었다. 백장미단은 평화를 용감하게 수호하면서 대규모 전단을 배포했다. 또한 이들은 프랑스와 러시아 전선에 있는 백장미단 남성들의 경험을 토대로 전쟁 초기에 파견된 사람들에게 유럽이 자유롭고 공정하며 연대 책임을 져야 하는 필요성에 관해 이야기했다.

1943년에 이들의 활동은 더욱 대담해졌으며, 뮌헨대학 내에서 전단을 배포하기 시작했다. 조피 숄Sophie Scholl은 전단을 만드는 일에 자원했다. 어린애 같은 이미지 덕분에 의심을 받지 않았지만, 학교 건물 계단에서 전단을 뿌리다가 나치 당원이던 수위에게 발각되었다. 그 후 모든 백장미파는 체포되어 단두대에서 참수당했다. 전쟁이 끝난 후 그들은 이상주의와 파시즘에 대한 확고부동한 저항의 상징이 되었다.

집시 대학살을 전한 여성 이야기꾼

파푸샤Papusza라는 이름으로 알려진 롬족(집시) 여성 시인 브로니스와바 바이스Bronisława Wajs는 재능이 많았는데, 자신이 겪은 수많은 어려움과 카리스마 때문이었다.

하프를 켜는 유목민이던 그녀는 음식물을 대가로 주고 수업을 받으면서 문맹에서 벗어났다. 불행한 결혼 생활에도 불구하고, 그녀는 목소리와 시를 이용해 박해와 대량 학살의 역사적 희생자인 마을 이야기를 전했다. 그녀의 시 〈피의 눈물Ratfale jasfa〉은 폴란드 나치 점령을 피해 숲으로 도망간 롬족 3만5000명이 살해된 이야기다. 1949년에 시인 예지 피초브스키Jerzy Ficowski가 롬어로 쓴 이 시를 폴란드어로 번역했다. 시집 출간 후 어느 정도 유명해졌지만, 이것이 파푸샤에게는 오히려 독이 되었다. 1950년 공산당 정부가 롬족 집시의 삶을 반대하는 캠페인을 시작하면서, 그녀는 집시 사회에서 배신자로 낙인찍혔다. 그리하여 그녀는 시 덕분에 명성을 얻은 편집자를 비난했고, 집시 집단에서 배척당해 그들과 단절된 여생을 보내야 했다.

아프가 여사의 끈기

세상을 바꾼 여성들의 이야기에는 공통점이 있다. 그중 하나가 버지니아 아프가Virginia Apgar처럼 여성으로 하여금 끊임없이 낙담하게 만드는 사회를 향해 보여주는 집요한 끈기다.

그녀는 자동차 판매원의 딸로 어린 시절부터 과학을 좋아했고, 대공황 때 의대 학비를 마련하기 위해 다양한 일을 했다. 그러나 남성이 독점하고 있던 분야인 외과 의사가 되려는 그녀의 꿈은 좌절되고 만다. 그 대신 마취 의사로서 훈련을 받으면서 많은 출산 장면을 목격하게 된다.

1953년 그녀는 '아프가 점수Apgar score'를 만들어서 막 태어난 신생아의 건강 상태를 빠르게 평가했다. 이 점수 시스템은 아이의 맥박과 호흡, 외모와 같은 기준들을 바탕으로 하며, 이 방법은 오늘날 전 세계가 채택하고 있다. 버지니아 아프가는 여기서 멈추지 않고 기형을 발견하는 일에 착수하는 한편, 평생을 임금 평등을 지키기 위해서도 애썼다. 지금도 병원에서는 신생아를 처음 볼 때 아프가 여사의 눈으로 본다고 한다.

시몬 드 보부아르: 여자는 만들어진다

"여자는 태어나는 게 아니라 여자로 만들어진다." 이 표현은 프랑스 철학자 시몬 드 보부아르Simone de Beauvoir의 주장으로, 1949년에 내놓은《제2의 성》에서 한 말이다.

현대 페미니즘의 초석이 된 이 책은 왜 그렇게 중요한 걸까? 그녀는 이 책에서 여성에 대한 일련의 담론을 분석하면서, 여성은 늘 남성적인 관심을 반영한다는 결론을 내렸다. 종종 여성들의 주장은 생물학적 특징에 근거해 여성을 열등한 존재로 격하시킨다. 이러한 확신 앞에 그녀는 '여성'이라는 조건은 만들어지는, 즉 얻어지는 정체성이라고 단언한다.

비록《제2의 성》에서는 '젠더gender'라는 용어를 사용하지 않지만, '여성'의 범주를 설명할 때는 문화에 많은 무게를 둔다. 이런 생각은 오늘날 페미니즘 사고에 엄청난 영향을 끼쳤다. 왜냐하면 그녀는 신체적·생물학적 차이(성sex)가 사회적 가치 또는 기능(젠더)과 관련이 없다고 주장하기 때문이다. 따라서 그녀에 따르면, 생물학*은 여성들의 운명을 정하는 게 아니고, 젠더의 표현은 자연적이 아니라 문화적이다.

그렇다면 어떻게 여자가 '되는' 걸까? 그녀는 여성적인 본래 성질이나 자연적인 것은 존재하지 않는다고 설명한다. '여성'의 범주는 문화적으로 만들어지며, 특히 남성과의 차이 때문에 생긴다는 것이다. 여성은 '남성'이 아닌 '타자'이고, 이것은 다른 모든 것과 비교하는 기준이 된다. 즉, "인간이라고 하면 남성이고, 남자는 여자를 그 자체가 아닌, 자신과 관련지어 정의한다. 남성은 여자를 자율적인 존재로 여기지 않는다."

성 정체성보다 권력 분석에 더 관심이 많았던 시몬 드 보부아르는 영성이 왜 보조적인 위치로 격하되었는지를 알려준다. 그녀에 따르면, 자녀를 낳는 능력은 여성을 사적인 공간에 머물게 했고, 이로 인해 남자들은 훨씬 더 자유를 갖게 되었다. 이를테면, 여성을 어머니나 아내의 역할로만 국한하고 정치적 또는 사상적 체계를 수립함으로써 엄격한 사회적 분리를 합법화했을 것이다. 역사를 통틀어서 남성은 여성을 이상한 존재로 만들고, 가부장제 세상에 적응하도록 강요한 모든 담론을 만들어냈다. 간단히 말해서, 남성은 규범이고 보편적이며 긍정적인 존재인 데 반해, 여성은 규범에서 이탈되었고 예외적이며 부정적인 존재였다.

《제2의 성》은 프랑스 여성들이 자유롭게 낙태할 수 없고, 대부분의 정당이 출산율 보호 정책을 추진하던 시기에 쓴 글이다. 이 책은 여성들에게 결혼이나 모성을 쉬운 길로 여기지 말라고 권고한다. 여성은 도덕적이고 자유로우며 책임 있는 존재들로, 1000년 넘게 억압되어온 역사를 바꾸기 위한 집단 조직과 경제적 자율권을 위해서 싸워야 한다고 보부아르는 주장한다.

*생물학적 특성과 성 정체성의 분리에서 생물학적 결정론에 대한 페미니스트들의 비판이 제기된다. 생물학적 결정론은 성전환자 여성들을 '여성' 범주로 넣는 것에 대해 트랜스포비아(성전환과 성전환자들에 대하여 적대적인 태도와 감정을 갖는 것_옮긴이)를 가지고 있기 때문이다.

하느님과 조국, 가정을 위한 여성들

"우리는 대부분의 여성들로부터 말이라는 선물을 박탈해간 하느님께 매일 감사해야 합니다. 우리가 그 선물을 받았다면, 광장에서 그 말들을 전시하는 허영에 빠질지 누가 압니까!"

이 구절은 스페인 팔랑헤당Falange(극단적인 민족주의 정치단체_옮긴이)의 여성단Sección Femenina 지도자인 필라르 프리모 데 리베라Pilar Primo de Rivera(팔랑헤당 창시자인 호세 안토니오 프리모 데 리베라의 여동생)가 한 말이다. 이것만 봐도 프랑코 독재 기간 동안 여성에게 강요한 개념이 무엇인지를 한눈에 알 수 있다. 지능적으로 여성이 남성보다 떨어진다고 여겼을 뿐만 아니라, 이런 생각을 여성들 스스로 받아들였다. 그 결과 여성은 공공장소에서 자발적으로 기쁘게 자신들의 목소리를 내는 일에서 멀어졌다.

1939년 스페인 내전이 끝나고 여성에 대한 탄압은 새로운 프랑코주의 사회가 정착할 수 있는 기둥 중 하나가 되었다. 공화파 여성들을 향한 탄압은 극도로 심했고, 그 처벌은 곱절이었다. 적에게 힘을 실어준 것뿐만 아니라, 전통적인 여성성을 어겼다는 이유로 처벌을 당했기 때문이다. 또 투표권을 얻은 공화파 여성들은 여성의 자유를 간절히 바랐을 뿐인데, 공개적인 괴롭힘을 당했다. 예컨대 피자마 기름을 강제로 먹여서 고통스러운 설사를 유발시키고, 머리를 다 깎아놓고 이웃들 앞을 지나가게 하거나, 일부러 지저분하게 만들어서 굴욕감을 주었다. 지배자들은 그렇게 여성성에 관련된 모든 것을 없애려고 했다. 그녀들을 자식들과 떨어뜨려놓거나, 자식들을 파시스트 가족에게 넘겨주었다.

빅토리아 켄트Victoria Kent가 만든 마드리드의 벤타스 여성 교도소와 바르셀로나의 라모델로 여성 교도소는 곧 복도와 계단, 화장실이 무질서하게 있는 커다란 죄수들의 창고가 되었다. 특히 벤타스 여성 교도소는 위생 상태가 심각했는데, 총살을 당해 가까운 동부 공동묘지에 묻힌 동료들만큼이나 감염으로 사라진 죄수들이 많다는 이야기도 들렸다.

석방된 여성들은 프랑코주의 메커니즘이 어떻게 앞으로 밀고 나아가고, 그와 함께 여성단이 어떻게 무참히 여성 해방의 싹을 짓밟는지를 보았다. 1934년 필라르 프리모 데 리베라가 설립한 '여성단'은 "남성이 세상을 보는 동안 여성은 집으로 향할 것이다"라는 말로 여성성을 규정하는 책임을 맡았다.

스페인 내전이 끝나고 여성에 대한 탄압은 새로운 프랑코주의 사회가 정착할 수 있는 기둥 중 하나가 되었다.

여성단의 이데올로기적 강요를 보완한 법적 개혁은 완전히 순종적인 여성을 길러냈다. 결혼을 제외하고 25세 이전에 부모의 집을 떠나는 것이 금지되었다. 그리고 여성 간통죄는 피임과 낙태의 경우처럼 처벌을 받았다. 여성들의 학습은 집안일과 남편, 자녀를 돌보는 일과 관련된 것으로 제한되었고, 공공 생활에서도 제외되었다.

그러나 이 모든 여성 참여 근절이 그녀들의 모든 의지까지 꺾어놓은 건 아니다. 1975년 독재자 프랑코의 죽음 이후 스페인 여성들은 페미니스트 문제에 더욱더 힘을 보탰고, 그녀들의 해방과 자유에 대한 욕구를 더는 없앨 수 없다는 사실을 분명히 했다.

클로드 카훈: 실험 예술과 반파시즘적 저항

1940년, 히틀러가 점령한 유일한 영국 영토인 저지섬에 있던 독일 병사들은 서서히 걱정이 되었다. 익명의 병사가 담배 팩에 숨겨 오거나 차 앞 유리에 끼워놓은 팸플릿을 통해 독일군의 패배가 임박해 있다는 사실을 알렸기 때문이다. 그 메모는 보이지 않는 손에 의해 계속 나타났고, 점점 군인들의 사기도 떨어졌다. 지역 공동묘지에도 "예수는 인간을 위해, 인간은 히틀러를 위해 죽었다"라는 비문이 나타났다.

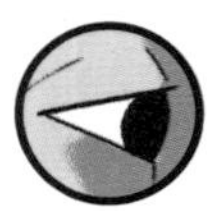

파리에서 슈봅과 말허브는 이미 클로드 카훈과 마르셀 무어라는 남자 이름을 사용하고 있었다. 이런 선택 덕분에 카훈은 정체성 놀이를 계속할 수 있었다.

길고 복잡한 범인 수색 끝에 4년이 지나서야 매우 열정적이고 신비로운 익명의 병사가 마침내 나치에 덫에 걸렸다. 그 사람은 두 개의 머리, 네 개의 팔, 네 개의 다리를 갖고 있었다. 범인은 바로 루시 슈봅Lucy Schwob과 수잔 말허브Suzanne Malherbe 커플이었고, 그녀들의 진짜 이름은 클로드 카훈Claude Cahun과 마르셀 무어Marcel Moore였다.

슈봅은 1894년 프랑스 낭트에서 작가와 지식인 부모 사이에서 태어났다. 중학생이던 열다섯 살에 애인이자 인생 파트너이며 예술적 생산의 동료인 유대인 수잔 말허브를 만났다. 이 둘은 각각 철학과 순수 예술을 공부한 후 파리로 이주했다. 그곳에서 슈봅은 전위 예술가 중 가장 실험적인 인물이 되었고, 초현실주의 선언문에 서명했으며, 만 레이Man Ray, 앙드레 브르통André Breton과 교제했다. 그리고 이들은 '리브 고쉬Rive Gauche의 여성들'이라고 불렸다. 이 여성들은 이민 온 작가와 편집자, 예술가들로, 전쟁 기간 동안 파리 문화에 활력을 불어넣었다. 그리고 시인 나탈리 클리포드 바니Natalie Clifford Barney가 연출한 레즈비언 살롱과 같은 반체제적 대상과 자주 접촉했다.

파리에서 슈봅과 말허브는 이미 클로드 카훈과 마르셀 무어라는 남자 이름을 사용하고 있었다. 이런 선택 덕분에 카훈은 정체성 놀이를 계속할 수 있었다. 그녀는 여성인지 남성인지 알 수 없는, 선택적이고 중성적이며 돌변하는 성에 속한다는 것을 보여주었다. 그녀의 사진들을 보면, 카훈이 다양한 복장과 연출된 여러 모습을 통해 연극에 대한 애정과, 성별을 가면으로 드러내려는 욕구, 연기로 자기 정체성을 표현하고 있다는 걸 알 수 있다. 즉, 놀이와 반체제, 혼란을 보여주었다. 그녀는 사진에서 플라토 지구Le Plateau 극장 동료인 여배우와 공동 작업도 했다. 그녀가 《메르퀴르 드 프랑스Mercure de France》와 《뷰 엣 비전스Vues et Visions》에 쓴 글 덕분에 그 당시 학제 간 가장 융합적인 예술가가 되었다. 정치 운동가였던 그녀에게 창의성과 실험성은 중요한 요소였다.

나치의 공격을 피해 낭트의 부유한 휴가지인 저지섬에 살려는 그녀들의 계획은 결국 좌절되고 만다. 하지만 그 섬이 점령당한 뒤에도 그녀들은 그곳에 있기로 결정하고, 어둠에서 밝게 빛나는 재능을 발휘해 싸운다. 거의 5년간 저항 운동을 한 끝에 체포되어 사형 선고를 받지만, 곧 저지섬이 해방되고 그 덕분에 그녀들도 석방되었다.

I AM IN
TRAINING
DON'T KISS ME

1951 아르헨티나 여성들은 과거 라디오 성우이자 연극배우, 그리고 후안 도밍고 페론Juan Domingo Perón의 영부인이 된 **에바 페론**Eva Perón이 추진한 열성적 캠페인을 통해 투표권을 획득했다.

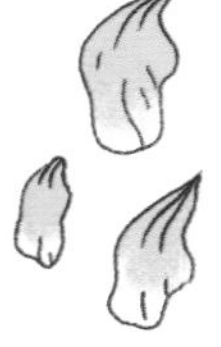

1953 알프레드 킨제이 Alfred Kinsey는 여성의 섹슈얼리티에 관한 유명한 연구서를 출간했고, 이것은 처음으로 여성 오르가슴, 동성애 또는 양성애 같은 주제 토론에 이바지했다.

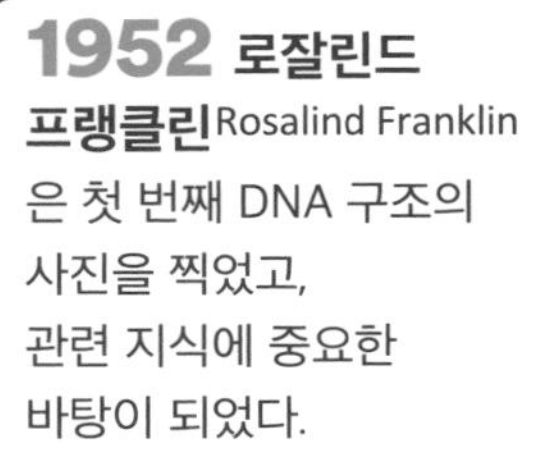

1952 로잘린드 프랭클린 Rosalind Franklin은 첫 번째 DNA 구조의 사진을 찍었고, 관련 지식에 중요한 바탕이 되었다.

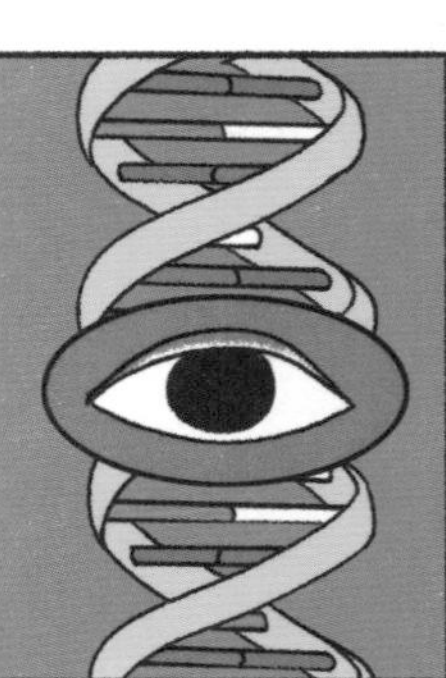

1955 샌프란시스코에서 최초의 레즈비언 인권단체인 '**빌리티스의 딸들**The Daughters of Bilitis'이 설립되었다. 개혁주의적이고 이성애적 사회 통합에 초점을 맞춘 이 협회는, 상원의원 조셉 매카시Joseph McCarthy가 게이와 레즈비언 공무원의 마녀사냥을 시작한 이른바 '라벤더 공포Lavender scare' 안에서 형성되었다.

1953 1953년 11월 7일, 스페인 카디스 출신 변호사인 **메르세데스 포르미카** Mercedes Formica가 〈ABC 신문〉에 남성 우월주의적 폭력을 다룬 '부부의 집El domicilio conyugal' 이라는 논쟁적인 기사를 썼다.

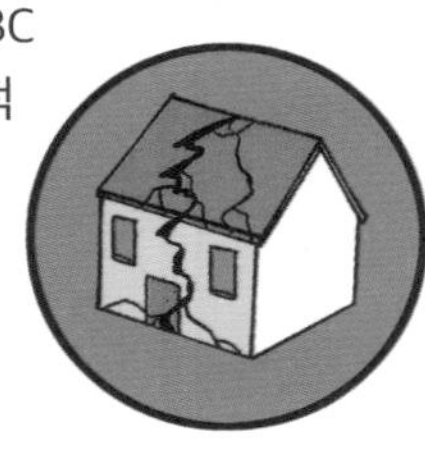

1953 미국의 **재클린 코크란**Jacqueline Cochran은 세계 최초로 음속을 돌파한 여자 조종사였다. 공화당(헉!)과도 친분이 있던 진취적인 그녀는 화장품 판매에 조종 기술을 활용했고, 제2차 세계대전 동안 여성 조종사들을 길러냈다. 스피드 여왕이던 그녀가 죽고 난 뒤, 어떤 조종사도 그녀의 거리, 고도 및 속도 기록을 넘지 못했다.

1953 끈기 있는 일본 여성 영화감독인 **다나카 기누요**田中絹代는 〈연애편지〉로 감독 데뷔했고, 이 작품은 이듬해 칸 영화제 경쟁 부문에 올랐다. 다나카는 오랫동안 영화배우 생활을 했고, 남성들로 가득한 영화계에서 감독 자리를 얻기 위해 투쟁했다. 예를 들어, 독점력이 강한 미조구치 겐지 감독과의 관계를 주저 없이 깼다.

1951 이집트의 철학자이자 사회운동가인 **도리아 샤픽**Doria Shafik은 의회에서 1500명의 여성과 함께 투표권과 동등한 보수를 요구했다. 3년 뒤에는 새로 창설된 헌법위원회에서 여성 회원 부족을 항의하기 위해 단식 투쟁을 시작했다. 결국 1956년 이집트는 여성의 투표권을 인정했다.

1951 국제노동기구ILO를 구성하는 국가 대부분은 성별 임금 격차를 없애고, 이를 해결하기 위한 국가 정책 이행을 약속하는 동일임금협약Equal Remuneration Convention에 서명했다. 그러나 오늘날까지도 동일 임금을 달성하기는 매우 어려워 보인다.

1952 크리스틴 요르겐슨 Christine Jorgensen은 트랜스젠더(MtoF)로 성전환수술을 받은 최초의 미국인으로 유명해졌다. 그녀는 트랜스젠더의 권리를 지키기 위해 자기 삶에 일어난 신기한 변화를 적극적으로 언론에 홍보했다.

1951 독일의 유대인 철학자 **한나 아렌트**Hannah Arendt는 10년간의 연구 끝에 《전체주의의 기원The Origins of Totalitarianism》을 발표했다. 그녀는 인종차별과 제국주의와 같은 20세기 주요 전체주의 정권의 역사적 이데올로기의 뿌리를 분석했다.

1959 장난감 시장의 틈새시장, 즉 소녀들을 위한 성인 인형 시장을 차지하기 위해 루스 핸들러와 엘리엇 핸들러 부부는 역사상 가장 많은 사랑과 미움을 동시에 받은 **바비 인형**을 만들었다.

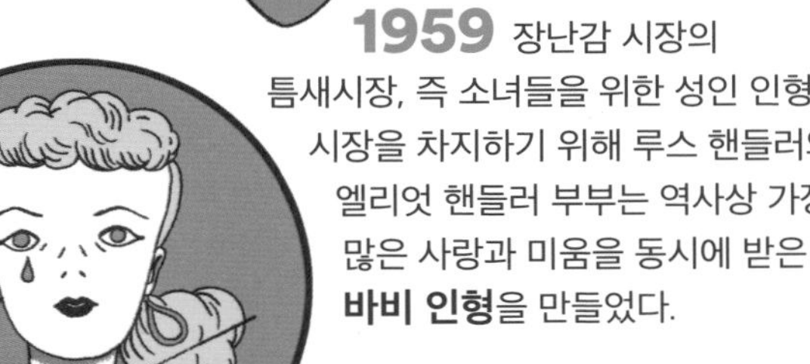

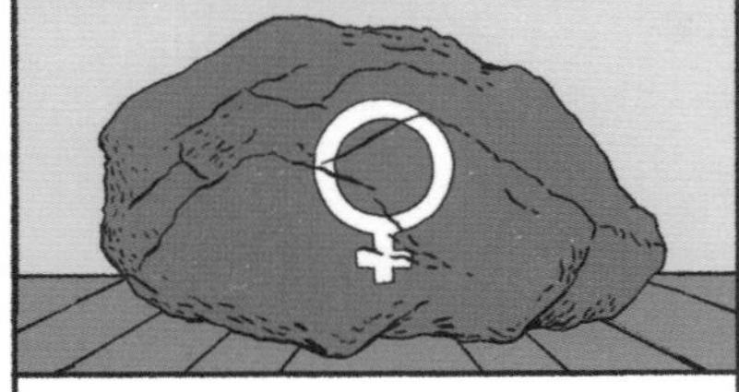

1956 남아프리카공화국 프리토리아에서 2만 명의 여성이 1948년 이후 생긴 흑인 인종차별 정책을 끝내기 위해 한자리에 모였다. 이들은 특히 국가가 인종 격리를 위해 국내 이동 시 통행증을 요구하는 것에 반대하는 시위를 벌였다. 이 시위는 매우 성공적이었고, 그 행진에서 가장 인기 있는 곡은 〈당신이 여자를 때리면, 바위를 때리는 것!〉이었다. 이것은 남아공 여성 해방 운동의 슬로건이 되었다.

1959 샌프란시스코에 정착한 독일 출신 시인 **루스 바이스**Ruth Weiss는 그림과 시를 통해 다양한 작가에게 경의를 표하는 모음집 《여성의 갤러리Gallery of Women》를 출간했다. 그녀는 엘리스 코웬Elise Cowen, 다이앤 디 프리마Diane di Prima와 함께 비트 세대Beat Generation('패배의 세대'라는 뜻으로, 제2차 세계대전 후 과격한 문학 운동을 일으킨 젊은이들을 총칭하는 말_옮긴이) 시인 중 한 명이었다.

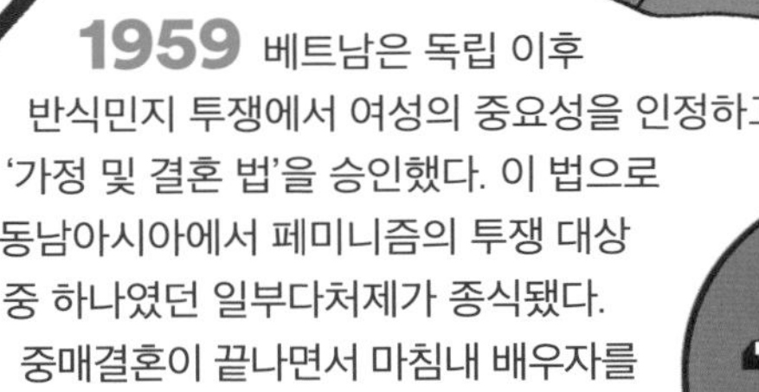

1959 베트남은 독립 이후 반식민지 투쟁에서 여성의 중요성을 인정하고 '가정 및 결혼 법'을 승인했다. 이 법으로 동남아시아에서 페미니즘의 투쟁 대상 중 하나였던 일부다처제가 종식됐다. 중매결혼이 끝나면서 마침내 배우자를 자유롭게 선택할 수 있게 되었다.

1950년대

에바 페론과 여성의 권리 투쟁

1946년 남편의 대통령 선거 승리 이후, 에바 페론Eva Perón은 첫 정치 연설에서 남녀의 법적 평등을 요구했고, 보편적인 여성 참정권 시행의 필요성을 강조했다.
1951년, 여성 투표가 실시된 첫 번째 총선 때 그녀는 노동자 총연맹Confederación General del Trabajo, CGT에 의해 부통령 후보로 지명되었다. 이렇게 노동자와 하층민들 사이에서 큰 지지를 얻었지만, 얼마 전 받은 자궁암 진단 때문에 발코니 아래 모인 수백 명의 아르헨티나 사람들 앞에서 후보직을 사퇴했다.

'사진 51'

로잘린드 프랭클린Rosalind Franklin은 엑스레이 기술을 이용하여 유명한 '사진 51'을 얻었다. 이것은 현재 DNA 구조와 관련된 이중나선 구조 모양을 알아내는 데 중요한 역할을 했다. 이 발견은 여성의 역할이 늘 과소평가돼온 대부분의 과학계에서 일어난 놀라운 노력의 결과였다.
1962년 노벨 생리학·의학상 시상식에서 프랭클린을 뺀 다른 과학자들 이름이 호명되었다. 그중 한 명인 제임스 D. 왓슨James D. Watson은 자신이 맡은 역할을 강조하고, 프랭클린이 수행한 작업을 비하하는 회고록을 썼다. 이런 주장 앞에 그녀의 주변 사람들과 그녀의 전기 작가는 1960년대 과학에서 여성의 어려운 상황과 프랭클린의 위대한 업적을 강조했다.

킨제이 연구

성연구가 알프레드 킨제이Alfred Kinsey의 성행동에 관한 연구는 오늘날 상상하기 어려울 정도로 1950년대 앵글로색슨 문화에 반향을 불러일으켰다. 1948년 그는 《남성의 성적 행동Sexual Behavior in the Human Male》을 발표했다. 여기에서 약 6000명의 미국 여성과의 인터뷰를 통해 혼전 성교, 자위행위, 동성애와 같은 시대의 도덕적 모순과 관련된 관행들을 밝혀냈다.
그의 연구는 언론에서 엄청난 소동을 불러일으켰으나, 이 연구 덕분에 1953년에 두 번째 보고서인 《여성의 성적 행동Sexual Behavior in the Human Female》이 나왔고, 질의 오르가슴이나 동성애에 관한 오해와 같은 문제가 처음으로 논의되어 여성의 성에 관한 대화의 개방성을 보여주었다.
이 연구가 있던 1953년에는 또 다른 이정표를 제시했는데, 이번에는 상업적 착취와 포르노그래피와 관련된 내용이었다. 마릴린 먼로Marilyn Monroe의 누드 표지와 함께 《플레이보이Playboy》 잡지가 처음으로 발행되었고, 대중문화에 조금씩 여성의 욕망이 표현되었다. 1962년 헬렌 걸리 브라운Helen Gurley Brown(1965년부터 잡지 《코스모폴리탄》의 편집장을 맡음)은 《섹스와 독신 여성Sex and the Single Girl》이라는, 독신 여성을 위한 조언과 자전적 이야기를 담은 책을 썼다. 여성의 섹슈얼리티에 관한 연구는 1970년대 여성주의 성연구가인 셰어 하이트Shere Hite의 연구로 계속 이어졌다.

메르세데스 포르미카와 '부부의 집'

"마드리드의 한 병원, 열두 차례 칼에 찔린 여성이 위독하다."

1953년 11월 7일, 변호사이자 작가인 메르세데스 포르미카Mercedes Formica가 쓴 기사가 스페인 〈ABC 신문〉에 실렸다. 이것은 검열에 걸려 3개월 뒤에 나온 기사였다.

이 기사에서 포르미카는 남편에게 공개적으로 위협을 당한 한 여성의 이야기를 다루었다. 그 여성은 남편과 살던 집을 떠나기를 거부했다. 법적으로 한 여성이 자기 집을 떠나면 모든 것을 잃을 수 있기 때문이었다. 법에 따라 재산 소유권은 남편에게 돌아갈 테고, 만일 두 사람이 헤어진다면 여성(아내)을 다른 집에 '맡겨야' 했다. 여기서 다른 집은 부모님의 집이 될 수도 있다. 한편, 그 당시 스페인은 주택 부족 문제 때문에 많은 여성이 학대의 상황을 견뎌야 했다.

1950년대에 스페인에서 일하던 세 명의 여성 변호사 가운데 한 명인 메르세데스 포르미카는 곧 캠페인을 시작했는데, 이것을 반 농담으로 '라 레포르미카La Reformica'(그녀의 이름 '포르미카'와 개혁이란 뜻을 가진 '레포르마reforma'를 합친 뉘앙스가 있음_옮긴이)라고 불렀다. 이 운동은 부부의 주택을 '남편의 집'에서 '부부의 집'으로 바꾸고, 남성 우월주의 폭력이 일어날 경우 그 집을 여성의 손에 넘어가게 하는 것이 목적이었다.

루스 바이스, 잊힌 여성 시인

독일계 유대인 출신인 루스 바이스Ruth Weiss는 어린 시절 나치 세력을 피해 가족들과 계속 이사를 다녀야 했다. 그러다가 스위스에 정착하면서 '히치하이크'에 매료되고, 글쓰기도 시작했다.

이후 그녀는 미국 '비트족들'이 우상화하는 보헤미안의 상징적인 인물이 되었다. 1948년 그녀는 시카고의 여성 예술가 공동체로 이사했고, 시와 음악으로 실험을 시작했다. 한때 비트족의 중심지였던 샌프란시스코에서 그녀는 잭 케루악Jack Kerouac, 닐 캐서디Neal Cassady와 친구가 되었다. 또 여성 시인들이 자기 시를 알리는 장소인 '셀라Cellar'에 자주 들렀다.

루스 바이스는 시인들의 글과 재즈 리듬을 섞었는데, 그 당시 이것은 여성 예술가들 사이에서 큰 유행이었다. 그러나 이런 유행을 '비트족들'과 잘못 결부시켰다. 왜냐하면 그것의 진짜 근원은 할렘 르네상스와 랭스턴 휴즈Langston Hughes와 같은 아프리카계 미국인 시인들이기 때문이다.

바비 돌풍

아이가 아닌 어른 모습의 인형이 등장한 게 그때가 처음은 아니지만, 1959년 바비가 처음 가게에 진열되자 여자아이들을 위한 장난감 산업에 큰 변화가 일어났다. 여아들은 아기 인형을 버리고 현대 여성 모습의 인형을 끌어안았다.

미국이 전후 번영을 이어가고 출산율이 높던 상황에서 미국 완구기업 마텔Mattel은 성인용 독일 만화 캐릭터에서 영감을 얻은 바비를 시장에 내놓았다. 이후 수십 년 동안 바비는 십 대 패션을 받아들였고, 말총머리와 화장을 버리고 부수적으로 남자친구 켄Ken을 얻기도 했다. 그러다가 1965년 페미니즘이 승리하면서 바비는 우주 비행사가 되었다. 그리고 1970년대부터 장난감 산업이 생산 가격을 낮추면서 바비는 귀한 물건이 아니라, 여아들이 어디서든 가지고 놀 수 있는 평범한 인형이 되었다.

한편, 캐서린 드리스콜Catherine Driscoll은 "소녀들이 여성에 대한 신체 기대치를 갖게 하는 장난감"이라며 바비의 비현실적인 체형을 비판했다. 이처럼 바비는 신자유주의 페미니즘의 성공과 실패를 반영했다.

'여성성의 신화'
혹은 '이름 없는 문제'

1963년 기자이자 사회운동가인 베티 프리단Betty Friedan 이《여성성의 신화The Feminine Mystique》를 발표했다. 여기에는 1945년부터 1950년대 말까지 앵글로색슨 세계에서 발생한 사회 현상을 분석하고, 제2차 세계대전 후 여성 동원 해제라는 중요한 문화적 함의가 담겨 있다.

1941년 진주만 공습 이후, 미국은 국제적 전쟁을 선포했다. 남성들이 전선에 나가자 여성의 노동이 필요해졌고, 그 수요는 광고에도 반영되었다. 전쟁 중에 600만 명의 여성이 합류해서 1944년 7월에는 그 숫자가 1900만 명에 이르렀다. 그녀들 중 대부분은 어머니들로, 노동 시장에서 처음으로 독신 여성의 숫자를 앞섰고, 그중 3분의 1이 14세 미만의 자녀가 있는 어머니들이었다. 당시 할리우드는 그런 여성 근로자들을 위한 수백 편의 영화를 만들었다. 1940년대 영화는 어머니를 위한 통속극의 황금시대였다.

전쟁이 끝날 즈음에 실시된 설문 조사에 따르면, 이들 여성들은 대부분 계속 일하기를 원했다. 그러자 군대는 그녀들의 말에 놀라서 "여성은 대용품입니다. 금속 대신 쓰는 플라스틱 같은!"이라고 경고했다. 전후 전쟁에서 돌아온 남성들이 직장으로 복귀를 요구하자, 국가는

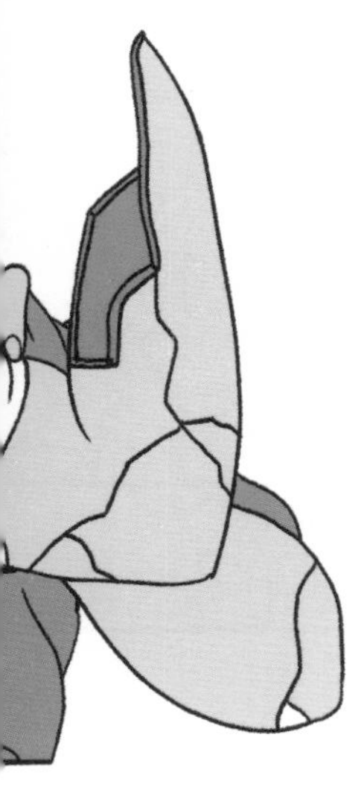

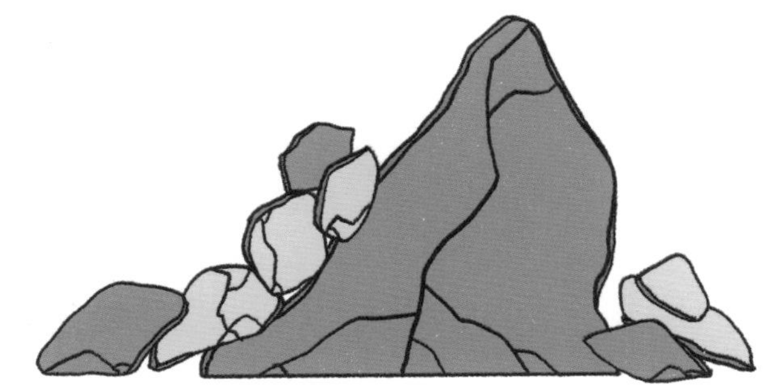

여성들에게 '여성이 있어야 할 곳은 집 안'임을 설득했다. 그리고 베티 프리단이 인터뷰한 200명의 대학생처럼 직장 생활을 원하는 여성들을 단념시키기 위해 집안 살림과 관련된 여성성의 전통적 특징을 강조했다.

그녀는 이 설문 조사를 통해 미국 교외에서 완벽한 주부의 삶을 살아온 많은 이성애 여성들이 '이름 없는 문제'라고 부를 수 있는 불안과 여러 질병으로 고생한다는 사실을 발견했다. 그녀는 잡지나 심리 이론, 경향들을 분석함으로써 주부의 좁은 세계를 지적하고, 결혼 생활의 평균 나이가 1950년대 20세까지 떨어졌다고 강조하며, 대학에서 여성의 수가 1958년에 35%로 감소했다는 사실을 확인했다. 이런저런 잡지들은 좋은 아내가 되는 법에 대한 충고가 가득했고, 미국 여성과 그들의 가전제품은 공산주의에 대항하는 주요 이미지 중 하나가 되었다.

베티 프리단이 쓴《여성성의 신화》는 2차 페미니즘 물결의 시작이자, 개인적 경험이 어떻게 사회적 또는 정치적으로 해석될 수 있는지를 이해하는 이정표가 되었다. 하지만 그녀의 연구는 인종적인 면에서 한계를 보이면서 수많은 비판도 받았다. 그런 와중에도 아프리카계 미국인 여성은 그 10년 동안 계속 일했기 때문이다.

여성과 흑인:
미국의 시민권 투쟁에서 경험한 이중 억압

1955년 3월, 열다섯 살의 흑인 학생 클로뎃 콜빈Claudette Colvin은 집으로 돌아가기 위해 앨라배마주 몽고메리의 한 버스에 앉아 있었다. 이미 90년 전에 노예제도가 폐지되었지만, 남부에는 여전히 인종차별이 존재했고, 흑인들이 겪는 위험은 어느 곳에나 도사리고 있었다. 흑인 여성이 자리를 차지하고 있는 모습을 보면 평범한 백인 여성조차 분노했다.

그러나 콜빈은 자리에서 일어나지 않았다(1944년에 아이린 모건 커칼디Irene Morgan Kirkaldy가 백인 커플에게 자리를 내주지 않은 것처럼). 그리고 1955년 12월, 로자 파크스Rosa Parks는 백인 남성의 요구에도 자리를 내주지 않았다. 왜냐하면 인종차별 종식을 위한 투쟁은 거리에서뿐만 아니라 학교와 버스에서도 마찬가지였기 때문이다.

일상생활에서 펼쳐지는 이런 반대에 여성들이 주도적인 역할을 했다. 갑작스러운 분노 때문에 운동에 나선 재봉사인 로자 파크스에 대해서는 이런저런 이야기가 있지만, 그녀가 전미흑인지위향상협회NAACP의 비서이자 사회운동가로 많은 일을 했다는 사실만은 분명하다. 파크스의 체포는 곧 몽고메리 지역에서 버스 보이콧으로 이어졌고, 이 사건은 거의 1년간 이어졌다. 이때 마틴 루서 킹Martin Luther King 목사가 참여했다. 결국 대법원은 1956년 12월 20일, 공공장소에서 인종차별은 불법이며, 모든

주에서 이를 적용해야 한다는 판결을 내렸다.

이런 새로운 법안에도 불구하고 인종차별을 끝내기 위해서는 여전히 가야 할 길이 멀었다. 로자 파크스의 운동이 시작되고 10년이 지나서도 여전히 경찰과 대중, 기관의 지속적인 학대가 이어지자, 앨라배마 셀마에서 몽고메리까지 흑인 시민권 투표권을 주장하는 세 번의 대규모 행진이 일어났다.

1965년 3월 7일에 열린 첫 번째 행사는 '피의 일요일'이라는 이름으로 역사에 남았다. 셀마를 출발할 때 500명이 넘는 시위대가 경찰의 구타와 최루가스로 공격당했다. 이 시위대 안에는 흑인 참정권 운동의 대표적 활동가인 아멜리아 보인튼 로빈슨Amelia Boynton Robinson이 있었는데, 그녀의 집은 '셀마 행진'과 같은 평화 집회 계획을 위한 모임의 중심지가 되었다.

오늘날 아프리카계 미국인에 대한 인종 폭력이 미국에서 일상이 되어버린 상황에서(흑인은 백인과 비교했을 때 총을 소지하지 않으면 죽을 확률이 두 배나 높다), 흑인 여성들은 자기방어를 위해 힘을 합치고 백인 처벌을 요구했다. 2016년에는 '어머니 운동Mothers of the Movement'이 설립되었고, 이 단체는 트럼프 취임 이후에 일어난 '워싱턴 여성 행진'에도 참여했다. 이렇게 페미니스트와 반인종차별주의 투쟁은 공생의 필요성으로 통합되었다.

아프리카의 어머니, 푼밀라요

프랜시스 애비게일 오루푼밀라요 토마스Frances Abigail Olufunmilayo Thomas(푼밀라요 랜섬-쿠티Funmilayo Ransome-Kuti)는 1900년 아베오쿠타(아프리카 나이지리아 오군주에 있는 도시)에서 태어났다. 그녀의 아버지는 시에라리온의 노예였으나 가족의 뿌리를 찾아 아베오쿠타로 왔다. 그녀는 영국에서 공부를 마치고, 1922년 아베오쿠타로 돌아와 교사로 일했다. 그녀는 유럽에 있는 동안 인종차별을 경험하며 영어 이름을 써오다가, 다시 아프리카식 이름인 '푼밀라요'로 바꾸었다.

그녀는 경제력이 없는 여성들의 문제에 개입하면서 시장 거래에 대한 식민지 총독부의 불공정한 세금을 거부하는 긴 캠페인을 시작했다.

그녀는 나이지리아 역사상 페미니스트와 반식민지 투쟁의 중요 인물이 되었다. 그리고 도시에서 경제력이 없는 여성들의 문제에도 개입하면서 오랫동안 캠페인을 진행했는데, 이것은 시장 거래에 대한 식민지 총독부의 불공정한 세금을 거부하는 운동이었다. 시장 거래는 주로 에그바족 여성이 주도했는데, 그중 많은 사람이 문맹이어서 그녀들을 위한 워크숍 및 기타 교육 활동을 만들었다.

1946년에는 노조를 모아 3년간의 시위 끝에 부족의 왕인 알라케Alake를 추방했다. "알라케, 오랫동안 당신은 우리 남편임을 확인하기 위해 권위의 표시로 성기를 사용했지/ 오늘 우리는 너에게 남편의 역할을 하도록 명령한다/ 오. 이봐, 질膣의 머리 부분이 복수한대."

그녀는 1953년에 나이지리아여성사회연맹FNWS과 아베오쿠타여성연합AWU을 설립했는데, 후자는 그레이스 에니올라 소잉카Grace Eniola Soyinka와 함께 설립했다. 또한 러시아, 중국 같은 나라들로 자주 여행을 갔다. 그러면서 공산주의자들과 처음으로 친분을 맺고, 마오쩌둥과도 만났다. 영국 식민지 정부와 나이지리아 당국은 그녀의 여행을 꺼리며 1956년에 여권을 압수했다.

여러 활동을 방해하려는 정치 공작에도 불구하고, 푼밀라요는 1960년 나이지리아가 독립하기까지의 과정과 여성 참정권 운동에서 중요한 역할을 담당했다. 그녀와 그녀의 시누이인 소잉카가 자녀들에게 미친 교육 및 정치 인식은 현대 아프리카에서 가장 중요한 두 인물이자 노벨 문학상 수상자인 월레 소잉카Wole Soyinka와 음악가 펠라 쿠티Fela Kuti에게 반영되었다.

이미 1970년대에 군사독재라는 멍에를 지고 있던 나이지리아에서 푼밀라요는 미국 흑표당Black Panther Party(흑인의 강인함과 존엄을 표현하는 흑인 무장 조직_옮긴이)의 흑인 파워에 영향을 받은 정치 운동가이자, '아프로비트afrobeat'(서아프리카의 음악 전통과 재즈·펑크 등의 서양 음악이 퓨전된 스타일로, 흥겨운 사운드와 독특한 리듬이 특징_옮긴이)를 창시한 음악가인 아들 펠라 쿠티Fela Kuti와 함께 투쟁을 계속했다. 당국에 무차별적으로 박해를 당한 펠라 쿠티는 1978년에 '칼라쿠타 공화국'이라는 공동체를 만들지만, 그의 동료들은 이로 인해 끔찍한 폭행을 당해야 했다. 또한 그의 집도 독재자 올루세군 오바산조Olusegun Obasanjo의 명령으로 수백 명의 군인에게 습격당했다. 펠라 쿠티가 특별한 이유 없이 자기 권위에 저항한다고 여겼기 때문이다. 그 당시 이미 '아프리카의 어머니'로 불렸던 일흔여덟 살의 푼밀라요는 습격한 군인들에게 구타를 당한 뒤 3층 창밖으로 내던져졌다. 그리고 두 달 뒤 그 부상으로 사망했다.

1960

1960 도미니카공화국의 **미라발**Mirabal **세 자매**가 라파엘 트루히요Rafael Trujillo의 독재 정권에 반대하다 살해당했다.

1961 수십 년간의 연구와 투쟁 끝에 **피임약**이 미국에서 합법화되었다.

1965 무슬림 여성연합의 설립자이자 이집트 사회운동가 **자이납 알-가잘리**Zainab al-Ghazali는 여성에 대해 더 평등하게 코란을 해석했다는 이유로 나사르 정권에 끔찍한 고문을 당했다. 감옥에서 나온 뒤에는 잡지 《알-다와Al-Dawah》에 여성 관련 글을 기고했다. 여기서 여성들의 교육 기회를 높이는 일을 하는 동시에 가정과 남편에 대한 복종을 지지했다.

1966 **로베르타 깁**Roberta Gibb은 당시만 해도 남성의 대회였던 보스턴 마라톤 대회를 완주한 최초의 여성이다. 집념이 강했던 그녀는 근처 수풀에 숨어 있다가 출발 소리를 듣고 뛰어나왔다. 경기 중 그녀를 향해 야유와 환호 등 다양한 반응이 쏟아졌다.

1967 미국 영화의 편집 부문에서 독창적 스타일을 갖고 있는 편집 감독 **디디 알렌**Dede Allen은 제작진 명단(아서 펜 감독의 영화 〈우리에게 내일은 없다〉)에서 편집으로 언급된 첫 번째 여성이다.

1968 뉴욕 페미니스트 집단인 '**지옥에서 온 국제 테러 음모 여성회**Women's International Terrorist Conspiracy from Hell, WITCH'가 창립되었다. 이들은 영적인 분위기와 게릴라전이 섞인 형태로 공연과 거리 연극을 제작했고, 여성이 독립적이거나 지혜롭거나 못생기거나 공격적이거나 무엇보다도 강하면 안 된다는 편견에 맞섰다. 그들이 평소에 외친 모토는 "당신이 우리 중 한 명과 맞서면, 우리 모두와 맞서는 것이다! 동지여 이 말을 꼭 전하라"였다.

1968 **뉴욕 급진파 여성**New York Radical Women 집단이 미스 아메리카 경연 대회에 나타났다.

1969 술집 '**스톤월 인**Stonewall Inn'은 성소수자LGBT 집단의 투쟁 역사에서 중요한 획을 그은 장소가 되었다.

1961 **제인 제이콥스**Jane Jacobs는 《미국 대도시의 죽음과 삶Death and life of great American cities》을 출간했다. 그녀는 이 작품에서 도시의 공공장소가 남성적이라고 지적하고, 일터와 저소득층 공간 간 도시들을 분리하지 말 것을 제안했다.

1961 여성운동가이자 테러리스트인 **자밀라 보파차**Djamila Boupacha는 알제리의 어느 친프랑스 카페에 폭탄을 던지려다 체포된 후 고문과 강간을 당했다. 그리고 프랑스에서 사용된 억압 방법에 반대하며, 시몬 드 보부아르와 지젤 아리미Gisèle Halimi를 수장으로 한 운동을 시작했다. 1년 뒤 알제리는 독립했다.

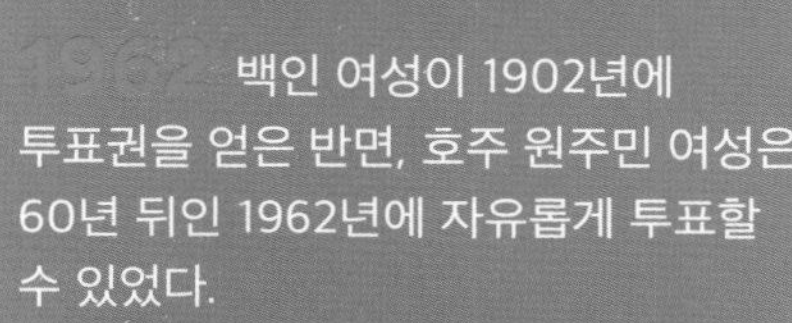

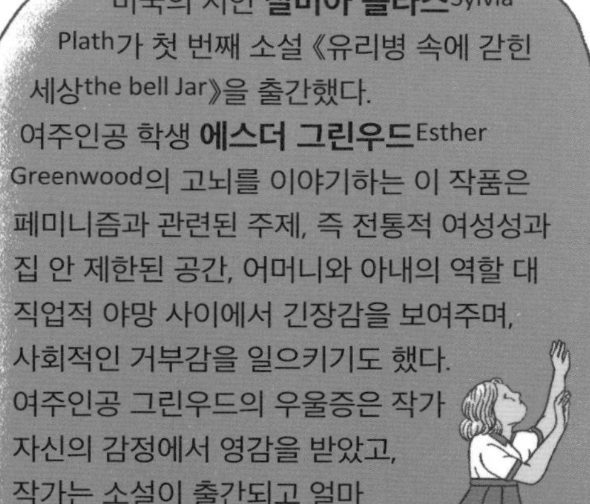

1963 미국의 시인 **실비아 플라스**Sylvia Plath가 첫 번째 소설 《유리병 속에 갇힌 세상the bell Jar》을 출간했다. 여주인공 학생 **에스더 그린우드**Esther Greenwood의 고뇌를 이야기하는 이 작품은 페미니즘과 관련된 주제, 즉 전통적 여성성과 집 안 제한된 공간, 어머니와 아내의 역할 대 직업적 야망 사이에서 긴장감을 보여주며, 사회적인 거부감을 일으키기도 했다. 여주인공 그린우드의 우울증은 작가 자신의 감정에서 영감을 받았고, 작가는 소설이 출간되고 얼마 안 돼서 자살했다.

1962 백인 여성이 1902년에 투표권을 얻은 반면, 호주 원주민 여성은 60년 뒤인 1962년에 자유롭게 투표할 수 있었다.

1963 러시아 엔지니어 **발렌티나 테레시코바**Valentina Tereshkova는 첫 번째 여성 우주 비행사로, 지구를 돈 열 번째 인간이 되었다. 이후 1984년 또 다른 여성 우주 비행사인 스베틀라나 사비츠카야Svetlana Savitskaya가 나타나기까지 21년이 걸렸다.

1968 **앤 코트**Anne Koedt는 여성의 성적 혁명의 핵심인 《질 오르가슴에 관한 미신 The Myth of the Vaginal Orgasm》을 썼는데, 이것은 여성의 성적 혁명에 관한 중요한 책이 되었다.

1969 **밸러리 솔라나스** Valerie Solanas가 〈SCUM 선언서SCUM Manifesto〉(남성절단협회 선언서)를 발표했다.

1969 **발리 엑스포트**Valie Export는 〈액션 팬츠: 성기 패닉Action Pants: Genital Panic〉이라는 행위예술을 벌였다. 오스트리아 출신의 이 예술가는 성기가 드러난 바지를 입고 가슴에는 소총을 차고, 가장 예술적이고도 실험적인 예술 영화를 상영하는 뮌헨의 영화관에 입장했다. 그리고 관객석을 이리저리 돌아다니며 자신의 성기를 내보였다. 그녀는 영화 속에서 여성을 에로틱하고 수동적인 대상으로 표현한다고 비판하고, 일반 여성이 거부하는 폭력적인 행동을 함으로써 남성 관객들을 불편하게 만들었다.

1970

1960년대

나비들의 시간

어둠의 시대에도 빛나는 사람들이 있다. 1960년대 중남미 최악의 독재 정권인 도미니카공화국의 라파엘 트루히요Rafael Trujillo 체제에서 빛난 미라발Mirabal 가문의 세 자매가 그렇다. 부유한 사업가의 딸이었던 미네르바Minerva, 마리아 테레사María Teresa, 파트리아Patria는 가족이 몰락하고 국가가 혼란에 어떻게 침몰하는지를 보았다.

반대자들이 고문을 당하고 실종되는 동안, 트루히요는 자신을 반공산주의 보루라고 했다. '나비들Mirabal sisters'로 알려진 이 자매들은 '6월 14일 저항 운동'에 적극적으로 참여했다. 삶이 위태롭고 재산을 몰수당하고 가족들이 고통을 당하는 순간에도 그녀들은 비밀리에 회의를 조직하고, 무기를 공급했으며, 민주주의를 되찾기 위해 연대 네트워크를 만들었다.

그녀들은 체포되어 고문당하고 땅에 묻힌 뒤에야 자유로워졌다. 이 사건으로 그녀들을 지지하고 트루히요에 반대하는 대대적인 물결이 일어났고, 그의 정치적 몰락이 시작되었다. 그녀들이 사망한 1960년 11월 25일은 제1차 중남미 및 카리브해 여성회의에서 여성 폭력 근절을 위한 세계의 날로 선언되었다.

금기와 자유

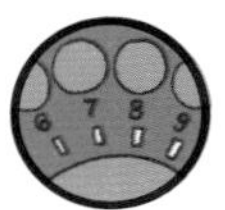

1961년 미국의 제약회사 '서얼Searle'은 첫 피임약인 에노비드Enovid를 출시했다. 이 약은 보수 집단으로부터 위협을 받을까 봐 3년간 생리 조절 약으로 처방되었다. 이후 피임법 권리를 얻는 과정에서 많은 시련과 노력, 인내가 필요했으나, 결혼 생활의 사생활을 존중한다는 주장이 제기되면서 1965년 마침내 결혼한 모든 여성이 경구 피임약을 살 수 있게 되었다.

마찬가지로 미혼 여성들도 똑같이 사생활이 존중되어야 한다는 인식을 얻기까지는 8년이 더 걸렸다. 이 경구 피임약 덕분에 여성들은 전례 없이 자신의 삶을 통제하고 독립성을 갖게 되었으며, 자신의 직업을 더 발전시킬 수 있었다.

그러다가 1961년에 처음으로 이 약 사용자에게서 혈전이 나타났다. 수년간의 연구 끝에 피임약 사용에 대한 경종이 울렸다. 이 약이 정맥혈전증과 심근경색의 위험을 증가시켰기 때문이다. 1969년 언론인 바버라 시먼Barbara Seaman과 사회운동가 앨리스 울프선Alice Wolfson* 덕분에 이런 위험성을 알리는 문구를 약 포장에 넣도록 하는 것에 관한 청문회가 열렸다. 울프선은 피임약에 대한 견해를 유지한 채 상대 여성을 존중하는 유일한 방법은 콘돔이라고 강조했다.

미스 아메리카 불태우기

1968년은 여성이 매우 다양한 역할을 펼친 획기적인 해였다. 예를 들어, 1968년 5월 파리 혁명을 기억하는 여성들은 여성의 역할이 집안일을 넘어서지 못한다는 사실을 고발했다. 그 당시 여성은 주로 커피를 타거나 전단 복사 등을 담당했기 때문이다. 그럼에도 불구하고 많은 여성이 물불을 가리지 않고 기존 질서에 문제를 제기하고 페미니즘을 방어하는 행동들을 이끌었다.

가장 잘 알려진 행동 중 하나가 디트로이트에서 열린 '미스 아메리카' 대회에 반대하는 페미니스트 400명의 보이콧이다. 그 대회를 저지하기 위해 도시에 모여든 여성들은 악취가 나는 폭탄을 던지고, 베트남 참전 용사들이 군사 장부들을 태운 것처럼 거대한 표지판을 떼서 불을 질렀다. 그리고 '자유 쓰레기통'을 마련해 여성을 신체적으로 억압하는 브래지어, 가발, 인조 속눈썹, 거들 등을 그 안에 던져버렸다. 또한 남성 기자들과의 인터뷰를 거부했다. 이 시위는 미의 기준에 대한 억압을 비난하고 국경을 넘어 번져나갔지만, 언론의 조작으로 '브래지어 태우기'는 페미니스트 풍자만화가 되었다.

*앨리스 울프선을 비롯한 그 시대 페미니스트들의 이야기는 메리 도어Mary Dore 감독의 영화 〈분노한 그녀가 아름답다She's Beautiful When She's Angry〉(2014)에서 볼 수 있다.

성소수자 해방을 위한 여성들

1960년대에 성소수자LGBT 집단은 끊임없이 경찰의 공격을 받았다. 그들이 다니는 술집은 경찰의 단골 급습 장소였다. 성소수자들의 공식 명단도 따로 있어서 성적 취향이나 성 정체성 때문에 직장에서 해고당하거나 집에서 쫓겨나기도 했다. 1969년, 뉴욕 그리니치빌리지는 경찰이 자주 급습하는 곳 중 하나였는데, 그런 장소가 술집 '스톤월 인Stonewall Inn'을 시작으로 그 지역 일대 여러 곳까지 확대되면서 '게이 파워Gay Power' 운동의 도화선이 되었다. 이 시위 이름에는 레즈비언들이 배제되었는데, 남성이 지배적인 1970년대에는 성차별적인 게이 사회운동과 제도적 페미니즘에서 레즈비언 공포증이 있었기 때문이다.

이후 새로운 조직들과 동성애 매체의 힘을 얻어, 사회 뒤편에 있던 성소수자들을 위한 숙박 시설이 생겨났다. 마샤 P. 존슨Marsha P. Johnson과 실비아 리베라Sylvia Rivera는 각각 아프리카계 미국인과 푸에르토리코 출신으로 트랜스젠더였다. 이들은 '스톤월 인'에 드나드는 혼란의 중심에 있던 인물들로, '여성 노숙자 트랜스젠더를 위한 조직STAR'을 만들었다. 이후 이곳은 정치 투쟁과 연대의 모범이 되었다.

쾌락의 요구

1960년대는 좀 더 개방적이고 성적인 실험에 대한 열망 및 여성의 자기 성찰과 자의식의 중요성이 두드러지게 나타났다. 이런 분위기에서 앤 코트Anne Koedt는 "여성은 성 불감증에 걸린 사람이 아니고 음핵을 가지고 있다"*라는, 여성의 성적 취향에 관한 오류를 짚어낸 글을 발표했다. 《질 오르가슴에 관한 미신The Myth of the Vaginal Orgasm》에서 그녀는 프로이트에서 기원한 여성의 섹슈얼리티에 대한 담론을 비판했다. 프로이트가 놀랍게도 여성 오르가슴의 일반적인 부재가 여성이라는 조건과 질에 대한 거부감에서 온 심리적 문제라고 했기 때문이다.

그러나 코트가 본문에서 말한 것처럼, 질은 음핵과 비교할 때 성 민감도가 낮은 기관이다. 문제는 이제껏 성교육과 성행위가 이성애와 성교를 중심으로 전개되었기 때문에, 모든 행위가 '삽입-빼기'를 중심으로 이루어져 이것이 잘 맞지 않는 여성들은 눈사람보다 더 차갑게 있을 수밖에 없다고 주장했다. 그녀의 글을 다룬 기사들 덕분에 여성들은 자신의 신체에 대한 지식과 쾌락을 얻는 데 더 많은 노력을 쏟았고, 완전하고 만족스러운 성생활을 위한 다양한 방법이 발전하기 시작했다.

'밸러리는 살아 있네'**

1960년대 급진주의 페미니즘의 가장 대중적인 글 중 하나는 〈SCUM 선언서SCUM Manifesto〉다. 이것은 밸러리 솔라나스Balerie Solanas라는 비극적인 여주인공이 쓰고 편집하고 스스로 배포한 글이다. 이 글의 제목인 'SCUM'은 '남성절단협회Society for Cutting Up Men'라는 뜻으로, 정치적 선언과 유토피아 문학이 섞인 말로서 남성의 배제를 옹호한다. 그리고 남성과 함께하는 가부장제 경제·문화적 제도 전체를 반대한다.

앤디 워홀Andy Warhol을 '가짜 파시스트plastic fascist'로 비난하며 유명해진 이 작가는, 페미니즘에 부분적이고 간헐적인 영향을 미쳤다. 당시 자유주의 여성 작가들에게 심한 모욕을 당한 그녀는 1970년대 '셀16' 같은 급진주의 페미니스트 그룹에 영향을 주었다. 이 집단은 남성과의 분리와 여성 공동체 생활을 제안했다. 거기서 여성들에게 자기 방어 방법을 가르치고 가끔 독신 생활을 했다. 이후 그녀는 사람들에게 잊혔으나, 1990년대 중반 그녀의 선언이 재평가되기 시작했다.

*이 표현은 성기성genitality(성기와 관련된 심리적 특질, 현상, 개념에 바탕을 둠_옮긴이)에 바탕을 두고, 시스젠더(지정 성별과 성 정체성이 일치하는 사람) 여성들로 한정한다.

**뉴욕에서 활동하는 무정부주의자 집단인 마더퍼커스The Motherfuckers가 밸러리 솔라나스를 위해 쓴 시 구절.

자유주의 페미니즘과 급진주의 페미니즘

페미니즘 범주 안에 들어가는 방법은 여러 가지가 있겠지만, '자유주의 페미니즘'과 '급진주의 페미니즘'이라는 두 가지 틀에서 벗어나는 사람은 많지 않을 것이다.

자유주의 페미니즘

시작

18세기 계몽주의 사상은 모든 인간이 같은 능력이 있고 같은 권리를 누려야 한다고 주장했다. 자유주의 페미니즘은 그런 생각을 여성들로 확대한 것이다. 즉, 여성이 시민권과 일, 교육 환경에서 동등하게 대우받고 개인의 자유를 요구하며 자율적인 주체가 되는 것을 추구한다.

중심 생각

이성애 백인 남성과 법적·사회적 평등을 이루기 위해서는, 여성의 개인 권리를 강조하고, 백인 남성과 동등하게 취급받아야 한다고 주장했다. 즉, 자유주의 페미니즘은 여성이 법적·사회적으로 차별받지 않고 중립적이며 보편적인 시민임을 보장하는 것을 목표로 했다.

비판

자유주의 페미니즘은 큰 전쟁에서 승리했지만, 그 한계도 분명히 있었다. 우선 중립적인 시민이란 존재하지 않았다. 그리고 법적 평등을 요구한다고 해서, 빈곤과 같은 특정한 역사적 환경이 해결되는 것도 아니었다. 또한 공공의 평등을 강조하다가 개인의 불공평은 신경을 쓰지 못했다. 또 서로 다른 여성 집단의 특수성을 고려하지 못했다. 그들이 요구하는 권리들은 중산층 백인, 시스젠더, 이성애자 여성들만을 위한 것이었다.

급진주의 페미니즘

시작

1960년대와 1970년대에 시작되었다. 어원으로 말하면 문제의 근원을 쫓아가는 페미니즘이다. 이들에 따르면, 성-젠더sex-gender 체계는 오랫동안 구축되었고, 이 안에는 여성을 억압하는 온갖 형태의 차별이 깊게 스며 있다. 그리고 이 억압은 남성이 가하는 폭력과 그것을 반영하는 문화적 특징들 때문에 가능했다. 왜냐하면 남성 우월주의는 사회의 모든 면에 침투해 있기 때문이다. 이론과 실천에 차별이 없는 것과 마찬가지로, 공공 영역과 사적 영역에도 차이가 없다. 따라서 페미니즘은 가부장제를 약화시키는 작은 혁명을 통해 이루어진다.

중심 생각

여성은 남성과 다른 개별적 주체지만, 가장 눈에 띄는 차이점만 강조하는 경향이 있다. 그 차이점들에 대한 요구는 정신분석에서 시작한 '성적 차이 페미니즘Difference feminism'(여성성을 재해석하고 의의를 부여하는 분파_옮긴이)과 같은 프랑스 이론 집단이나 레즈비언 분리주의 같은 다양한 페미니즘 분파를 낳았고, 이들은 깊이 있게 문화를 비판했다.

비판

이에 대한 많은 생각이 여성 해방을 주장하는 상징적 이미지가 되었지만, 여성 착취에 대한 비역사적 시선 때문에 비판을 받기도 했다. 특히, 해부학적 특징 속에서만 '여성'을 생각하는 제한적 개념 때문에 트랜스젠더 여성의 존재를 부정하고, 이들 집단을 소외시켰다.

페미니즘 과학소설의 '유토피아&디스토피아'

과학소설은 종종 다른 세계들과 대안적인 시나리오들에 바탕을 두지만, 그 안에서 여성에게 새로운 역할을 부여할 때는 실패하는 경우가 많다. 석유가 비오염 연료로 대체되는 사회나 순간이동 같은 것은 정상으로 그리면서, 여전히 성별을 구분하고 여성의 역할을 어머니나 아내로 축소하기 때문이다.

이에 대한 해독제로 페미니즘 과학소설의 하위 장르가 있다. 바로 유토피아&디스토피아 소설들인데, 이것들은 여성의 젠더와 억압, 여성 역할의 극복과 강화를 반영한다. 샬럿 퍼킨스 길먼Charlotte Perkins Gilman의 《허랜드Herland》(1915)는 여성들로 이루어진 사회를 다루었다. 한 탐험가의 내레이션으로 이루어진 이 작품은 폭력이 근절된 사회에 대한 남성 방문자의 다양한 관점을 보여준다.

1960년대 페미니스트 공상과학소설로는 어슐러 르 귄Ursula Le Guin이 쓴 《어둠의 왼손The Left Hand of Darkness》(1969)이 있다. 그녀는 길먼의 제안들을 훨씬 더 세련되게 다듬었다. 《허랜드》에서는 여자들만의 행성을 만나지만, 르 귄의 소설에는 겨울 행성이 있고 여기 사람들은 남녀 양성의 특징을 가지고 있다. 비록 통상적으로 성의 변화를 조절할 수는 없지만, 선택할 수 있게 해주는 물질이 있다. 이 전제에서 저자는 인간 본성의 깊이를 탐구하고 그것을 오염시키는 젠더 제약을 제거한다. 3년 뒤, 아이라 레빈Ira Levin은 《스텝포드 와이프The Stepford Wives》(1972)라는 소설를 썼는데, 여기서는 항상 아름답고 만족스러운 스텝포드의 로봇 주부를 통해 여성의 성 역할을 풍자했다. 또, 1975년 조안나 루스Joanna Russ가 쓴 《여

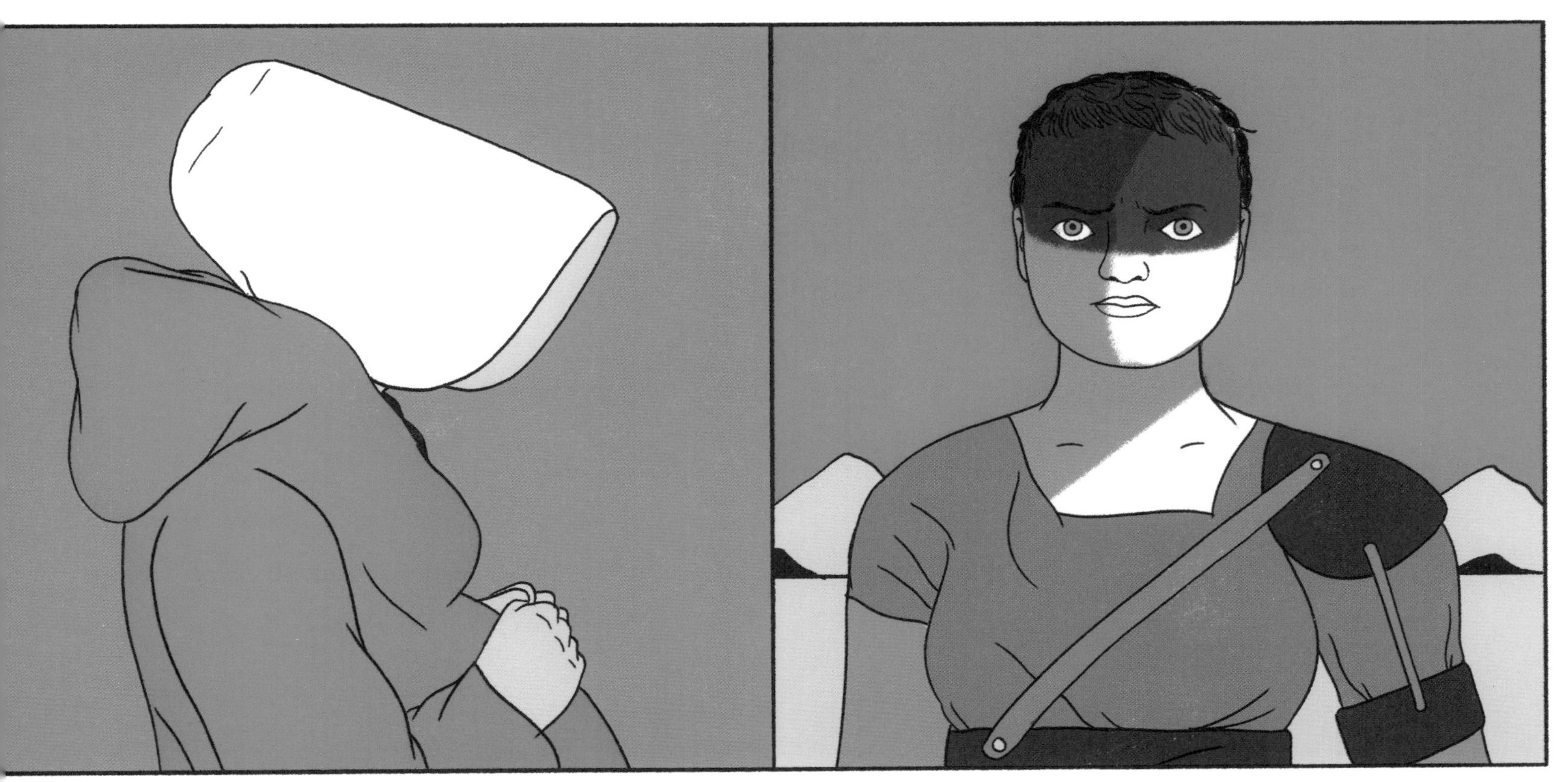

성 남자The Female Man》에서는 유토피아&디스토피아 같은 가상의 공간을 합쳐놓았다. 이 작품의 주인공은 서로 다른 시공간에 있는 네 명의 여성으로, 격렬한 성별 전쟁이 지배하는 행성에서 살아남기 위해 싸우는 전쟁 이야기를 담았다. 그리고 1년 뒤 앨리스 셸던Alice Sheldon(필명은 제임스 팁트리 주니어James Tiptree Jr.)이 〈휴스턴, 휴스턴, 들리는가?Houston, Houston, Do You Read?〉를 출간했다. 여기에서는 세 명의 행성 여행자들과 글로리아의 한 승무원 사이의 문화 충돌을 그린다. 여행자들은 전염병 때문에 남성이 사라지고 여성 생존자들이 복제로 번식된 미래의 세계에서 왔다는 내용이다. 1980년대에 상을 받은 옥타비아 버틀러Octavia Butler의 《킨Kindred》(1979)에서는 인종과 성별을 섞고, 노예제도를 폐지하기 전인 19세기 초의 메릴랜드로 아프리카계 미국인 여성이 과거 여행을 떠난다는 내용을 담았다.

분명한 디스토피아는 1980년대에 출간된 두 작품에 나온다. 그중 하나는 수젯 헤이든 엘진Suzette Haden Elgin이 쓴 《모국어Native Tongue》(1984)로, 여기에는 여성들이 박해를 받아 자신만의 언어를 만들어야 하는 미래 이야기가 나온다. 또 다른 책은 마거릿 애트우드Margaret Atwood의 《시녀 이야기Handmaid's Tale》로, 이 책은 극단적인 여성 혐오주의자들이 여성을 노예로 삼는다는 이야기다.

영화에서 페미니스트 공상과학은 조지 밀러 감독의 〈매드 맥스: 분노의 도로〉(2015)가 주류가 되었다. 여기서는 사령관 퓨리오사가 임모탄 조의 성적 여성 노예들과 모계 부족 부발리니 땅으로 도주하는 이야기가 나온다.

니나 시몬: 어린 신동에서 영혼의 여사제까지

1933년 미국 트라이언(노스캐롤라이나주)의 설교자 부부 사이에서 유니스 캐슬린 웨이먼Eunice Kathleen Waymon이라는 여섯 번째 여자아이가 태어났다. 신앙심이 깊고 가스펠 음악을 좋아한 부부는 자녀들에게 영적인 영향뿐만 아니라, 악기 재주까지 물려주었다. 그중 유니스는 가장 음악을 열심히 했다.

열두 살에 첫 번째 피아노 콘서트를 연 자리에서, 그녀는 멋지게 차려입은 채 심각한 얼굴을 하고 있었다. 부모님이 백인 관객들에게 밀려 뒷자리로 쫓겨나는 걸 보았기 때문이다. 어리긴 하지만 천진난만하지 않았던 유니스는 그런 상황에서는 피아노를 치지 않겠다며 거부했다.

클래식 음악을 못 하게 된 수년간 경멸과 불공평으로 쌓인 분노가 그녀의 목소리의 힘과 합쳐져 압도적인 존재감을 드러냈다.

5년 뒤 인종차별은 다시 그녀를 힘들게 했다. 그녀는 필라델피아 커티스 음악원에 지원하기 위해 피아노 선생님이 마련해준 돈으로 수업료를 내고, 독일 피아니스트 칼 프리드베르크Carl Friedberg와 수개월 동안 준비했다. 그 덕분에 학교에서 요구하는 실력은 입증했지만 결국 떨어지고 만다. 그녀는 크게 실망했음에도 계속 교육을 받기로 마음먹는다. 그러기 위해서는 일단 레슨비를 벌어야 했다. 가족들이 알면 분노할 게 뻔했지만, 애틀랜틱시티의 바에서 예배 음악과는 거리가 멀어 '악마의 음악'으로 불리던 재즈와 블루스를 연주했다. 부모님께 들킬까봐 두려웠던 그녀는 가명 니나 시몬Nina Simone으로 노래를 부르기 시작한다.

인종차별로 클래식 음악을 하지 못하게 된 니나 시몬은 나이트클럽에서 가수로 성공을 거두었다. 듀크 엘링턴Duke Ellington과 아프리카계 미국인 알토 가수인 메리언 앤더슨Marian Anderson의 영향을 받은 그녀의 목소리에는 전례 없는 영성과 전음顫音 및 허스키한 톤이 잘 섞여 있었다. 그녀가 부른 〈아이 러브 유 포기I Loves You Porgy〉와 〈마이 베이비 저스트 케어스 포 미My Baby Just Cares For Me〉는 찬사를 받았지만, 레코드 회사의 사기와 남편의 착취로, 백인들의 찬사에도 불구하고 단 한 번도 마음이 편치 못했다. 클래식 음악을 못 하게 된 수년간 경멸과 불공평으로 쌓인 분노가 그녀의 목소리의 힘과 합쳐져 압도적인 존재감을 드러냈다. 또한 그녀는 네 명의 흑인 소녀가 사망한 앨라배마 교회 습격 사건에서 영감을 얻어 〈미시시피 갓댐Mississippi Goddam〉과 같은 곡을 만듦으로써 자신의 이념을 분명히 드러냈다. 그녀의 콘서트는 백인을 난처하게 만들고 흑인들에게는 박수갈채를 보내며, 인종적 특권에 반대하는 소란스러운 연설로 끝을 맺었다. 그녀는 시민 권리의 아이콘이 되었고, 음악 현장에서는 불같은 성격을 드러냈다.

이후 니나 시몬은 1970년에 미국을 떠나 음반 회사와 에이전트들을 버리고 카리브해 동쪽의 섬나라 바베이도스로 갔다. 그러다가 1980년대에 '샤넬 넘버 5' 향수 광고에 〈마이 베이비 저스트 케어스 포 미〉가 쓰이며 큰 성공을 거둔 후, 국제 재즈 페스티벌에서 주인공이 되어 유럽의 경외와 예술적 명예를 얻었다.

그리고 2003년, 니나 시몬은 마침내 세상과 작별 인사를 한다. 그녀의 목소리는 진실한 감동을 줄 뿐만 아니라 사람들을 불편하게 만들 정도로 용감했으며 그녀를 신화적 인물로 올려놓았다. 그녀의 신화는 희미한 다른 것들과 달리 분명한 살과 뼈로 세워졌다.

1970

1970 **캐롤 해니쉬**Carol Hanisch가 유명한 에세이 《개인적인 것이 정치적인 것이다》를 펴냈다. 이 글은 역사적으로 여성들에게 많은 영향을 끼쳤고, 공적 공간과 사적 공간의 구분을 무너뜨렸으며, 나아가 새로운 형태의 투쟁으로 이어졌다.

1971 프랑스에서 '걸레들의 선언'이라고 조롱받은 여성들이 낙태 합법화에 찬성하는 선언문에 서명했다. 이 유명한 집단의 여성들은 자신들의 낙태 경험을 밝혔다.

1972 미국 작가인 **글로리아 스타이넘**Gloria Steinem과 아프리카계 미국인이자 사회운동가인 **도로시 피트먼 휴즈**Dorothy Pitman Hughes가 페미니즘 잡지(지금의 《미즈Ms.》)를 창간했다. 그리고 그 첫 번째 표지는 만화 《원더우먼》 여주인공이 장식했다. 그녀들은 젠더와 계급, 인종 같은 주제에 관한 토론으로 대중에게 다가가기 위한 출판물을 발표했다. 지금도 운영 중인 가장 오래된 페미니스트 출판물 중 하나인 이 잡지는 정기 구독자가 350만 명, 일반 독자가 150만 명에 이른다.

1973 젊은 여성 테니스 선수인 **빌리 진 킹**Billie Jean King과 베테랑 남성 선수인 바비 릭스Bobby Riggs 사이에 유명한 '성의 전쟁'이 펼쳐졌다. 5000만 명의 관중이 참관한 이 경기에서는 남성 우월주의 분위기가 팽배했다. 릭스는 여성이 모는 자동차를 타고 테니스 코트에 입장했지만, 결국 빌리 진 킹의 승리로 경기가 끝났다. 1년 뒤, 그녀는 여성의 스포츠 참여를 위해 '여성스포츠재단WSF'을 만들었다.

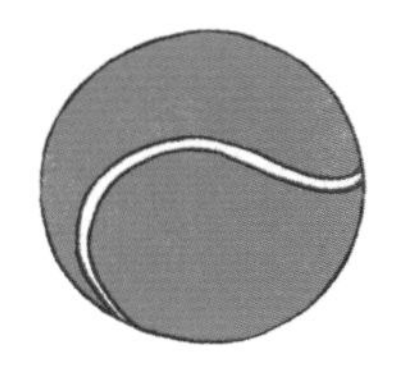

1974 인도에서 자연환경 보호를 위한 여성의 수동적 저항 운동인 **칩코**Chipko가 발족했다.

1975 독재자 프란시스코 프랑코의 사망 후 스페인 여성에게 새로운 시대가 열렸다.

1975 유엔 기구의 주도하에 제1차 세계 여성회의에서 1975년을 **'세계 여성의 해'**로 지정했다.

1975 프랑스에서 페미니즘과 관련된 논쟁들, 특히 관객과 같은 여성의 위치에 대한 논쟁을 반영한 선구자적인 영화 〈**잔느 딜망**Jeanne Dielman〉이 상영되었다.

1972 이집트 보건부의 보건교육청장인 **나왈 엘 사다위**Nawal El Saadawi가 사회 억압과 연관된 여성의 섹슈얼리티 문제를 다룬 책《여성과 성 Woman and Sex》을 출간했다.

1972 **실비아 페데리치** Silvia Federici를 포함한 이탈리아 페미니스트들은 '국제여성주의 공동체'를 만들고 가사 노동에 대한 급여를 요구하는 전 세계 캠페인을 시작했다. 이들은 마르크스주의 요소들을 선택해서, 자본주의가 여성과 관련된 일로 이해하고 평가절하한 가사 업무에 대해 합당한 급여를 지급함으로써 여성에게 독립성을 주어야 한다고 주장했다.

1972 포르투갈 독재 정권에서《새로운 포르투갈 편지들 Novas Cartas Portuguesas》이라는 책이 출간되었다. 이 페미니스트 에세이에는 사회적 비난과 관능적인 내용이 섞여 있었다. 이 책의 저자는 **'마리아 세 자매'**로 알려졌는데, 그녀들은 심문을 받고 투옥되고 재판에 넘겨지면서 국제적 운동의 물결을 일으켰다.

1978 케냐에서 태어난 에코페미니스트 운동가 **왕가리 마타이**Wangari Maathai는 당국에 반항하다가 투옥되었다.

1977 부에노스아이레스의 **'5월 광장 어머니회**Asociación Madres de la Plaza de Mayo'는 호르헤 비델라Jorge Videla의 독재 정권이 시작된 1976년부터 사라진 수백 명의 실종자를 위해 용감한 시위를 시작했다.

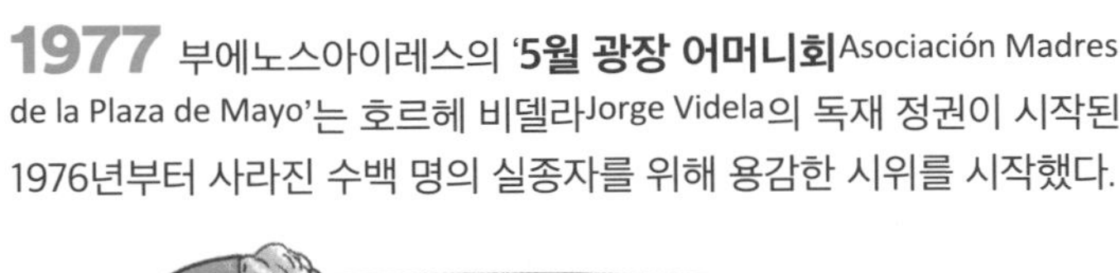

1977 큰 정치적 혼란이 있던 독일에서 '**로테 조라**Rote Zora'(빨간 조로 아줌마)라는 급진적 페미니스트 그룹이 생겼다. 이 이름은 커트 헬드Kurt Held의 동화《로테 조라와 그녀의 무리Rote Zora und ihre Bande》에서 영감을 얻었다. 이런 조직의 세포에서 '적군파Rote Armee Fraktion, RAF'의 페미니스트 분열이 생겼고, 성매매 업소에서부터 낙태 금지 정책을 펴는 헌법재판소에 이르기까지 여성 착취가 일어나는 중심지로 여겨지는 45곳에 공격을 가했다. 희생자는 없었고, 물질적 손해만 입혔다.

ROTE
ZORA

1979 영국의 펑크 밴드 '슬릿츠The Slits'는 여성들로만 구성되어 있고, 그들의 앨범《컷Cut》에는 전설적인 노래〈전형적 소녀들Typical Girls〉을 실었다. 이 가사에서는 전통적인 여성의 고정관념을 비판하고, 그것이 여성을 한정시키려는 지루한 발명품에 지나지 않는다고 묘사했다. 이것은 이미 시몬 드 보부아르가《제2의 성》에서 "여자는 태어나는 게 아니라 여자로 만들어지는 것이다"라고 말했던 여성성에 관한 신화적 개념과 다르지 않다.

1980

1970년대

개인적인 것이 정치적인 것이다

페미니즘의 두 번째 물결은 여성의 상황 개선을 중심으로 이어졌다. 특히 앵글로색슨 환경에서는 자신의 경험과 생각을 스스로 관리하는 여성 집단, 즉 '자기 인식 집단'들이 생겨났다. 그녀들의 경험을 바탕으로 '개인적인 것'이 흘러넘쳤고, 여성의 일상생활을 규제하는 남성 우월주의적 구조를 파헤치게 되었다. 그 결과 정치적인 결론을 이끌어냈고, 캐롤 해니쉬Carol Hanisch가 이야기한 "개인적인 것이 정치적인 것이다"라는 말이 유행했다.

343명 걸레들의 선언

프랑스 어머니들이 법적 권한을 인정받고 1년 뒤, 주간지 《르 누벨 옵세르바퇴르Le Nouvel Observateur》가 343명의 여성이 서명한 선언을 발표했다. 실존주의 소설가이자 사상가인 시몬 드 보부아르를 비롯해 영화배우 카트린 드뇌브Catherine Deneuve, 영화배우 잔느 모로Jeanne Moreau, 소설가이자 영화감독인 마르그리트 뒤라스Marguerite Duras, 영화감독 아녜스 바르다Agnès Varda 등 사회적으로 유명한 프랑스 여성들은 낙태가 얼마나 흔한지를 보여주기 위해 자신들이 불법적으로 낙태를 했다고 증언했다.

2년 뒤 1973년, 제인 로Jane Roe(본명은 노마 매코비Norma McCorvey)는 텍사스에서 합법적인 낙태를 할 수 있는 유일한 방법인 강간 임신을 주장해, 그 유명한 '로 대 웨이드Roe vs. Wade' 판결에서 승소함으로써 국가 차원에서 선례를 남겼다.

나왈 엘 사다위가 말하는 여성과 성

나왈 엘 사다위Nawal El Saadawi는 이집트의 의학 박사이자 페미니스트 작가, 정치운동가로, 1972년 《여성과 성Woman and Sex》을 출간했다. 이 책에서 그녀는 여섯 살 때 고통 속에 받아야 했던 음핵 제거술을 회상하면서, 이집트 사회에서 여성이 처한 상황을 비판했다. 이 책은 큰 논란을 불러일으키면서 검열을 받았다. 그 결과 그녀는 보건부에서 맡았던 두 가지 중요한 직책을 내려놓아야 했다.

1981년 그녀는 여성의 입장을 대변하면서 이집트와 이스라엘 간 평화협정 체결에 대한 반대로 투옥되었지만, 정치 활동은 멈추지 않았다. 출소한 뒤에는 사회의 모든 영역에서 아랍과 이슬람 교도 여성의 참여를 장려하기 위해 아랍여성연대를 설립했다. 하지만 히잡에 반대하는 그녀의 연설은 시린 아들비 시바이Sirin Adlbi Sibai를 비롯해 무슬림 페미니스트와 갈등을 일으켰다. 무슬림 페미니스트들은 각 여성의 개별 의지에 따라 히잡을 사용해야 한다고 생각하고, 히잡의 강요 또는 금지를 여성의 신체와 정체성에 대한 통제로 이해했다.

나무를 껴안은 여자들

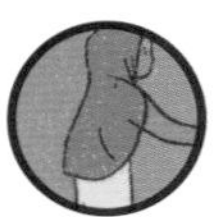

1974년 프랑수아즈 도본Françoise d'Eaubonne은 자신의 책 《페미니즘이냐 죽음이냐Le Féminisme ou la mort》에서 '에코페미니즘ecofeminism'이라는 용어를 만들었다. 이것은 인도 북부의 우타르프라데시 지역에서 여성의 집단 저항 운동을 촉발시켰는데, 이를테면 환경보호를 위한 일련의 저항 행동이었다.

여기서 '칩코Chipko' 운동이 태어났다. 이 운동은 인도 농촌 여성들의 자급자족 원천이 산림과 연결되어 있음을 강조하면서, 커다란 목재를 수입하는 다국적 기업으로부터 자연(산림) 자원을 방어하는 것이 목적이었다. 벌목에 저항한 여성들은 나무를 껴안음으로써 그 뜻을 드러냈다. 실제로 '칩코'라는 단어는 '껴안다'라는 뜻이다. 이 운동의 역사는 복잡하지만, 결과적으로 칩코 운동은 환경과 일상생활이 자본주의라는 이해관계에 맞서 나무를 보호하고 관련 지식을 제공한다는 점에서 에코페미니즘의 생생한 사례라고도 할 수 있다.

페미니스트의 시급한 문제

프랑코 독재가 끝나고 민주주의에 조금씩 적응하기 시작하면서, 스페인에서는 사회적 권리 확대의 필요성이 화두에 올랐다. 독재와 함께 진압당했던 페미니스트들은 여성에게 가장 시급한 문제들을 해결하기 위해 노력했다. 이른바, '여성의 특정 범죄'(간통, 낙태, 매춘)라는 죄명으로 감옥에 갇힌 여성들의 해방과 피임약의 합법화, 이혼 권리와 임금 평등을 위해 싸웠다. 1978년 페미니스트들은 피임약 배포를 합법화했고, 여성 간통죄도 더는 범죄가 되지 않았다.

세계 여성의 해

유엔은 멕시코에서 열린 제1차 세계여성회의에서 1975년을 '세계 여성의 해'로 지정했다. 이것은 여성의 상황에 관한 다양한 행동 계획이 시작된 첫 번째 대규모 토론이었다. 1975년 멕시코 회의에는 130개국 정부 대표와 6000여 명의 NGO 대표가 참석해 냉전 및 탈식민 과정에서 여성의 상황을 논의했다. 이 회의에서는 다양한 페미니즘의 접근법을 보여주었다. 서양의 페미니스트들은 법률 평등과 재생산 권리를 요구했으나, 아프리카 또는 라틴아메리카 페미니스트들은 식민주의 극복에 관해 이야기했다.

남성적 영화 산업에 가한 습격

벨기에의 여성 영화감독인 샹탈 애커만Chantal Akerman은 영화 〈잔느 딜망Jeanne Dielman〉을 통해 한 중년 여성의 일상적인 일, 즉 장보기, 집 안 청소, 저녁 준비, 설거지와 같은 일을 파격적인 내러티브로 담았다. 1975년 영국 페미니즘 영화 이론가인 로라 멀베이Laura Mulvey는 그것을 영화에서 '남성의 시선'이라고 이름 붙였다. 이 영화에서는 여성 캐릭터를 에로틱하고 수동적인 물건으로 축소했는데, 남성 관객들은 엄청난 집안일의 흐름을 목격할 수밖에 없었다.

5월 광장 어머니회

1977년 4월 30일 토요일, 부에노스아이레스에서 '5월 광장 어머니회'가 시작되었다. 이 단체는 1976년 쿠데타가 일어났던 아르헨티나 독재 초기에 실종된 사람들의 어머니와 할머니들로 구성되었다. 국가 테러 행위로 일어난 수천 건의 납치 사건과 이에 대한 소극적인 국제적 대처에 맞서, '5월 광장 어머니회'는 대통령 관저 앞에 모여 정의를 요구했다. 이 활동으로 여성들 일부가 납치되어 고문당하고 살해되었지만, 남은 사람들은 낙심하지 않았다. 그 투쟁은 오늘날까지 이어졌고, 역사상 가장 지속적이고 존경받는 시민 항의 단체 중 하나가 되었다.

통제할 수 없는 여성

케냐의 유명한 사회운동가인 왕가리 마타이Wangari Maathai는 자신의 이혼을 처리한 판사의 판결로 투옥되었다. 그녀의 남편은 '그린벨트 운동'을 만든 그녀가 '"여성으로서 너무 강한 정신력"을 가지고 있어서 "통제할 수 없다"라고 설명했다. 그녀는 한 인터뷰에서 남편의 편에서 편파적으로 판결한 판사에게 무능력자라고 비난했고, 그 결과 체포되었다. 그로 인해 그녀의 남편은 그녀가 너무 강하고 통제하기 힘든 정신력을 가지고 있다고 더욱더 확신했다. 그러나 그 덕분에 그녀는 '케냐전국여성위원회' 위원이 되고, 이후 케냐의 환경부 차관(환경, 자연자원, 야생생물을 담당하는 부서)이 되었다. 그리고 2004년 10월에 노벨 평화상을 수상했다.

예술에서의 페미니즘적 시선

예술 분야에서 처음으로 의식적이고 조직적인 페미니스트가 나타난 건 1972년 로스앤젤레스에서 창립된 '여성의 집Womanhouse' 전시 작업에서였다. 이 작업에 참여한 여성 작가들은 1971년 주디 시카고Judy Chicago와 미리엄 샤피로Miriam Schapiro가 세운 캘리포니아 미술학교에서 페미니스트 미술 과정을 들은 수강생들이었다. 이 두 교사는 예술이 남성화되어 있다고 생각했다. 여성이 예술 교육을 받기 시작한 지 얼마 되지 않았고, 예술 역사는 늘 남성을 위해 쓰였으며, 여성의 성공은 늘 옆으로 제쳐놓았기 때문이다. 따라서 새로운 여성 예술가들이 따를 만한 대상이 따로 없었다. 이런 상황에서 예술 작업을 할 때면 으레 남성중심주의Androcentrism* 경험을 강요했고, 모성과 집안 내 관계, 그리고 미의 기준과 같은 여성과 직접 관련된 주제를 다루는 걸 방해했다.

여성 예술가들이 개조한 집에서 열린 이 전시회에는, 조각에서 회화에 이르기까지 서로 다른 분야의 여성 스물다섯 명이 참여했다. 이후 가장 큰 영향을 미치게 될 예술가 중 한 명인 페이스 윌딩Faith Wilding은 처음으로 〈웨이팅Waiting〉(15분간 진행된 독백극_옮긴이)이라는 자신만의 작품을 만들었다. 그녀는 마치 아이를 팔(또는 요람)에 안고 흔들어주는 것처럼 자기 몸을 앞뒤로 흔들면서, 늘 "기다려"라는 말로 규정되는 여성의 삶의 다양한 단계를 이야기했다. "춤을 추기 위해 기다리고, 좋아하기 위해 기다리고, 아기를 갖기 위해 기다리고, 할 일을 위해 집에 가길 기다리고, 아이들의 방문을 기다리고, 싸움이 끝나길 기다리고……."

*남성을 세계와 사회, 문화 및 역사에서 중심적인 위치에 두는 것에 대한 의식적 혹은 무의식적 관행.

'여성의 집'은 많은 혁명을 일으켰지만, 초기 접근법 중 많은 부분은 오늘날 볼 때 더러 구식으로 보일 수도 있다. 특히 여성이 지구, 달의 주기 및 자연 요소들과 관련이 있는 데 반해, 남성은 문명과 관련이 있다는 히피적인 여담이 그렇다. 한편, 아프리카계 미국인인 페이스 링골드Faith Ringgold와 같은 여성 예술가들은 〈깃발이 피를 흘리고 있다The Flag is Bleeding〉와 같은 작품에서 볼 수 있듯이, 정치를 주제로 한 예술 창조에 전념했다. 링골드의 이 작품은 흑인 여성이 받아온 이중적 고통을 반영했다. 링골드와 루시 R. 리퍼드Lucy R. Lippard 등의 페미니스트가 포함되어 있는 '여성작가특별위원회Ad Hoc Women Artists' Committee'는 뉴욕의 휘트니미술관에 난입해 달걀을 던지고 건물 바닥에 쓰레기를 던지면서 시위했으며, 예술가들 사이에서 여성의 존재감을 요구했다.

페이스 링골드와 같은 여성 예술가들은 〈깃발이 피를 흘리고 있다〉와 같은 작품에서 볼 수 있듯이, 정치를 주제로 한 예술 창조에 전념했다. 링골드의 이 작품은 흑인 여성들이 받아온 이중적 고통을 반영했다.

예술에 대한 페미니스트적 시선은 1970년대에 시작되어 오늘날까지 이어지고 있다. 미술사학의 개척자인 린다 노클린Linda Nochlin부터 현재의 퍼트리샤 마야요Patricia Mayayo까지 수많은 여성 연구자가 예술가의 역사를 복원하는 책임을 맡았고, 비혼합 음악 축제나 전시들을 통해 남성의 말과 권력이 지배하는 문화 제국에서 잊혀간 수백 명의 여성 작품들을 재발견해냈다.

《성의 정치학》

1970년대에는 당시 페미니스트들을 위한 두 권의 필독서인 슐라미스 파이어스톤Shulamith Firestone의 《성의 변증법The Dialectic of Sex》과 저메인 그리어Germaine Greer의 《여성, 거세당하다The Female Eunuch》가 출간되어 서구 페미니즘 형성의 근간이 되었다.

그러나 이 책들보다 더 주목을 받은 책이 있다. 케이트 밀레트Kate Millett가 박사학위 논문으로 쓴 것을 이후 책으로 출간해서 베스트셀러가 된 《성의 정치학Sexual Politics》이다. 급진주의 페미니즘(여성의 불평등 뿌리를 다루겠다는 의도로 명명된)의 토대 중 하나가 된 이 중요한 작품은 문학 비평에서 사회학 또는 역사에 이르기까지 다양한 분야의 연구를 통합했다.

이 책은 헨리 밀러Henry Miller와 노먼 메일러Norman Mailer, 데이비드 허버트 로렌스David Herbert Lawrence처럼 아주 유명하지만 특권을 버린 작가들의 책에 나오는 여성 이미지에 대한 비판에 근거하지만, 젠더 역할이 자연적이 아니라 사회적 형성이라고 결론을 내렸다. 또 선언적 특징이 강하고, 특히 섹슈얼리티 경험에 관한 정치적인 내용을 담고 있으며, "개인적인 것이 정치적인 것이다"라는 시대의 슬로건을 탐구한다.

그렇다면 이 책의 저자인 밀레트는 개인적인 것과 정치적인 것 사이의 관계를 어떻게 보았을까?

그녀가 볼 때 남성은 여성보다 역사적으로 영향을 끼친 권력에 관해 더 많이 이야기하고, 그것을 하나의 개념

인 가부장제, 즉 아버지의 지배로 확인한다. 진짜 힘의 체제는 주로 공적 영역에서 여성에게 직간접적으로 행사되었을 뿐만 아니라, 집안과 사적 영역(섹슈얼리티와 같은 아주 사적인 영역)에서도 행사되었다.

이 책에서 밀레트는 '권력'을 계층과 인종 또는 성별 때문에 한 그룹이 다른 그룹을 지배하고 종속시킬 수 있는 관계 및 약속의 집합으로 정의한다. 이런 관계나 약속은 법과 같은 공적인 특징을 비롯해 누가 저녁을 만들고, 누가 침대를 정리하고, 누가 침대에서 오르가슴을 제공하는지와 같은 사적인 특징도 보여준다. 밀레트가 볼 때 여성 억압에 관한 특별한 점은 감상적인 것과 성적인 것과 관련이 있고, 그래서 아주 강력하다.

《성의 정치학》은 남성 우월주의 신화를 해체하는 효과적인 도구가 되었다. 여기서는 여성의 고정관념과 프로이트의 정신분석에 대한 비판이 두드러졌다. 결론적으로, 대부분의 여성은 자신들을 억압하는 이들과 사랑에 빠지고 스스로 억압당하는 집단이라는 생각이 너무 강해서 대대적으로 많은 여성의 감정적 관계를 수정하게 되었다. 그리하여 이성애에 대한 비판은 남성과의 억압적인 관계에서 벗어나는 방법으로서, 레즈비언의 정치화를 이끌어냈다. 그 당시에는 개인적인 것이 그 어느 때보다 정치적인 것이었다.

앤절라 데이비스: 여성과 인종 및 계급

앨라배마주 버밍엄은 일렬로 늘어선 소박한 벽돌집들을 중심으로 도심부가 둘로 나뉘어 있다. 서쪽은 백인 동네이고, 동쪽은 흑인 동네다. 그러다가 흑인 사회가 이 지역에서 벌인 격렬한 투쟁으로 많은 가족이 그 분리선을 넘어 거리 서쪽에 집을 갖게 되었다. 하지만 그들이 '백인 동네'로 움직일 때마다 KKK단Ku Klux Klan(백인 우월주의를 표방하는 미국의 극우 비밀결사단체_옮긴이)은 그들 집 대문에 불을 지르거나 창문에 총을 쏘아댔다. 심지어는 폭탄을 현관에 던지거나 정원에 묻어놓기도 했다.

비폭력 학생위원회 위원이던 앤절라 데이비스는 인종차별과 정치 폭력에 시달린 흑인 공동체를 보호하기 위해 결성된 단체인 '흑표당'과 협력했다.

'센터 스트리트Center Street'라는 아주 공허하게 들리는 이름의 거리에서는 1940년에서 1960년 사이에 40건이 넘는 폭탄 테러가 발생했고, 그 때문에 '다이너마이트 힐Dynamite Hill'이라는 별명이 붙었다. 1944년 이러한 인종 폭력과 흑인 저항의 고통스러운 분위기가 만연하던 때, 언덕 위의 한 집에서 앤절라 데이비스Angela Davis가 태어났고, 그녀는 오늘날 중요한 정치 인사 중 한 명이 되었다.

자, 이제 그녀의 이야기를 처음부터 살펴보자.

버밍엄에서 흑인은 백인과 함께 교육을 받지 못했고 동등한 입장도 아니었다. 흑인 학교들은 형편없는 기금과 적은 예산 때문에 시설들도 훨씬 안 좋았다. 이러한 어려움에도 불구하고 데이비스는 뛰어난 성적을 거두었고, 뉴욕에 있는 '엘리자베스 어윈Elisabeth Irwin 진보연구소'에서 장학금을 받았다.

데이비스는 전미흑인지위향상협회NAACP의 회원이던 부모님 덕분에 정치적 투쟁에 익숙했고, 그녀의 개인 생활과 직업 생활에 평생 영향을 끼친 사회주의와 공산주의 같은 이데올로기를 일찍부터 접했다. 또한 비폭력 학생위원회 위원으로 활동했을 뿐만 아니라 인종차별과 정치적 폭력에 시달린 흑인 공동체를 보호하기 위해 1966년에 결성된 '흑표당Black Panther Party'과 협력하기 시작했다. 흑표당은 거리를 순찰하면서 백인의 공격으로부터 가족을 지켜냈으며, 경제력이 없는 가정의 아이들에게 무료로 아침 식사를 제공하기 위해 기금을 모으고, 공동체를 위한 다양한 공공 진료소를 마련했다.

이후 데이비스는 극좌파 사상가 허버트 마르쿠제Herbert Marcuse의 지도로 철학 박사학위 논문을 발표한 후 캘리포니아대학의 교수가 되었다. 그러나 그 기쁨도 오래가지 못했다. 1970년, 그녀가 '미국 공산당Communist Party USA' 당원이라는 사실이 알려지자 그 자리에서 해임되었다. 그런 가운데 그녀는 미국 감옥들에 갇힌 정치범들의 상황과 사상 및 인종적 박해를 조사해나갔다. 그녀가 캘리포니아의 솔레다드 교도소에 투옥되어 있는 G. 잭슨G. Jackson과 W. L. 놀런W. L. Nolen의 흑표당 사건에 관심을 갖자 정부와 FBI는 그녀를 박해하기 시작했다. 하지만 재판에서 그녀의 모든 혐의가 무죄로 밝혀졌다.

1971년 'FBI가 가장 많이 찾은 범죄자' 중 한 명이었던 앤절라 데이비스는 가장 존경받고 국제적으로도 명망 있는 학자였으며, 작가와 활동가로 다양할 활동을 하면서 그녀의 얼굴은 인종과 페미니스트 투쟁의 아이콘이 되었다.

1980

1980 과테말라시티의 한 유괴 단체는 독재 정부 비판으로 유명했던 여성 기자 **이르마 플라케르**Irma Flaquer를 납치했다.

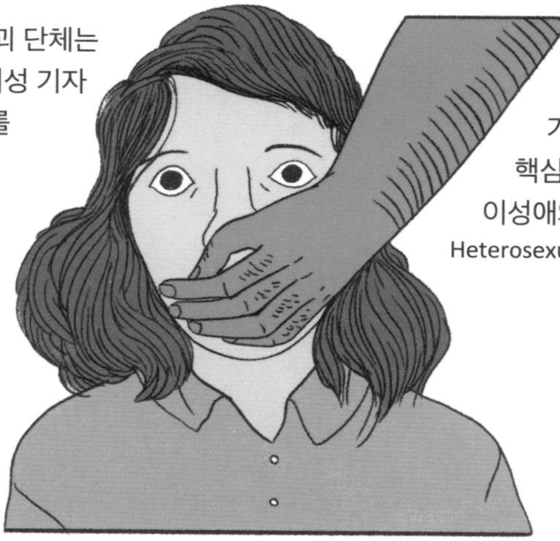

1980 미국의 여성 시인 **에이드리엔 리치**Adrienne Rich가 레즈비언 페미니스트 사상의 핵심이 되는 글 중 하나인《강제적 이성애와 레즈비언 존재Compulsory Heterosexuality》를 발표했다.

1982 스페인에서 프랑코 독재 정권이 끝나자, 여성적인 요소가 가득한 펑크 밴드가 음악계에 많이 생겼다. **실비아 에스카리오**Silvia Escario가 이끈 그룹 '울티모 레소르테'가 첫 번째 레코드를 냈고, 또 아나 쿠라Ana Curra와 알라스카Alaska는 밴드 '파랄리시스 페르마넨테'를 위해 만든 〈나는 성녀가 되고 싶어〉를 동시에 발매했다. 다음 해, 바스크 여성 밴드인 '불페스Vulpess'는 스페인 텔레비전에서 〈나는 암캐가 되고 싶어〉라는 노래를 불러 큰 논란을 불러일으켰다.

1981 급진주의 사회운동가인 **안드레아 드워킨**Andrea Dworkin은《포르노그래피: 여자를 소유하는 남자들》을 출간하고, 페미니즘에서 가장 중요한 문화 전쟁 중 하나인 여성주의 '섹스 논쟁sex wars'을 이끌었다.

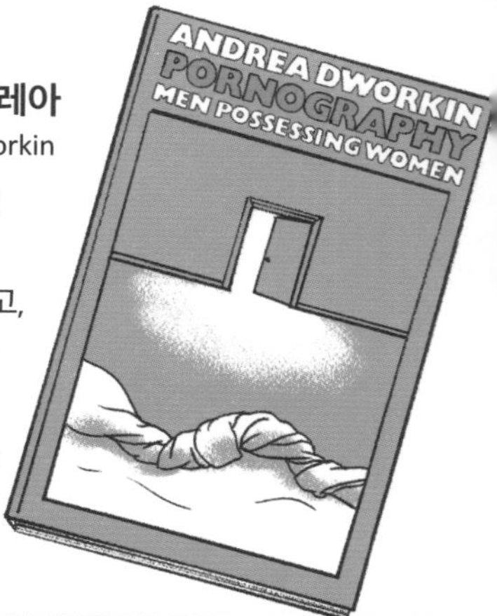

ANDREA DWORKIN
PORNOGRAPHY
MEN POSSESSING WOMEN

1983 이 당시에는 알려지지 않았던 신경성 식욕부진증(거식증)으로 수년간의 투병 끝에 세계적인 그룹 '카펜터스'의 여가수 **카렌 카펜터**Karen Carpenter가 사망했다. 그녀는 자신의 이름을 딴 질병으로 유명해졌다.

1983 **린 마굴리스**Lynn Margulis는 미국국립과학아카데미NAS에서 인정을 받았다. 그녀의 세포 내 공생설 이론은 생물학 기본 정리들에 혁명을 일으켰다. 이 논문은 원래 1967년에 출판되었지만, 10년 이상 무시를 당하고 15개의 과학 저널에서도 거부당했다.

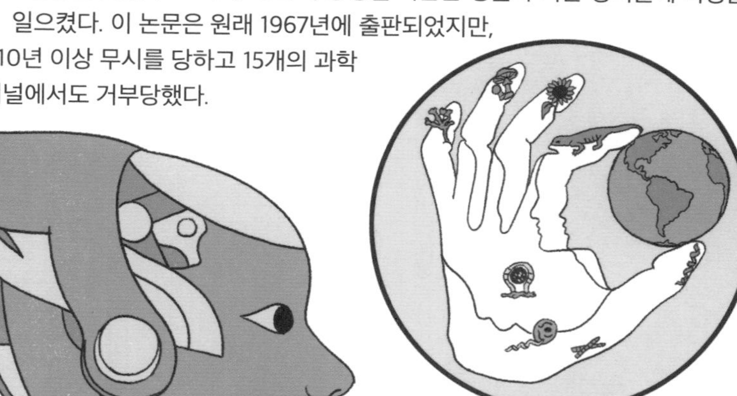

1983 칠레의 독재 정권 시기에 **훌리에타 키르크우드**Julieta Kirkwood, **엘라나 카파레나**Elena Caffarena, **올가 포블레테**Olga Poblete는 '칠레여성해방운동MEMCH'을 재창립했다.

1985 **도나 해러웨이**Donna Haraway가 쓴《사이보그 선언A Manifesto for Cyborgs》이 발표되었다. 이것은 1990년대 사이버 페미니즘에 큰 영향을 끼쳤다.

1981 중국은, 중매결혼을 거부하고 중국 침략에 대항하여 가문을 이끌기 위해 수도승 생활을 버린 티베트의 비구니 **애니 파첸 돌마**Ani Pachen Dolma를 21년 만에 석방했다. 감옥에서 그녀는 족쇄를 찼고, 티베트어로 말하거나 기도할 수도 없었다. 오늘날 그녀는 티베트 투쟁의 상징이 되었다.

1981 아나 가스테아소로 Ana Gasteazoro는 엘살바도르 정치범 수용소와 그 밖에 다른 수용소에 여성 전용 공간을 만들었다. 이것을 통해 결사대의 폭력에 희생당하는 국민의 고통을 국제적으로 알렸다. 오랜 인생 경험과 정치 업무를 통해 국제적으로 활동해온 그녀는, 과두 정치와 미국이 대중의 반응을 무마하려고 벌인 폭력 사태를 대대적으로 폭로하다가 이후 게릴라에 관여했다.

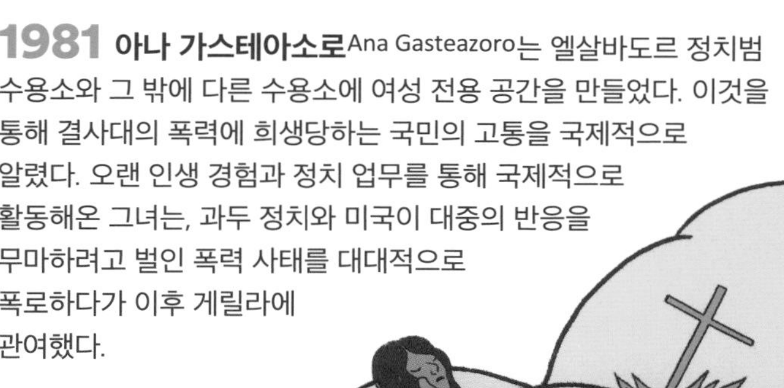

1981 '산적의 여왕'이라고 불린 **풀란 데비**Phoolan Devi는 강간을 당한 후 무자비한 복수를 시작했다. 그렇게 그녀는 카스트 계급의 남성 22명을 살해했다.

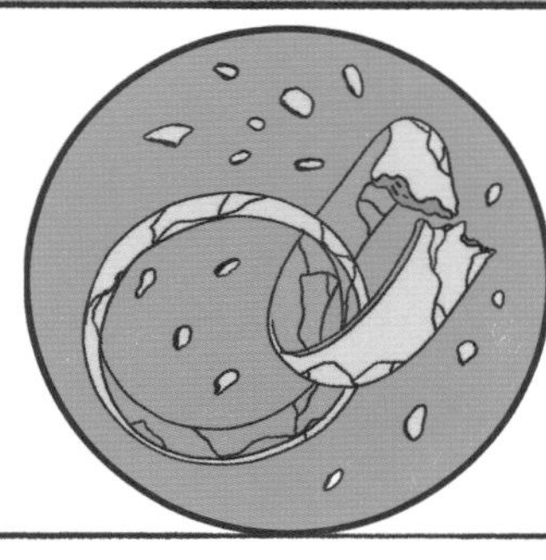

1981 스페인에서는 교회와 기독교 민주당의 반대에도 불구하고 **이혼법**이 승인되었다. 그리고 4년 뒤, 강력한 페미니스트 투쟁의 결과로 낙태가 합법화되었다.

1988 에이즈 운동단체 '액트 업 ACT UP' 활동가들은 인간면역결핍 바이러스 HIV 예방과 관련 정보를 제공하기 위해 애썼고, 잡지 《코스모폴리탄 Cosmopolitan》의 기사 내용에 반대하는 시위를 벌였다.

1987 '밀라노 여성 서점'과 같은 협회들의 열기 속에서, 이탈리아 사상가 **루이사 무라로**Luisa Muraro는 여성 차별주의의 중요 문서 중 하나인 〈성차별에 대한 생각Il pensiero della differenza sessuale〉을 발표했다.

1987 아프가니스탄 페미니스트이자 사회운동가인 **미나 케샤르 카말**Meena Keshwar Kamal이 국가에 의해 은밀히 살해당했다. '아프가니스탄혁명여성연합RAWA'을 창설한 그녀는 민주적이고 평등하며 교파 없이 독립적인 국가를 지키면서, 수년간, 아프가니스탄을 침공한 소련과 무자헤딘, 이슬람 정부와 싸웠다.

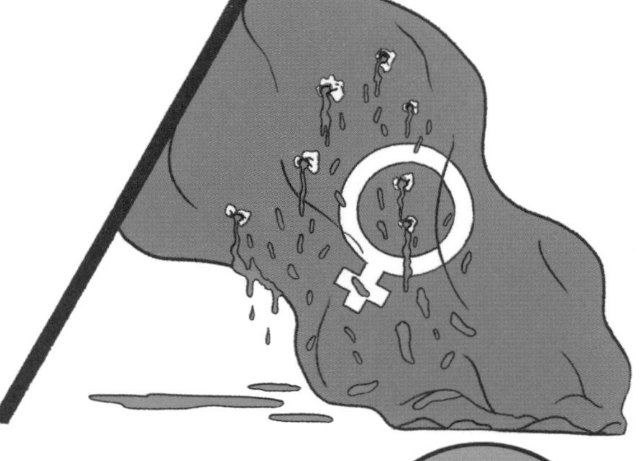

1989 캐나다 대학인 **몬트리올 에콜 폴리테크니크**에서 학살이 일어났다. 페미니즘에 대한 증오심으로 한 남성이 수십 명의 여성을 쏘았다.

1985 쿠바의 **아나 멘디에타**Ana Mendieta가 뉴욕 그리니치빌리지의 한 아파트 창문에서 뛰어내렸는데, 사망 당시의 정황이 매우 수상했다.

1980년대

이르마 플라케르, 모든 것을 극복한 기자

이르마 플라케르Irma Flaquer는 언론계에서 일하기 시작하면서, 과테말라 정부에 가장 불편한 존재가 되었다. 〈라 오라La Hora〉 신문사에서 일하던 그녀는 '다른 사람들이 침묵하고 있는 것'이라는 칼럼을 써서 유명해졌다. 여기서 그녀는 자국의 군사 정권에 대항하여 목소리를 높였다. 이 칼럼은 아주 높은 평가를 받았으나, 나이 서른에 테러의 대상이 되고 말았다.
실제로 그녀는 차로 날아든 수류탄으로 심각한 상처를 입었다. 하지만 전혀 아랑곳하지 않을뿐더러, 오히려 1970년대 초반에 저항 세력과 기자들에 대한 국가 폭력의 강도가 높아지자 '무장반군Fuerzas Armadas Rebeldes, FAR' 조직에 가입해 인권위원회를 창설했다. 그러다가 1980년, 반복되는 위협에 그녀는 니카라과로 망명을 떠나기로 마음먹는다. 하지만 떠나기 전에 그녀와 아들은 거리에서 무장단체에 의해 무차별 폭행을 당했다. 결국 그의 아들은 살해를 당하고, 그녀는 실종되었다. 아마도 고문을 당한 후 살해된 것으로 여겨진다.

1980년대 섹스 논쟁: 오르가슴과 검열

1980년대의 페미니즘은 섹스의 상업적 표현에서 가장 열띤 논쟁 중 하나였다. 반대 목소리 가운데 가장 눈에 띈 인물이 안드레아 드워킨Andrea Dworkin이다. 그녀는 포르노 제작이 강간할 힘을 가진 백인 이성애 남성이 행하는 폭력과 여성 혐오 행동이라고 학리적으로 주장했다. 왜냐하면 남성 우월주의와 인종차별적 이데올로기를 뒷받침하는 이미지들은 불평등의 에로티시즘을 바탕으로 만들어지며, 착취 산업을 유지하게 했기 때문이다. 드워킨은 포르노를 '종속 관행'으로 간주했고, 그녀의 주장은 미국의 뉴라이트와 기독교 근본주의자들의 지지를 얻었다.
한편, 여기에 반대하는 이들은 많은 여성이 표현의 자유를 비롯해 다른 분야에서도 똑같이 착취당했다고 주장하는 검열 무용론을 지지했다. 베티 도슨Betty Dodson과 게일 루빈Gayle Rubin, 애니 스프링클Annie Sprinkle과 같은 사상가와 교육가, 예술가들은 페미니즘과 포르노그래피 사이의 합의점을 모색하고, 에로 문학 창작자와 성 노동자 보호자들, 자유사상가 및 미국 샌프란시스코의 첫 공식 레즈비언 '사도마조히즘 집단'과 같은 최초의 동성애자 집단들과 유대 관계를 맺었다. 이런 사회운동가들의 생각은 나오미 울프Naomi Wolf의 말로 요약할 수 있다.
"오르가슴은 몸이 당신을 페미니스트 사회운동가라고 부르게 만드는 자연스러운 상태다."

페미니스트 여자 로빈 후드

인도 우타르프라데시주의 천민 계급에서 태어난 풀란 데비Phoolan Devi는 열한 살에 스무 살 남성과 결혼을 강요당했다. 그러나 그는 데비에게 끔찍한 폭력을 저지른 후 부모에게 돌려보냈다.
그 후 데비는 인도 사회를 위한 무장 도둑이 되었다. 도둑들에게 납치되면서 그녀의 삶은 완전히 변했다. 왜냐하면 그녀와 같은 계급인 두목이 그녀와 사랑에 빠지면서, 데비를 자신의 오른팔로 삼았기 때문이다. 그녀는 새로운 권력을 최대한으로 이용해서 전남편에게 복수했다. 데비를 비롯한 공동체의 모든 사람이 그를 끌고 나와 칼로 난도질을 했다. 그러나 그녀를 강간했던 카스트 계급에 속한 타쿠르Thakur 무리 중 한 명이 그녀의 애인이자 두목을 살해한 후 상황은 다시 뒤바뀌었다. 결국 데비는 그곳을 나와서 자신만의 도적단을 만들었다.
1981년 2월 14일, 스물네 살의 나이에 데비는 경찰복을 입고 자신의 추종자들과 함께 타쿠르인들의 마을로 내려가서, 남편을 죽인 자의 머리에 총을 쏘고 스물두 명의 남자를 죽였다. 이 사건은 국가적으로 이슈가 되었고, 데비는 '페미니스트 여자 로빈 후드'가 되었다. 그녀를 체포하려는 수많은 시도 끝에 그녀는 항복했고 감옥에서 11년을 보냈다. 그리고 2001년 타쿠르인들의 죽음에 대한 복수로 암살자들에게 살해당했다.

피노체트에 맞선 칠레 여성들

쿠데타군의 총격에 의해 살바도르 아옌데Salvador Allende 대통령이 사망한 이후 칠레의 페미니즘 운동은 줄어들었지만, 곧 아우구스토 피노체트 Augusto Pinochet가 집권하면서 독재 체제에 맞선 가장 끈질긴 반대 세력이 되었다.

'칠레여성해방운동MEMCH'은 페미니스트 집단을 통합하고, 민주주의와 인권, 여성 차별 그리고 환경보호를 위해 싸웠다. 1987년에는, 1988년 10월에 치러질 국민투표(1997년까지 피노체트 정권 연장 여부를 묻는 투표)를 위해 칠레의 페미니스트들이 "국가와 침대와 집 안에 민주주의를"이라는 슬로건과 함께 '반대' 투표를 이끌었다. 투표 결과 54.71%가 '반대' 표를 던짐으로써 1990년 민주 선거와 독재 정권 종식을 예고했다.

액트 업의 여성들, 《코스모폴리탄》에 반대하다

1988년 1월, 잡지 《코스모폴리탄Cosmopolitan》은 정신과 의사 로버트 E. 굴드Robert E. Gould가 쓴 'AIDS에 대한 뉴스 재검토: 의사가 말하는 에이즈가 위험하지 않은 이유'라는 글을 실었다. 그는 이성애자 섹스에서 인간면역결핍 바이러스HIV의 위험은 거의 없다고 주장했다.

HIV에 관한 정보와 연구 내용을 정의한 에이즈 운동단체 '액트 업ACT UP'의 여성들은 굴드와의 만남을 준비했고, 정보의 정확성이 부족하다고 비난하며 잡지에서 글을 뺄 것을 요구했다. 그러나 잡지사로부터 거절당하자 '액트 업' 여성들 가운데 별도로 조직된 150명의 활동가가 《코스모폴리탄》의 소유주인 미디어 기업 '허스트커뮤니케이션' 앞에 모였다. 그곳에서 그들은 "《코스모폴리탄》에 사실이 아니라고 말하라"라는 슬로건과 함께 "《코스모폴리탄》을 보는 여성들은 에이즈에 걸릴 수 있다"라는 말이 적힌 배너를 들고 나섰다.

아나 멘디에타는 어디 있을까?

아나 멘디에타Ana Mendieta는 페미니스트 예술사에서 가장 위대한 인물 중 한 명이다. 〈대지-몸 earth-body〉(자연과 여성의 관계와 그 둘이 고통 받는 폭력을 강조한 예술적 표현)이라는 작품에서 나타나듯, 그녀가 평생에 걸쳐 천착한 주제는 모국인 쿠바를 버린 것으로 인한 뿌리 뽑힘과 젠더 학대에 대한 고발 사이에 있다. 1973년에 열린 그녀의 '강간 장면Rape Scene' 퍼포먼스는 여성에 대한 성폭행의 일상을 보여주었다. 그녀는 자신의 방, 동료들 앞에서 그 당시 그녀가 다니던 아이오와대학 캠퍼스에서 일어난 여학생 사라 앤 오텐Sara Ann Otten이 당한 강간과 살인을 묘사했다.

멘디에타는 서른일곱의 나이에 죽음을 맞았는데, 그녀의 남편인 조각가 칼 앙드레Carl André가 가장 유력한 살해 용의자로 의심을 받았다. 이웃들이 그녀가 밖으로 뛰어내리기 전에 두 사람 사이에 큰 다툼이 있었다고 증언했기 때문이다.

몬트리올과 폭력적 여성 혐오

캐나다의 최근 역사에서 가장 많은 희생자를 낸 사건은 몬트리올 에콜 폴리테크닉의 대학살이다. 1989년 12월 6일, 스물다섯 살 남자가 무장한 상태로 수업에 들어와 남녀 학생들을 나누고, 남자들만 밖으로 내보낸 후 여성들에게 총을 겨누면서 페미니즘에 맞서 싸울 것을 주장했다. 여학생 중 한 명이 자신들은 공대 학생일 뿐이라고 주장하자, 그는 "너희는 여성이고 기술자가 될 것이다. 너희는 페미니스트 무리고, 나는 페미니즘을 증오한다"라고 대답했다. 그리고 그는 그 자리에서 6명을 살해했다. 20분의 고민 끝에 복도에 있는 여성들을 추가로 더 쏴서 총 14명의 여성이 사망하고 10명의 부상자를 냈다. 그리고 결국 그는 자살했다.

이 사건은 국가적인 상처가 되어서 12월 6일을 젠더 폭력에 반대하는 국경일로 선언했다. 언론은 그의 관점에서 남성 행동의 수동성을 분석했다.

백래시: 페미니즘에 대한 반발과 좌절

여성의 권리를 위한 투쟁인 페미니즘의 역사는 선형적이거나 점진적이기보다는 때로 후퇴하고 기복적인 특징을 보였다. 현대에 와서는 페미니즘이 막강한 지지를 얻어 큰 집단적 성취를 이룬 순간도 있지만, 이런 투쟁이 무시당하고 이미 쟁취한 권리마저 빼앗겨야 했던 반대의 시기도 있었다. 그 불행한 시기 중 하나가 1980년대였고, 특히 미국 대통령 로널드 레이건Ronald Reagan의 재임 기간(1981~1989) 중이었다.

1991년 언론인 수전 팔루디Susan Faludi는 당시 반페미니즘에 관한 방대한 연구를 《백래시Backlash》(사회·정치적 변화에 대해 자신의 영향력이 줄어든다고 느끼는 기득권층의 반발 현상_옮긴이)라는 책을 통해서 발표했다. 여기서는 미국이 경험한 다양한 반페미니즘적 물결을 20세기 초(투표권을 얻은 후), 1950년대(제2차 세계대전 동안 여성이 대규모 노동조합에 합병된 이후), 1980년대(1960년대와 1970년대 페미니즘 절정기 이후)로 나누어 이야기했다. 이후에 낸 책 《테러 악몽The Terror Dream》(2007)에서는 9·11 테러를 기점으로 대통령의 모습을 보호자의 모습과 동일시한 가부장적 담화가 시작되면서, 전통적 가족의 가치들로 돌아가게 했다고 설명했다.

《백래시》에서 그녀는 1980년대의 반페미니즘이 직장생활에 초점을 둔 독신 여성의 좌절감에 대해, 이른바 불임 여성들의 물결에 대해, 또는 페미니즘이 여성이 '모든 것(일과 가정의 성공)'을 가질 수 있다고 옹호하며 어떻게

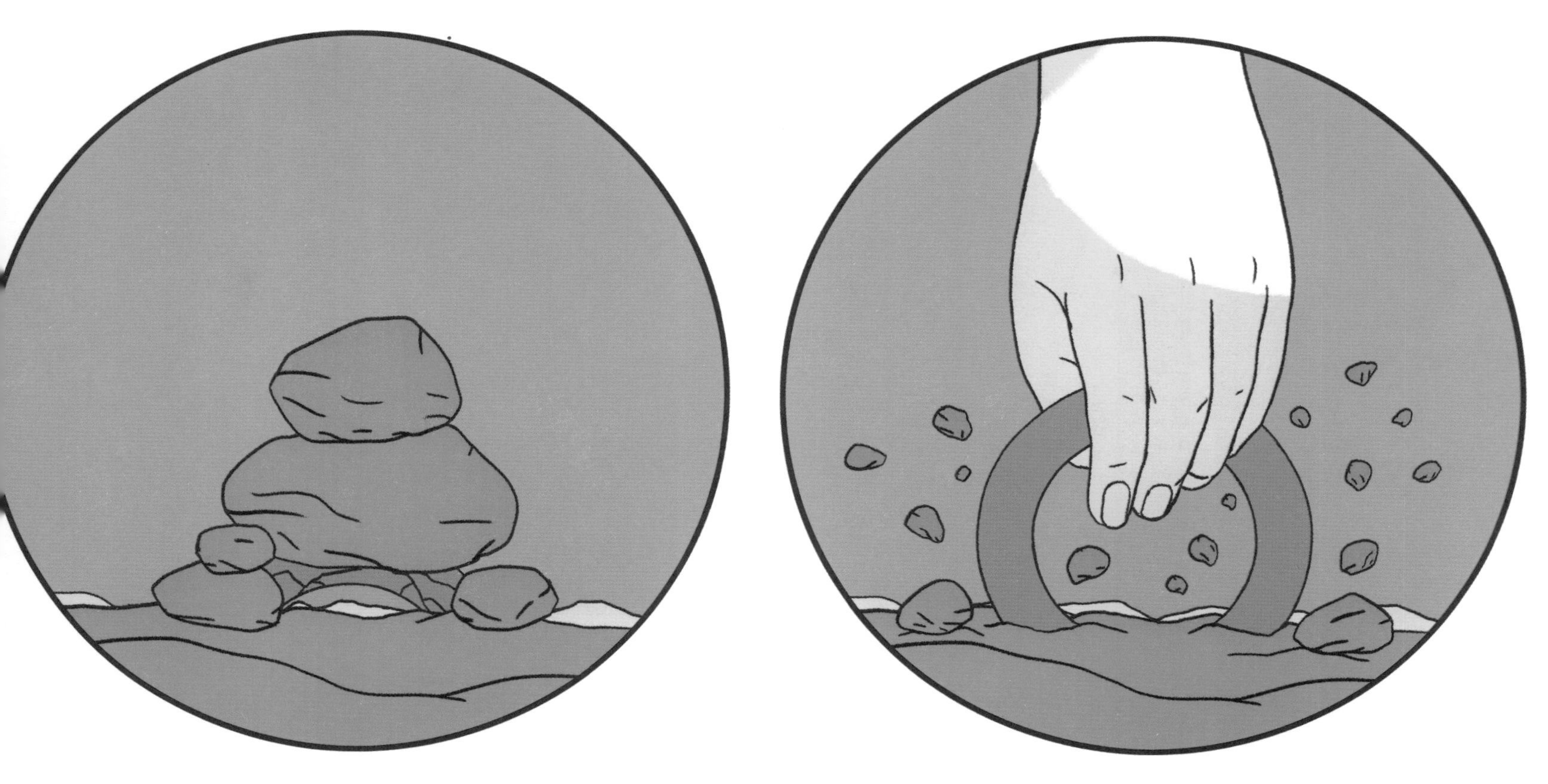

여성을 심리적·신체적 한계에 부딪히게 했는지에 대해 숱한 신화들을 다양한 언론 기사를 통해 분석했다. 싸구려 심리학과 남성 우월주의 확신이 뒤섞인 이 언론 기사들에 따르면 여성들은 페미니즘 때문에 '자유를 빼앗겼고', 불행과 불안의 상태가 되었다.

수전 팔루디에 따르면, 당시 반페미니스트의 주요 작품 중 하나는 에이드리언 라인Adrian Lyne 감독의 영화《위험한 정사Fatal Attraction》(1987)로, 이 영화에는 여피족(도시에 사는 젊고 세련된 고소득 전문직 종사자_옮긴이)에 독립적인 미혼 여성이 나온다. 기혼 남성과 하룻밤의 모험을 한 후, 그녀는 미국의 이상적인 가정을 파괴하려는 사마귀가 된다. 그녀의 역할은 페미니스트들과 관련된 모든 두려움을 대표한다.

사회학자 앤절라 맥로비Angela McRobbie에 따르면, 이런 담론은 이미 1990년대에 페미니즘의 요구가 이루어졌고, 새로운 10년의 독립 여성들한테는 더 이상 이 문제가 필요하지 않게 되었음을 확인한 문화적 경향이 되었다.

포스트 페미니즘의 중요한 이야기 중 하나는〈섹스 앤 더 시티Sex and the City〉(1998~2004) 드라마 시리즈인데, 여기서는 페미니즘의 내용이 빠지고 그 자체로 하나의 상품이 되었다. 그러다가 2008년 경제 위기가 시작되면서 포스트 페미니스트의 승리에 대한 논의에 의문들이 생겨났고, 그러면서 많은 페미니스트 네트워크가 다시 활성화되었다.

상호교차성:
페미니즘의 일반적 주체가 된 백인 중산층 여성

1970년대에는 "개인적인 것이 정치적인 것이다"라는 새로운 전제가 여성적 경험에 대한 비전에 큰 변화를 가져왔다. 이 문구를 사용한 작가이자 사회운동가인 캐롤 해니쉬Carol Hanisch는, 여성의 개인적 경험에는 여성성의 또 다른 집단 안에 속한 사회적 해석이 있다고 했다. 부분적으로 흑인 페미니즘에 관한 적절한 성찰이 담겨 있긴 했지만, 또 다른 문제에도 부딪혔다. 백인 여성의 고통이 흑인 여성의 경험과 같지 않았기 때문이다. 오히려 흑인 여성들은 성별과 인종이라는 이중적 차별을 겪어야 했다.

흑인 레즈비언 페미니스트 조직인 '컴바히 강 공동체combahee river collective'는 이런 이중적 억압에 관한 생각을 발전시켰다. 이들은 자신들의 특별한 정체성을 주장하고, 레즈비언 여성 시인 오드리 로드Audre Lorde의 "심각한 차별인 백인 우월주의 페미니즘 고착화의 한계를 논의했다"라는 말에서 그 과거를 되짚어보았다.

'컴바히 강 공동체'는 LGBTIQ(레즈비언, 게이, 양성애자, 트랜스젠더, 인터섹스, 퀴어_옮긴이) 집단에 소속된 흑인 여성이 겪는 이중적 억압을 추가했다. 늘 백인이 주인공인 페미니즘 의제들 앞에, 작가 바버라 스미스Barbara Smith와 같은 '컴바히 강 공동체' 활동가들은 백인이 아닌 유색인 페미니스트들의 도서를 제공하기 위해 '유색 여성Colors of Women' 출판사를 차렸다.

'상호교차성intersectionality'이라는 용어는 1980년대에 와서 생겼지만, '컴바히 강 공동체'는 정체성의 스펙트럼을 형성하는 억압 네트워크를 언급하기 위해 '동시성

simultaneity'이라는 용어를 사용했다. 여성-시스젠더-흑인-중산층, 여성-트랜스젠더/라틴아메리카 출신-이민자, 그리고 그 밖에도 수많은 조합이 있는데, 여성에게 공통된 경험을 언급하는 것은 페미니스트 투쟁을 할 때 아주 해롭고 단순한 행동을 낳는다고 주장했다. 1979년 보스턴에서 12명의 흑인 여성이 암살된 후, 바버라 스미스는 범죄에서 '인종-성별 차별'이라는 이중적 고통의 특징을 언급하며, 흑인 여성들에게 저지른 구체적인 폭력에 관해 말해야 한다고 강조했다.

1991년이 되면 인종과 성별을 전문적으로 다룬 아프리카계 미국인 킴벌리 윌리엄스 크렌쇼Kimberlé Williams Crenshaw가 논문에서 처음으로 '상호교차성'에 대한 이론을 내놓는다. 그 이론과 함께 그녀는 불공평과 배제를 이해하는 데 필요한 가장 분명한 기준인 인종과 성적 취향, 성 정체성, 나이, 국적, 경제 상황, 정신 상태 등에 따른 여성의 억압 시스템을 조사했다. 그 결과 성별은 여성의 운명을 결정하는 첫 번째 요소였고, 함께 작용해서 분리되기 힘든 다른 많은 요소로 보완되는 것으로 나타났다.

늘 백인이 주인공인 페미니즘 의제들 앞에, 백인이 아닌 유색인 페미니스트들의 도서를 제공하기 위해 '유색 여성Colors of Women' 출판사를 차렸다.

글로리아 안살두아와 '새로운 메스티소'

"억압의 요인에 성별만 있는 건 아니다. 인종, 사회 계급, 종교적 성향도 있다. (…) 내가 말하고 싶은 것은 어쨌든 여성들은 위대하다는 사실이다. 그들은 백인이었고, 많은 이들이 레즈비언이었고, 연대 책임이 강한 여성들이었다. 그러나 한편으로 그들은 우리의 수많은 억압에 대해서는 전혀 알지 못했다. 그들은 페미니즘이 무엇인지 고민하고 있었기에 우리를 위해 말하고 싶어 했고, 모든 문화에서 페미니즘의 개념을 적용하려고 했다. (…) 그렇게 생각한 이유는 우리 모두에게 구체적인 문화가 부족했기 때문이다. 우리는 페미니스트였고, 다른 문화는 없었다. 그러나 그녀들은 집에서 결코 '백인 중심주의'를 버리지 않았다. 그녀들은 내가 멕시코계 미국 시민이라는 정체성을 버리고 그녀들과 같게 되길 바라며, 나의 인종을 문밖으로 버리라고 요구했다."

이 말을 한 여성은 1942년 멕시코 이민자의 가정에서 태어난 페미니스트 작가 글로리아 안살두아Gloria Anzaldúa다. 그녀의 사상과 작품은 이민자라는 태생에 많은 영향을 받았고, 형이상학적·심리적·성적·영적인 공간으로서 '국경'의 개념을 끊임없이 표현했다. 이것은 그녀가 계속 다시 협상해야 하는 경험에서 생긴 상처였다.

텍사스 목장 노동자의 딸이었던 안살두아는 대학에서 예술 연구를 전공하면서 농장 일에도 전념해야 했다. 학위를 취득한 후에는 미국 남부를 가로지르며, 이민자 가정 자녀들에게 영어를 가르치는 일에 헌신했다. 동시에 멕시코계 미국 시민이자 레즈비언으로서 문화 및 성 정체성 때문에 고립되었다고 느낀 영역에서 학문적 연구에 전념했다. 그러나 대학에서 강의할 때는 영어 발음에 배어 있는 외국어 강세를 없애라고 강요받기도 했다. 그녀는 그 경험에 대해 이렇게 썼다. "순진한 얼굴을 한 백인이 우리의 언어를 뿌리 뽑아버렸다."

1983년(초반에 나온 말을 했던 때)은 그녀의 지적 생활에 결정적인 영향을 끼쳤다. 멕시코계 미국 시민 공동체의 투쟁에 눈을 뜨기 시작했고, 페미니즘 연구에 '인종'과 인종적 연구의 개념이 열렸으며, 다른 한편으로 페미니스트에 대한 비판이 시작되었다. 그녀에게 메스티소(혼혈 여성) 투쟁은 곧 여성 해방 운동이었다. 서로 다른 점을 연결하고 다리를 놓는 데 익숙한 그녀는 인종차별을 받는 동료들의 목소리를 수집했다. 이 모음집에서 멕시코계 미국인, 아프리카계 미국인, 아시아계 미국인, 미국 원주민 여성들은 다양한 지식을 바탕으로 말하고 창작할 수 있는 능력을 갖춘 사람들로, 백인이 아닌 자신들의 경험에 관한 수필과 시, 소설들을 썼다. 그녀는 그 책에 《경계지대/국경: 새로운 메스티소Borderlands/La Frontera: The New Mestiza》(1987)라는 이름을 붙였는데, 스페인어와 스팽글리시(스페인어식 영어), 영어를 섞어서 썼다.

이 책에는 과달루페의 성모(1531년 멕시코 과달루페에 발현했다는 성모 마리아로, 멕시코인들의 신앙적 지주 역할을 하고 있다_옮긴이), 아프리카 요루바족 신앙, 이론, 역사, 자서전, 여성 혐오증과 관련된 수필, 시, 소설을 담았는데, 메스티소 문화와 다양한 유산(미국 국경에 사는 멕시코계 레즈비언 미국인)을 받은 여성으로서 자기 경험을 나누었다. 그녀가 바라본 국경 사람들은 문화적으로 불편하다고 정의된 존재들로, 그들의 억양과 관용구 사용, 부정확한 표현은 주변으로부터 많은 비난을 받았다.

반항적이고 국경에 접해 있는, 그리고 그 경계선에서 자부심이 가득한 안살두아는 "나는 아주 '욕쟁이'였다"라고 썼다. 그녀는 저서들과 함께 반항적인 '욕쟁이' 여성 세대의 문을 열었다.

1990

1990 예술가 **시린 네샤트** Shirin Neshat는 이란 혁명(1979) 이후 고국인 이란으로 돌아가 작품 활동을 펼치며 두 가지 부분에서 비판적 담론을 세웠다. 하나는 여성의 자유를 훼손하는 사회적·정치적 맥락에 반대하는 것이고, 다른 하나는 무슬림 여성에 대한 서양의 제한된 고정관념에 반대하는 것이었다.

1991 마야 끼체족 그룹의 과테말라 여성인 **리고베르타 멘추**Rigoberta Menchú는 라틴아메리카 원주민의 권리를 위한 투쟁으로 노벨 평화상을 수상했다.

1993 시애틀의 펑크록 밴드 '깃츠The Gits'의 여성 리드 싱어 **미아 자파타**Mia Zapata가 강간당한 후 살해당했다.

1992 모로코 작가 **파테마 메르니시**Fatema Mernissi가 쓴 《하렘의 정치학: 예언자와 여성들Le harem politique: Le Prophète et les femmes》이 세계 여러 언어로 출간됐다. 이 책은 여성의 억압과 이슬람과의 관계를 다루었다. 그녀는 코란 본문들을 수정한 후, 마호메트는 진보적이고 평등을 지지하는 인물인데, 그의 추종자들이 수많은 억압을 만들었다고 결론 내렸다.

1994 투치족 학살을 재판하기 위해 세워진 르완다국제형사재판소International Criminal Tribunal for Rwanda는 강간이 대량 학살의 한 방법임을 인정했다.

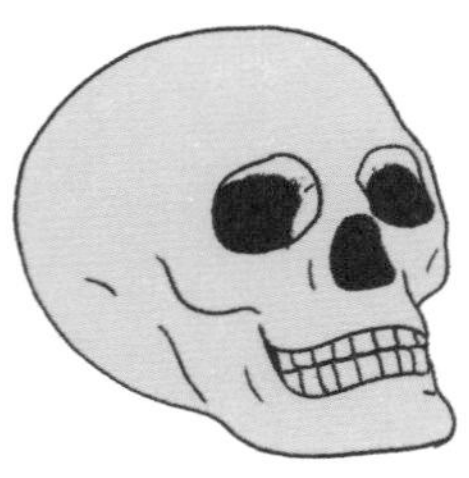

1996 팝 그룹 **스파이스 걸스**Spice Girls는 첫 싱글인 〈워너비Wannabe〉로 런던 무대를 정복했다. 이 영국 소녀들은 '걸 파워'의 메시지로 주류 세계를 무너뜨렸고, 소녀들 사이의 우정을 찬양했다. 십 대 소녀들은 "하느님, 그 남자를 도와주세요. 나와 내 자매들 사이를 끼어드는 그를 도와주세요"라는 후렴구를 반복해 불렀다.

1997

스페인 그라나다 출신의 **아나 오란테스**Ana Orantes가 전남편에게 살해되어, 스페인 사회에 충격을 주었다.

1991 애니타 힐 Anita Hill은 대학에서 장학금을 받던 시절, 연방대법관 지명자인 클래런스 토머스Clarence Thomas에게 당한 성희롱을 공개적으로 비난했다. 이 일로 토머스가 판사직에서 물러나지는 않았지만 성희롱이 큰 주목을 받았고, 피해자를 보호하기 위한 법적 조치가 이루어졌다.

1991 셀리아 아모로스 Celia Amorós는 '페미니스트 연구소'의 페미니스트 이론 역사 과정을 만들고, 이 분야에서 스페인 연구를 확립했다.

1991 영국 '**그린햄 커먼 여성평화캠프** Greenham Common Women's Peace Camp'는 96개의 핵미사일을 배치하는 미군 기지 옆에서 항의 시위를 벌였고, 결국 미사일을 제거하는 쾌거를 이루었다.

1992 성폭력을 전쟁 무기로 삼은 **보스니아 전쟁**이 시작되었다.

1992 아프가니스탄 민주공화국의 교육부 장관인 **아나히타 라테브자드** Anahita Ratebzad는 무자헤딘(아프가니스탄 정부에 반대하며 미국의 무기를 갖추고 싸우는 이슬람 전사들)이 권력을 잡기 전에 독일로 추방되었다.

1997 소말리아 출신 슈퍼모델 **와리스 디리**Waris Dirie는 《마리끌레르Marie Claire》에서 아프리카와 아시아의 특정 지역에서 흔히 볼 수 있는 여성 성기 절제에 반대하는 운동가가 되었다.

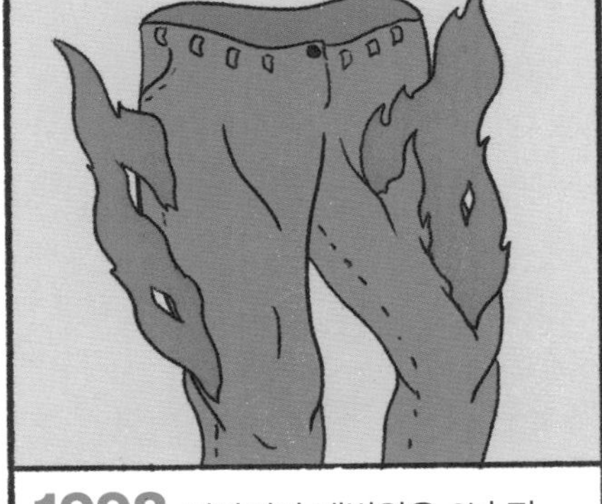

1998 이탈리아 대법원은 6년 전 여학생을 강간한 운전학원 강사에게 무죄를 선고했는데, 피해 여성이 벗기기 힘든 꽉 끼는 청바지를 입었다는 것을 근거로, 합의에 의해 이루어진 성관계라고 판결했다. 이 결정으로 인해 거센 항의 물결이 일어났다.

1997 마리엘라 무뇨스 Mariela Muñoz는 아르헨티나에서 처음으로 신분증에 성별 표기와 여성 이름을 얻은 성전환자다.

1999 이혼 절차를 밟기 시작한 파키스탄 여성 **사미아 사르와르**Samia Sarwar는 자한기르 자매가 하는 로펌에서 자기 가족이 보낸 자객에게 '명예 살인'(가족, 부족, 공동체의 명예를 더럽혔다는 이유로 살해하는 행위_옮긴이)을 당했다. 이 로펌의 두 여성 변호사는 1980년에 최초의 페미니스트 법률회사를 창립했고, 특히 남성 우월주의 폭력 사건을 전문으로 다뤘다.

2000

1990년대

보스니아 전쟁

보스니아 전쟁 중 적게는 2만 명에서 많게는 4만 4000명의 보스니아 여성과 여아, 특히 무슬림 여성들이 카라만의 집Karaman's house과 같은 여러 장소에 납치되어 감금당했다. 이런 센터들은 포차Foča 대학살 기간에 활발한 움직임을 보였고, 사라예보 지역에 있던 센터에서는 비인간적인 생활 조건들 외에도 세르비아 군인과 경찰의 끊임없는 폭행이 이루어졌다. 종종 전쟁 전리품으로 여성들을 특정 남성에게 주기도 했다. 그들은 여성에게 온갖 학대를 일삼고, 여성을 선물로 주거나 매매하거나 살해하고, 때로는 다시 센터로 돌려보냈다.

보스니아 전쟁 후 강간이 인종 청소 및 대량 학살을 위한 전쟁 무기로 사용되었다는 사실이 처음 인정되었다. 이 분쟁 이후 몇몇 남성은 성폭력과 관련된 범죄로 유죄 판결을 받았다.

아프가니스탄 여성들의 사라진 권리

아프가니스탄 인민민주당이 선동한 1978년 4월 혁명으로 공산 정권이 들어섰다. 새로운 정권에서는 부르카(무슬림 여성이 얼굴을 비롯하여 몸을 휘감는 데 쓰는 천_옮긴이) 사용을 금지하고, 남녀 간 실제적 시민 평등을 구현하는 법령이 승인되었다. 그리고 '결혼 내 부당한 가부장적 봉건 관계'를 없앴다. 또한 여성의 정계 진출이 가능해졌다. 아나히타 라테브자드Anahita Ratebzad 박사는 처음으로 의회에 선출된 네 명의 여성 중 한 명으로, 사회·교육부 장관을 맡았다. 그녀가 하는 일의 주된 목적은 모든 아프가니스탄 사람들에게 읽고 쓰는 걸 가르치는 것이었는데, 사실상 유토피아에 가까운 생각이었다.

이후 소련의 지지를 얻은 아프가니스탄 민중당 정부 시절, 미국은 CIA와 협력해 1992년 비밀리에 반정부 이슬람 근본주의자인 무자헤딘에게 무기와 훈련을 제공했다. 이에 무자헤딘의 힘이 강해지자 여성들에게 주어진 권리가 사라지고, 여성들의 억압과 비인간화의 공포 시대가 시작되었다.

미아 자파타의 죽음과 '홈 얼라이브: 자기방어 기술'

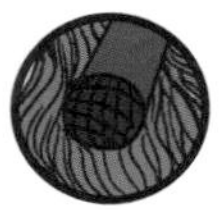

가수 미아 자파타Mia Zapata가 당한 강간 살인은 그녀가 소속된 그룹 '깃츠The Gits'와 무대를 함께 하던 밴드들에 큰 충격을 안겨주었다. 그 사건 이후 그런지grung(1990년대 초에 유행한 록 음악 장르_옮긴이) 음악 현장에서 비키니 킬Bikini Kill이나 브랫모바일Bratmobile과 같은 펑크 그룹과 푸가지Fugazi나 너바나Nirvana와 같은 밴드들이 여성이 겪은 남성 우월주의적 폭력을 비난하는 주제들을 많이 다룬 덕분에, 여성이 겪는 폭력이 점점 더 많이 세상에 알려졌다.

그 범죄가 알려진 후, 시애틀 음악 무대의 지원을 받은 밴드 '세븐 이어 비치7 Year Bitch'의 여성 드러머가 여성들에게 자기방어를 가르치는 모임인 '홈 얼라이브Home Alive'를 만들었다. 그리고 1996년 기금 모금을 위해 〈홈 얼라이브: 자기방어 기술Home Alive: The Art of Self Defense〉이라는 앨범을 냈다.

투치족 대량 학살 '아카예수 사건'

투치족 대량 학살은 르완다에서 후투족 급진주의자들이 저지른 사건이다. 바냐르완다 종족에 속하는 이 두 부족의 갈등은 벨기에 식민지 정부가 권한을 강화하기 위해 부추긴 일이었다. 수천 명의 투치족 여성이 강간을 당한 이 대량 학살에 대한 재판은 일명 '아카예수Akayesu 사건'이라고 불리며, 국제적 상징이 되었다. 이것은 대량 학살에 대한 최초의 유죄 판결로, 법원은 성폭행을 대량 학살과 불가분한 행동으로 인정했다.

1994년 11월에 세워진 르완다국제형사재판소ICTR는 한 피고에게 강간으로 유죄 판결을 내렸다. 그가 직접 강간을 저지른 건 아니지만, 시장으로서 성폭행을 막지 못했다는 것이 그 이유였다. 법원은, 성폭행은 고문 범죄이며 광범위한 성폭행은 대량 학살 행위라고 판결했다.

핵무기를 반대하는 여성평화 캠프

1981년에 설립된 '그린햄 커먼 여성평화캠프 Greenham Common Women's Peace Camp'는 유럽 핵무기 반대 운동단체 중 가장 유명한 곳으로, 이곳 여성들은 궂은 날씨와 질병, 군 경찰의 괴롭힘을 견디며 영국 정부에 맞서 시위했다. 19년 동안(수년간의 투쟁을 기억할 공간을 만들 때까지 해체되지 않았기 때문에) 이루어진 활동에서, 여성들은 군 규율을 어지럽히기 위해 곰 분장을 하고 공군기지 담장을 넘거나, 군인들이 자신의 모습을 볼 수 있도록 거울을 들고 밤을 새우기도 했다.

이들의 평화 요구 중 상당 부분은 미래 세대를 핵의 위험에서 지키겠다는 어머니들의 뜻과, 1994년에 발발한 체첸-러시아 분쟁에 반대하는 체첸과 러시아 어머니 집단의 뜻을 기반으로 하고 있다. 하지만 그들의 게릴라적이고 대항적인 행동주의는 1998년에 시작된 '세계여성행진World March of Women'과 같은 반세계화 페미니스트 전략들의 전조가 되었다.

아나 오란테스, 증언의 필요성

1997년 12월 4일 아나 오란테스Ana Orantes는 스페인 남부 채널 프로그램인 〈데 타르데 엔 타르데 De tarde en tarde〉에서 남성 우월주의 폭력을 겪은 자신의 삶을 폭로했다. 그 당시만 해도 스페인에서는 그것을 가정 폭력 문제 정도로만 여겼다.

오란테스는 그 방송에서 전남편 호세 파레호José Parejo가 40년간 저지른 끔찍한 폭력에 관해 이야기했다. 그리고 13일 뒤인 12월 17일, 그녀의 남편은 자신에게 불평을 제기한 아내를 불태워버렸다. 그 살인은 형법 개혁을 촉발했는데, 그때까지 남편이 살해한 여성들은 젠더 폭력의 희생자가 아닌 존속 살해(1차 혈족)로 여겨졌다.

남성 우월주의 폭력 희생자에 대한 세심한 주의가 부족하다는 사실을 보여준 건, 앞서 오란테스와 호세 파레호의 별거 관계에 대한 법원의 판결이었다. 법원은 그녀에게 파레호와 집을 같이 써야 한다는 끔찍한 상황을 강요했다. 결국 오란테스 암살 사건으로 시위 물결이 일어났고, 언론은 계속되는 이런 잔혹한 폭력에 대해 더 민감하게 반응했다.

마리엘라 무뇨스, 용감한 어머니

아르헨티나 성소수자의 권리를 위해 싸우는 개척자이자 활동가인 마리엘라 무뇨스Mariela Muñoz는 성전환자 여성들의 모성에 관한 논쟁을 공론화시킨 유명한 인물이다.

오랜 기간 비공식적으로 입양하던 시대가 끝나자, 그녀는 아버지나 어머니(대부분은 성 노동자)가 기르지 못해서 버림받은 남녀 아이들을 책임졌다. 그러나 1993년 판사는 세 명의 아이들을 그녀에게서 빼앗는 판결을 내렸다.

어린 시절부터 무뇨스에게 보호와 돌봄을 받았던 남녀 아이들은 그녀를 엄마로 생각했고, 그녀가 노년에 갑작스러운 뇌혈관 질병을 얻자 곁에서 그녀를 돌봐주었다. 이미 어른이 된 아이 중 일부는 마리아 아우드라스Maria Audras 감독이 만든 다큐멘터리 영화 〈거대한 사랑의 걸음Amor a paso de gigante〉에서 그녀의 삶을 증언했다. 이 영화는 사랑을 바탕으로 한 대가족의 형성과 정체성을 인정받기 위한 그녀의 투쟁을 생생히 전했다.

사이버 페미니스트 유토피아와 여성 혐오적 규율

1990년대 인터넷 대중화는 완전히 새로운 페미니즘의 활동 영역을 열었다. 네트워크라는 비물리적인 공간에서는 남녀의 정체성과 관계를 모델화하는 성 결정 요인이 존재하지 않는다는 것이 이론화되자 큰 기대를 얻었다. 이것은 이미 도나 해러웨이Donna Haraway가 《사이보그 선언A Manifesto for Cyborgs》(1985)에서 했던 생각으로, 여기서 포스트젠더postgender 생물체, 돌연변이체, 유동적 정체성, 기계와 인간 사이의 동맹을 설명했다.

잠재적 인터넷 사용자를 아우른 집단 중에는 호주의 여성 예술가들이 결성한 사이버페미니스트 예술 동맹인 '비너스 매트릭스VNS Matrix'(1991)가 있다. 그들은 인터넷을 확산 공간으로만 여기지 않고, 해러웨이의 사이보그 사상에 영향을 받은 여성들과 기술의 연합에 대한 성적이고 도발적인 제안들을 통해 이 둘 사이의 전통적 거리감에 의문을 제기했다.

1997년 스페인에서는 〈여성 네트워크Mujeres en Red〉를 만들었는데, 이것은 페미니즘의 보급과 확산, 여성들 사이의 연대 네트워크 형성을 위해 모든 네트워크 잠재력을 활용한 온라인 페미니스트 신문이다. 1998년에는 영국의 철학자 사디 플란트Sadie Plant가 《0+1: 디지털 여성과 신기술Zeroes+Ones: Digital Women and the New Technoculture》을 출간했다. 이 책에서는 전통적인 여성용 직기織機와 여성 수학자 에이다 러브레이스Ada Lovelace가 몰두했던 컴퓨터 프로그래밍의 기원인 배비지의 해석기관에 관한 연구 사이의 유사점을 바탕으로 기술의 역사에 관해 페미니스트적으로 설명을 풀어놓았다.

이 새로운 가상공간을 평등하게 구축하려는 필요성에서 페미니스트 여성 에디터톤editathon(편집을 뜻하는 에디트edit와 마라톤marathon의 혼성어_옮긴이)이 생겨났다. 이것은 여성 관련 콘텐츠 부족을 개선하기 위해 함께 모여 위키피디아 기사를 편집, 개선하는 행사로, '펨봇Fembot'(2011)이라는 단체는 페미니즘 잡지 《미즈Ms.》와 공동으로 다양한 여성 에디터톤과 해커톤Hackathon(해킹hacking과 마라톤marathon을 결합해 만든 용어로, 마라톤처럼 일정 시간과 장소에서 프로그램을 해킹하거나 개발하는 행사_옮긴이)까지 조직했다.

여성 사회 활동가들과 예술가, 학자들로 구성된 '펨봇'은 신문 《온라인 에이다online Ada》를 발간하고, 펨테크넷FemTechNet(페미니즘, 사이버 페미니즘, 페미니스트 기술 이론에 대한 자원들을 모은 플랫폼)을 위한 인프라를 만들었다. 또한 여성 해커 커뮤니티들은 남성화된 세계 정보 기술계에서 여성의 발판을 마련하기 위한 노력을 아끼지 않았다. 여성 게이머는 남성 동료들의 지속적인 보이콧에도 자체적으로 동등하게 활동하고 있다. 그럼에도 여성 게이머를 위한 행사는 남성 동료들의 괴롭힘과 위력으로 종종 취소되기도 했다.

여성 게이머를 위한 행사가 남성 동료들의 괴롭힘과 위력으로 취소되는 등 지속적인 보이콧이 있었지만, 여성들은 남성화된 정보 기술계의 벽을 깨기 위해 지금도 싸우고 있다.

한편, 닉네임 뒤에 숨어 있는 실제 여성뿐만 아니라 사이버 여성 역시 폭력을 겪어야 했다. 오스트리아 전자 박람회에 전시된 섹스 로봇 '사만다'는 여러 명의 남성 방문자에게 공격을 당했다. 그리고 미국의 한 어머니는 비디오 게임인 로블록스Roblox 플랫폼에서 일곱 살 딸아이의 아바타가 겪은 수많은 강간을 신고하기도 했다.

비명과 립스틱: 제3의 물결 페미니즘

페미니즘(또는 페미니즘들)은 담론이 매우 다양해서 내부적으로 논쟁이 벌어지기도 한다. 이런 논쟁은 전략적이거나 개념적 또는 정치적일 수 있지만, 세대 간의 일일 수도 있다.

1960년대 초 미국에서 생긴 페미니즘 운동 흐름인 '제2의 물결'에서, 접근 방식의 변화가 생긴 '제3의 물결'은 아프리카계 미국인 운동가인 레베카 워커Rebecca Walker에 의해 대중화되었다. 1992년 페미니스트 잡지 《미즈Ms.》에 '제3의 물결 되기Becoming the Third Wave'라는 기사가 실렸다. 1960년대에 태어난 앵글로색슨 국가의 사회운동가들인, 이른바 제3의 물결의 페미니스트들은 1990년대 여성의 문제와 도전 과제를 해결하고자 했다. '좋은 페미니스트'에 대한 엄격한 정의에 의문을 제기하기 위해 제2의 물결 페미니즘의 일부 특징들에 반론을 제기하는 한편, 이전 세대가 얻은 혜택들을 인정하고 즐겼다.

'제3의 물결'의 핵심 과제 중 하나는 1990년대 개인주의에 맞서는 새로운 방식을 조직하는 것이었다. 인종과 성별, 성 정체성 및 다양한 역량 차이뿐만 아니라, 나이 또는 삶의 단계 차이에 관한 평가는 이 운동의 위대한 업적 중 하나다. 또 섹스를 긍정적으로 보면서, 경멸의 의미를 없애고 역량 강화를 위해, 이전에는 주로 여성을 비하할 때 사용한 '비치bitch'(암캐, 년)와 같은 개념들을 이런 저런 담론에서 적절하게 사용하기도 했다.

이런 가치들을 보면 성차별적인 분석이 드러나는데, 이것은 큰 권력 구조보다는 일상생활에 좀 더 초점을 맞추고 있다. 이를테면 포스트모더니즘의 이론적 기반과

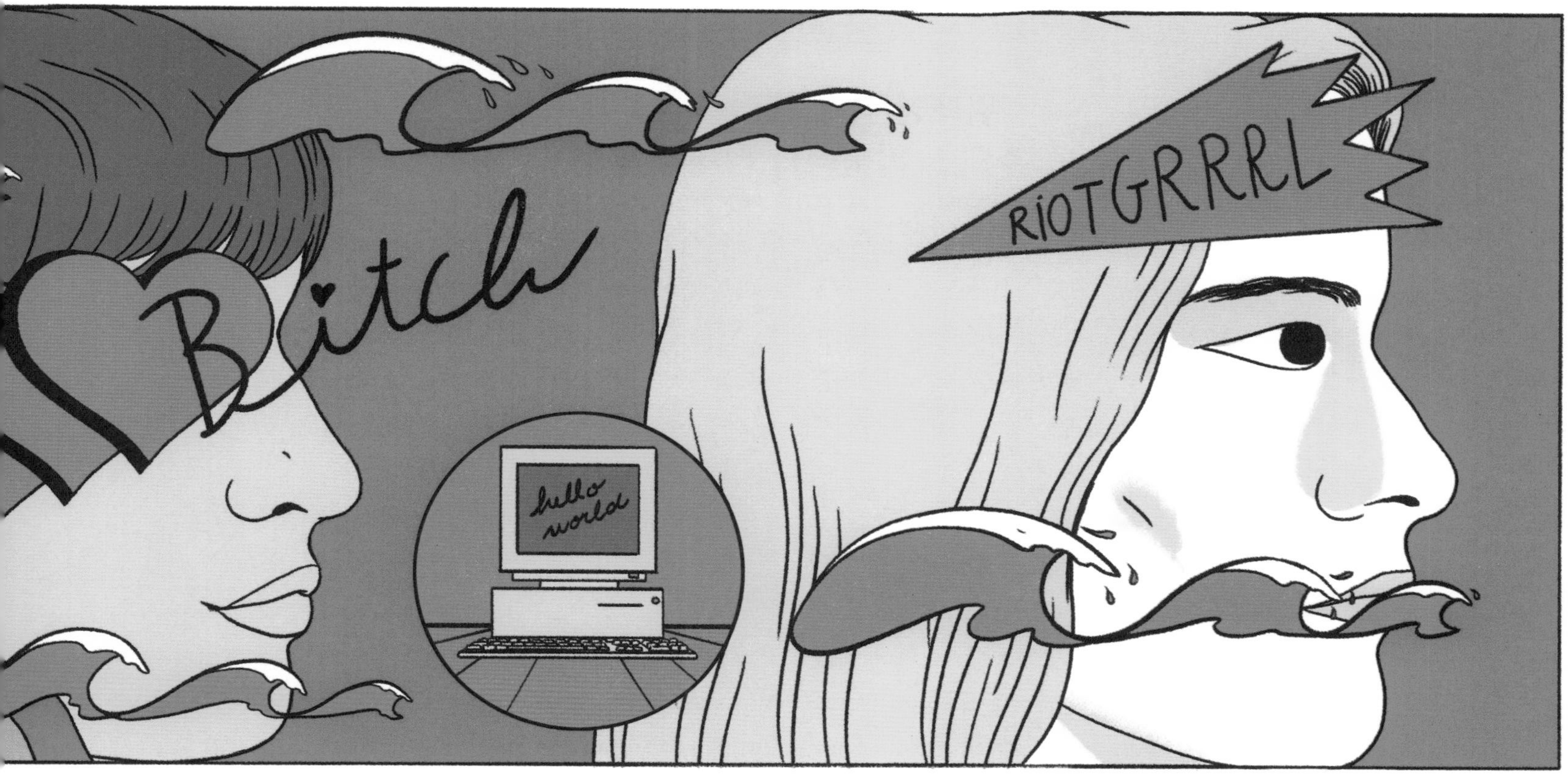

다양한 개인 경험으로 확장된 세계관에 중심을 두었다. 그리고 여성을 희생자로 보는 시선에 거부감을 드러내기 위해 대중문화를 정책적으로 사용했다. 여성이 더는 수동적 소비자가 아니라 비판적 페미니스트임을 강조했다. 또한 그들은 〈뱀파이어 해결사〉(1997~2004)와 같은 TV 시리즈에 환호하고 힙합을 분석했으며, 전통적으로 가장 여성적인 것을 포함해 미적 코드를 자유롭게 선택할 수 있다고 주장했다.

그런 문화적 시위는 벨 훅스Bell Hooks나 글로리아 안살두아Gloria Anzaldúa와 같은 비백인 또는 비식민지 나라의 여성 작가에게 깊은 영향을 주었고, 《비치Bitch》 또는 《버스트Bust》 같은 잡지 출판으로도 이어졌다. 그리고 1990년대 사회운동의 좋은 도구가 된 '라이엇 걸Riot Grrrl'(1990년대 중반 여성 인디펑크, 록 밴드들이 진행한 페미니즘 운동_옮긴이)이 일어난 환경에서 출판물과 음악이 제작, 배포되었다.

'제3의 물결'의 핵심 과제 중 하나는 1990년대 개인주의에 맞서는 새로운 방식을 조직하는 것이었다.

필수 요소인 인터넷이 퍼지기 시작한 시점에서 제3의 물결이 일어났기 때문에, 그 담화들은 이후 네트워크를 통해 사회운동을 시작하게 될 여성 세대, 즉 새로운 정복의 땅에 다가가는 페미니즘에 큰 영향을 끼쳤다.

위대한 여성 젠더 복사기:
주디스 버틀러와 정체성 구축

한 의사가 초음파 촬영 결과를 보며 "여자애네요!"라고 말한다. 공원에서 여자아이가 넘어지자 부모님이 "예쁜아, 울지 마! 그럼 미워져"라고 말한다. 학교에서 여학생이 머리를 짧게 자르고 오면 "너 레즈비언이니?"라고 놀린다. 이 모든 표현은 우리에게 큰 영향을 준다. 어떻게 보면 이런 것들이 그저 말일 뿐이라고 생각될지 모르지만, 그것을 바탕으로 우리의 정체성이 만들어진다.

이것은 버클리대학의 젠더 전문 교수인 미국 철학자 주디스 버틀러Judith Butler의 연구 주제 중 하나로, 정체성과 주체성을 만드는 방식과 여성을 둘러싼 담론이 젠더 형성에 미치는 영향을 분석했다. 주디스 버틀러는 아주 중요한 저서인 《젠더 트러블: 페미니즘과 정체성의 전복》(1990)과 《의미를 체현하는 육체》(1993)를 써서, 이른바 학문적 퀴어 페미니즘의 가장 중요한 저자가 되었다.

그녀는 정체성을 완전히 결정하지 않는 방법에 관해 이야기했다. 새로운 질문들은 정체성을 변화시킬 수 있기 때문이다. 실제로 그녀는 1960년대 페미니즘이 내걸었던 '여성' 정체성의 범주가 결정적이고 폐쇄적이어서는 안 된다고 강조했다. 그뿐만 아니라 '게이'나 '레즈비언'의 범위도 한정해서는 안 된다고 주장했다. 그것들은 이미 1970년대 일어난 성소수자 운동이 결정한 것으로, 그렇게 고정적인 건 아니었다. 따라서 그녀는 우리가 '정체성'이라고 알고 있는 것이 존재하지 않는다고 확신했다. 그래서 그녀는 "나는 여성이다/나는 레즈비언이다"라는 등의 '정체성'이란 의학(초음파 기기로 "남자아이다"라고 말하는 것)과 같은 권위의 영역과 가정(씩씩한 남자니까 넘어져도 괜찮아)의 영역 또는 사회운동들(급진적 페미니즘을 위해 레즈비언이 되는 것은 정치적 선택이다)에서 온 담론의 개별적인 재생산일 뿐이라고 주장했다.

버틀러에 따르면, 성 정체성(나는 여성이다)은 예를 들면, "나는 질이 있어서 여성이다"와 같은, 성기에 따라 고정되는 것이 아니라 계속 만들어지는 것으로, "나는 지하철에서 다리를 벌리고 싶지 않기 때문에 여성이다"라는 정의와 관련된 행동의 재생산에 달렸다.

이것을 설명하기 위해 그녀는 '수행성performativity'이라는 개념을 사용했다. 여기에는 속임수가 있는데, 보통 연극 속에서 우리 의지로 젠더의 역할(여자를 선택하며, 지하철에서 다리를 벌리지 않는 것처럼)을 선택해서 재생산하는 남녀 배우로 연기하는 것으로 생각하기 때문이다. 하지만 사실상 우리는 자동 복사기처럼 행동하고 말하고 움직인다. 지하철에서 앉는 방식과 같은 행동은 우리가 속한 큰 담론(여성은 여성화되기 위해 되도록 공간을 차지하지 말아야 한다)의 사슬 중 일부를 형성한다. 즉, 성별은 우리가 결정할 수 있는 것보다 담론의 영향을 더 크게 받는다. 버틀러는 여성이 여성적인 행동을 할 때, 예를 들어 공간을 침범하지 않고 오므리고 앉아야 한다고 느낄 때, 무의식적으로 강하게 규율과 처벌로 배운 젠더의 규범을 무의식적으로 끌어온다고 지적했다.

따라서 이런 담론 속에 있으면 옷을 선택하듯 남성이나 여성이 되는 것을 선택할 수 없고, 좀 덜 전통적인 옷을 입고 싶다면, 입도록 강요된 옷에 천 조각이나 주름 장식을 하는 정도밖에 할 수 있는 일이 없을 것이다. 완전히 전복시킬 가능성은 아주 적겠지만, 버틀러는 성sex과 젠더gender가 선천적인 것이라며 압박하는 담론의 기계 안에 작은 돌들을 던지는 예로서 '드래그drag'(예술적 목적을 위해 여성처럼 옷을 입는 남자들)를 설명했다.

21세기

2000

2000 첫 번째 **레이디페스트**Ladyfest가 올림피아(워싱턴)에서 8월에 열렸다.

2000 엘 에히도(스페인 알메리아주의 자치시)에서 젊은 마그레브(아프리카 북서부 일대를 총칭_옮긴이) 남성이 한 여성을 살해한 후 폭동이 일어났다. 남성 폭도들은 무슬림 상점들을 파괴하고 이민자들을 공격했다. 또한 '진보여성연맹FMP 센터'를 파괴했는데, 이것은 외국인 혐오적 담론을 만드는 데 관심 있는 사람들이 행사하는 남성 우월주의적 폭력을 보여주었다. 이들은 모든 여성이 요구하는 진정한 평등에 관해 전혀 생각하지 않았다.

2003 〈뉴욕타임스〉는 우간다에서 태어난 시나리오 작가이자 사회운동가인 **이르샤드 만지**Irshad Manji를 '오사마 빈 라덴의 최악의 악몽'이라고 지칭했다. 그녀는 코란에 대한 정통 해석을 거부하고, 이른바 '이즈티하드 Ijtihad'라고 하는 '종교적 해석의 권리'를 선택했다. 레즈비언인 그녀는 이슬람교의 공식적인 동성애에 대한 비난이 "하느님께서는 그가 창조하신 모든 것을 좋게 만들었다"라고 확신하는 코란의 전통과 모순된다고 믿었다.

2003 이라크에서 납치된 여기자 **줄리아나 스그레나** Giuliana Sgrena는 분쟁(이라크 전쟁)에서 군대의 역할을 비판했다. 그녀는 군대가 기자들의 자유를 방해하고 자기 행동의 책임을 회피한다고 비난했다. 또한 이 전쟁이 "지금은 호세 마리아 아스나르Jose María Aznar(스페인의 제76대 총리로, 조지 W. 부시 미국 대통령의 이라크 전쟁을 적극 지지했던 것으로 유명함_옮긴이)를 포함한 모두가 존재하지 않는다고 여긴 대량 살상 무기와 관련된 거짓말에 기반을 두고 있다"고 주장했다.

2003 멕시코의 국경도시 **시우다드후아레스**에서 첫 여성혐오살해femicides 사건이 일어난 지 10년이 지났다.

2004 영국계 이라크 건축가인 **자하 하디드** Zaha Hadid는 건축 분야에서 가장 권위 있는 프리츠커상을 받은 최초의 여성이 되었다.

2006 인도에 여성 운동 단체 **굴라비 갱**Gulabi Gang(분홍색 사리sari를 입은 여전사들)이 생겼다. 이 단체는 인도 북부 지역에서 성폭력과 부패한 경찰과 정치인들에 맞서면서 시작되었다.

2005 과테말라의 레지나 호세 갈린도Regina José Galindo는 제51회 베네치아 비엔날레에서 '**처녀막 재생 수술**'이라는 퍼포먼스로 최고의 젊은 예술가로 떠올랐다. 이 공연은 '다시 처녀가 되기 위해' 실제로 처녀막 재생 수술을 한다는 내용이다. 그녀의 행동은 최소한의 위생 조건도 마련되지 않은 채 남성이 여성에 대한 독점권을 느끼게 하려고 라틴아메리카에서 종종 이루어지고 있는 이 수술의 잔인함과 위험성을 강조했다.

2002 남아프리카공화국의 사진사인 **자넬레 무홀리**Zanele Muholi는 여성 능력 강화 포럼을 공동 설립하고, 성소수자 LGBT 커뮤니티에 대한 증오 범죄 사례 자료들을 모았다. 그녀는 교정矯正 폭력, 즉 레즈비언에 반대하고 이성애적 규범 위반을 처벌하는 공격을 고발하는 데 중점을 두었다.

2003 젊은 무슬림 여성들의 프랑스 페미니스트 운동인 **'창녀도 아니고 순종녀도 아니다!**Ni Putes Ni Soumises!'는 파리 외곽 지역의 성폭력과 성차별의 종식을 촉구하는 일련의 행진을 시작했다.

2003 이스라엘의 **팔레스타인 봉쇄** 때문에 임산부들이 끔찍한 상태로 출산하거나, 의료 혜택을 받지 못해 자녀를 잃어야 했다.

2008 스페인에서 **평등부**가 만들어졌는데, 아주 짧은 기간 동안 있으면서 재정적 지원도 제대로 받지 못했다.

2008 경제 위기 시기에 불가리아 이민자인 **콘스탄티나 코우네바**Konstantina Kouneva는 아테네 거리에서 산성 물질로 공격을 당했다. 그녀는 청소부로 일했고 아티카 지방의 국내 임직원 협의회 비서였다. 그녀는 그 사건 이후 끔찍한 후유증에 시달렸는데, 시력을 잃고 성대에 심각한 문제가 발생했다. 하지만 그런 외상에도 불구하고, 삶을 복원하고 유럽 의회 의원이 되었다.

2008 우크라이나 경제학자인 안나 훗솔Anna Hutsol이 여성 인권 단체 **'페멘** FEMEN'을 만들었다.

WELCOME TO UMOJA UASO WOMEN CULTURAL VILLAGE & MUSEUM

2007 **비르지니 데팡트** Virginia Despentes는 《킹콩걸King Kong Theorie》을 출간했는데, 여성 피해자가 당하는 패해와 폭력에 대한 반성을 촉구하는 새로운 페미니스트 세대에 관한 내용을 담았다.

2008 스페인 패럴림픽에 참가한 여성 수영 선수 **테레사 페랄레스**Teresa Perales는 베이징 패럴림픽에서 금메달 3개, 은메달 1개, 동메달 1개로 총 5개의 메달을 획득했다.

2009 무장한 한 남자가 케냐의 여성 마을인 **우모자 우아소**Umoja Uaso를 습격했다. 이곳은 취약한 여성들을 환영하는 여성 정착지로, 이곳을 만든 사람은 레베카 롤로솔리Rebecca Lolosoli다. 한편 이곳을 습격한 남자는 그녀의 전남편으로 밝혀졌다.

2000년대

레이디페스트: 음악, 팬진 및 소녀

'레이디페스트Ladyfest'의 독특한 특징은 페미니즘과 자주적 관리(개발이나 운영에 관한 결정에 적극적으로 참여하는 조직 시스템_옮긴이)다. 엄밀히 말하면 이것은 음악 축제는 아니지만, 1990년대 '라이엇 걸Riot Grrrl' 운동과 관계가 있어서 종종 사상적으로 가까운 밴드들을 부르거나, 팬진fanzin(아티스트의 팬클럽에서 정기적으로 발행하는 회보_옮긴이) 판매, 물물교환 및 전시를 하기도 한다. 레이디페스트는 다른 방식으로 문화를 표현하고 공유하는 쇼케이스의 역할을 하며, 여성들 간의 네트워크를 형성하고, 자본주의와 패권주의적 문화 산업의 대안을 모색한다. 그들은 즐기는 동시에 정치적인 공간을 만들기 위해 노력한다.

1999년에 열린 미시페스트Michfest에서 시스젠더 여성만 입장을 허용한 것처럼, '라이엇 걸' 운동과 레이디페스트도 트랜스젠더 여성을 위한 '안전 공간safe space'을 만들려고 시도한 바 있다. 비록 실패하긴 했지만 성차별과 동성애 혐오, 외국인 혐오 등의 태도를 근절하기 위해서도 노력하고 있다.

레이디페스트는 올림피아(워싱턴)에서 처음 열린 이래, 미국과 라틴아메리카, 유럽에서 계속 열리고 있다. 전국 규모로 개최된 첫 번째 행사는 2005년 스페인 마드리드에서 열렸다.

가자 지역의 여성으로 살아가기

팔레스타인 남서부에 있는 가자Gaza 지역은 이스라엘의 지속적인 억압과 습격, 통행금지 때문에 여성들이 길가 검문소에서 출산하거나, 이스라엘 군인이 병원 이송을 거부해서 많은 여성이 아기를 잃기도 했다. 이러한 상황은 팔레스타인 여성들이 불안해하는 중요한 요인 중 하나다.

룰라 아시티야Rula Ashtiya라는 여성은 이스라엘 군인들이 나블루스Nablus에 위치한 병원 쪽 길을 막는 바람에 어쩔 수 없이 베이트 푸릭Beit Furik(나블루스 남동쪽으로 9km 떨어진 팔레스타인 도시_옮긴이)의 검문소 옆 도로에서 아이를 낳았지만, 몇 분 뒤 아이는 사망하고 말았다.

2006년부터 하마스(이스라엘에 저항하는 무장단체로 출발하여, 이후 팔레스타인 자치정부의 집권당이 됨_옮긴이)의 권력이 부상하고, 특히 2008년부터 팔레스타인에 대한 이스라엘의 끊임없는 폭탄 테러와 공격으로, 점령지는 한마디로 생존 불가 지역이 되었다.

국제앰네스티(국제사면위원회) 보고서들에 따르면, 이스라엘의 봉쇄로 인해 팔레스타인 여성들은 직장에도 가지 못하고, 교육도 받지 못한 채 고립되었다. 또한 가족과 멀리 떨어져 살면서 결혼 생활에서 어려움을 겪고 학대를 당하는 등 매우 힘든 상황에 놓였다. 특히 여성들은 주택 철거로 인한 불안감이 컸다. 가정에서는 여성에 대한 폭력이 증가하고, 경제 및 안전 상황 역시 더욱 나빠졌다. 이렇게 팔레스타인 사회에서는 성 불평등의 문제와 남성의 여성 통제 문제들이 끊임없이 이어졌다.

시우다드후아레스의 여성 살인 사건

1993년부터 멕시코 시우다드후아레스에서 여성 혐오살해 사건이 시작되었다. 그러나 살해되고 고문받은 300명이 넘는 여성들이 점점 잊히고 있다.

시우다드후아레스는 경제적 빈곤과 세계화, 남성 우월주의가 어떻게 무서운 시나리오를 만들 수 있는지를 여실히 보여주었다. 이 지역은 자유무역협정FTA에서도 빈곤한 나라를 대표하는 한편, 도시화된 공간이 뒤덮인 곳으로, 당시 사회적 교류가 적고 값싼 임시 여성 노동자들을 찾는 미국 공장들이 대거 들어섰다. 국경도시 특성상 범죄율이 높았기 때문에 젊은 원주민 여성들은 늘 불안할 수밖에 없었다.

이런 상황을 세상에 알린 건 살해당한 여성들의 어머니들이었다. 경찰의 수사 부진과 언론의 선정주의에 혐오를 느낀 그녀들은 시위를 시작했다. 그녀들의 행동 덕분에 다양한 기관들이 멕시코 정부의 수사 부진을 비난하며 이 살인 사건을 철저히 조사하기 시작했다.

짧게 끝난 평등부

사회주의자이던 호세 루이스 로드리게스 사파테로José Luis Rodríguez Zapatero 스페인 대통령은 2기 내각을 여성의 내각으로 만들겠다고 국민에게 약속했다. 정부는 여성 장관의 수를 늘리면서 가장 먼저 카르메 차콘Carme Chacón을 국방부 장관에 임명했고, 그녀는 임신 7개월 때 아프가니스탄에 있는 군대를 방문했다.

가장 젊은 여성 각료인 비비아나 아이도Bibiana Aído는 서른한 살에 스페인 역사상 가장 짧고 재정 지원도 거의 받지 못한 평등부에 임명되었다. 이 부서는 성폭력에 관한 통합적 법률을 제정하고 차별을 종식한다는 목표로 만들어졌다. 수년간 스페인 사회노동당PSOE을 공격한 스페인의 우파 언론은 그녀가 낙태 법안을 통과시켰음에도 불구하고 "평등부 여성 장관은 대통령과 마드리드 산책을 하는 '서툰 여성 양재사 무리Batallón de Modistillas'(유명한 대중가요 제목으로, 여성을 무능한 모습으로 비하하려는 목적으로 인용했음_옮긴이) 중 최고 권력의 상징"이라고 조롱했다. 이탈리아 총리 실비오 베를루스코니Silvio Berlusconi도 사파테로가 "너무 많은 여성을 다스리기에 어려울 것"이라고 말했다.

그러나 2008년에 생긴 평등부가 2010년에 사라진 이유는, 성별이 아닌 경제 위기 때문이었다. 이후 평등부는 사회정치보건부로 통합되었고, 이로 인해 여성들이 적극적이고 제도적인 정치 의사 결정에 참여하기가 더욱 어렵게 되었다.

분홍색 사리를 입은 여전사들

인도 여성 운동 단체인 굴라비 갱Gulabi Gang은 조혼과 전통적인 결혼 지참금 제도, 결혼 내 폭력을 근절하기 위해 노력했다. 이들 단체는 인도 농촌 지역에서 여성이 혼자 사는 일이 얼마나 힘든지를 잘 알고 있었기에, 그들에게 집을 떠나도록 조언하는 대신 남편과 가족들의 태도를 바꾸려고 애썼다. 이들은 교육적인 방법보다 더 빠른 방법들을 사용했다. 즉, 필요하다면 대화, 협박 또는 위협을 활용했다(이들은 늘 전통적인 긴 지팡이를 가지고 다녔다).

그리고 다음 사례는 속도가 아주 중요한데, 대개 인도 소녀들이 청소년기 무렵에 사랑도 없는 결혼식을 하는 경우가 그렇다. 이때 배우자와 그 친척들이 가하는 공격은 이미 합법적으로 합의가 되어 있다. 그렇게 소녀들은 남녀를 서로에게 필요한 존재로 인식하는 부부의 삶에 이른다.

하지만 남편의 말에 반론을 제기하거나 집안일을 뒷전으로 하거나 임신이 안 되면 폭력을 당한다. 2015년 잰키 데비Janki Devi는 불임에 대한 처벌로 시부모가 그녀의 몸에 기름을 뿌리고 불을 붙였다. 결국 그녀는 살아나지 못했다. 이에 힘을 모아 직접적인 행동을 하는 '분홍색 사리(인도 여성의 민족 의상_옮긴이)를 입은 여전사'들은 이 끔찍한 현실을 바꿀 계획을 세웠다.

'페멘' 또는 비非상호교차성

우크라이나 여성 인권 단체 '페멘FEMEN' 회원들은 머리에 화관을 쓰고 가슴을 드러내어, 눈에 띄는 저항 행동을 한다. 이들 활동의 독특한 특징은 종교와 관련된 조직 반대와 섹스 관광 비판, 생식권reproductive rights 보호(특히 낙태 권리), 강간이나 성적 학대로 기소된 공공 영역의 특정 남성들에 대한 분노 표출이다. 이들은 누드를 이용한다는 점에서 페미니즘 안팎으로 많은 비판을 받았다. 특히 러시아와 우크라이나인들 입장에서는 매우 도발적인 행동이었다.

한편 탈식민주의 페미니즘에서, 특히 모로코 수도인 라바트에서 두 명의 프랑스 여성 운동가가 모로코 독립(프랑스 식민지로부터)의 국가 영웅인 무함마드 5세 영묘 앞에서 상반신을 드러낸 채 키스한 것은 매우 경솔한 행동이었다. 이는 모로코의 아스와트Aswat를 비롯한 성소수자 단체들의 입장을 전혀 존중하지 않고, 이후 행동의 결과를 생각하지 않은 일이었다.

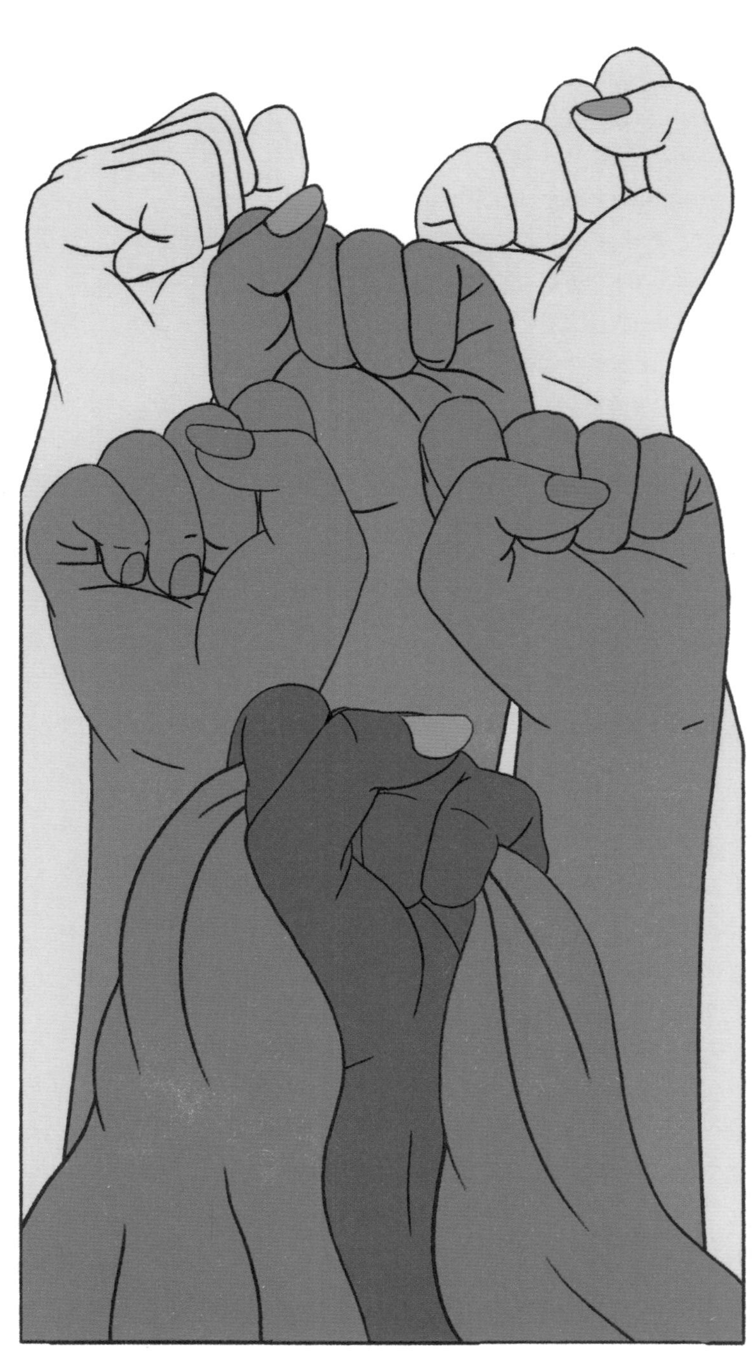

젠더 범죄들과 페미니즘에서 잊힌 여성들

'트랜스젠더transgender'라는 단어는 출생 시 부여된 성별에 동의하지 않는 사람들에게 주어진다. 그들은 다른 성에 속한다고 생각하거나, 둘 중 그 어느 것과도 관련이 없다고 여기거나, 두 성이 지속적 또는 가변적으로 다르게 나타난다고 느낀다. 간단히 말해 그들은 젠더 정체성이 다양하다.

트랜스젠더 여성 집단은 사회적·제도적으로 남성 우월주의적 폭력을 가장 많이 겪는 집단이다. 남성 우월주의에서 가장 무자비한 모습으로 나타나는 것이 트랜스여성혐오transmisogyny(트랜스포비아와 여성 혐오의 합성어_옮긴이)다. 트랜스젠더 여성들은 끊임없이 언어적·물리적 공격을 당하고, 심지어 살해되기도 한다. 그 결과 힘을 모아 안전한 공동생활 공간을 만들겠다는 트랜스젠더 공동체가 나타났다. 그중 가장 눈에 띄는 곳이 바로 'STARStreet Transvestite Action Revolutionaries'이다. 이곳은 1970년대 뉴욕에서 실비아 리베라Sylvia Rivera와 마샤 P. 존슨Marsha P. Johnson이 처음 만들었다.

트랜스젠더를 제약하는 억압 가운데 가장 영향을 크게 미치는 것이 보건 시스템이다. '성 정체성 장애'를 만드는 데는 '정신 장애 진단 및 통계 안내서'가 포함된다. 흔히 자신이 태어날 때 얻은 성으로 인식하지 못하는 것을 정신 질환으로 정의했고, 그런 사람들은 호르몬 치료를 받기 위해 정신과 의사를 찾아가야 했다. '성 정체성 장애'는 나중에 '성불편증gender dysphoria'으로 바뀌었지만, 여전히 이 집단에 대한 오해가 많이 남아 있고, 트랜스젠더 여성들은 가장 공식적인 페미니즘에서도 잊힌 여성들이었다.

제도적 개선에 힘썼던 전 세대 페미니즘보다 섹슈얼리티, 불평등 등으로 담론을 확장해간, 이른바 '제2물결 페미니즘' 시기, 강력하고 집단적인 정체성을 가진 주체를 만들려는 시도 과정에서 '여성'이라는 개념이 정의되었다. 여기서는 전통적으로 여성성과 관련된 신체적·생물학적 측면을 강조했고, 제한된 개념화conceptualization 때문에 나타나지 않은 매우 많은 여성이 제외되었다.

한편 좀 더 열린 관점에서의 '상호교차적 페미니즘'은, 동일한 억압을 받는 특정 범주란 따로 없고, 여성 개개의 경험을 나타내는 데는 수많은 요소가 있다고 강조한다. 그들 가운데는 태어날 때 '남자'로 지정받은 여성(트랜스젠더 여성)이 있는데, 이들은 남성 우월주의 때문에 여성으로서 받는 차별뿐만 아니라, '트랜스젠더'라는 조건 때문에 차별을 겪기도 한다. 이 인식의 틀에서 '트랜스페미니즘transfeminism'이 생겨났다. 이것은 "트랜스젠더 여성들이 자신들을 위해 시작한 것으로, 자신의 해방이 모든 여성의 해방과 본질적으로 연결되어 있다고 이해하는 운동"이다.

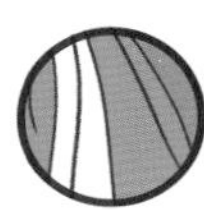

트랜스젠더 집단 중 특히 여성들은 사회적·제도적으로 가장 많은 폭력을 겪는 사람들이다.

스페인에서 '트랜스' 정체성은 '트랜스페미니즘' 같은 다양한 집단들이 옹호하고 기념해왔다. 이 주제의 전환점이 된 '2009년 그라나다 페미니스트의 날'에서 다음의 페미니스트 반란 선언문이 낭독됐다.

"페미니즘 정책의 주체로서 '여성들'인 우리는 너무 작다. (…) 레즈비언, 창녀, 히잡을 쓴 여성, 하층민 여성, 대학에 안 간 여성, 소리치는 여성, 서류를 갖추지 못한 여성 등이 제외되었다. 올바른 관행으로 알고 있는 두 개의 젠더와 성을 폭발시키자."

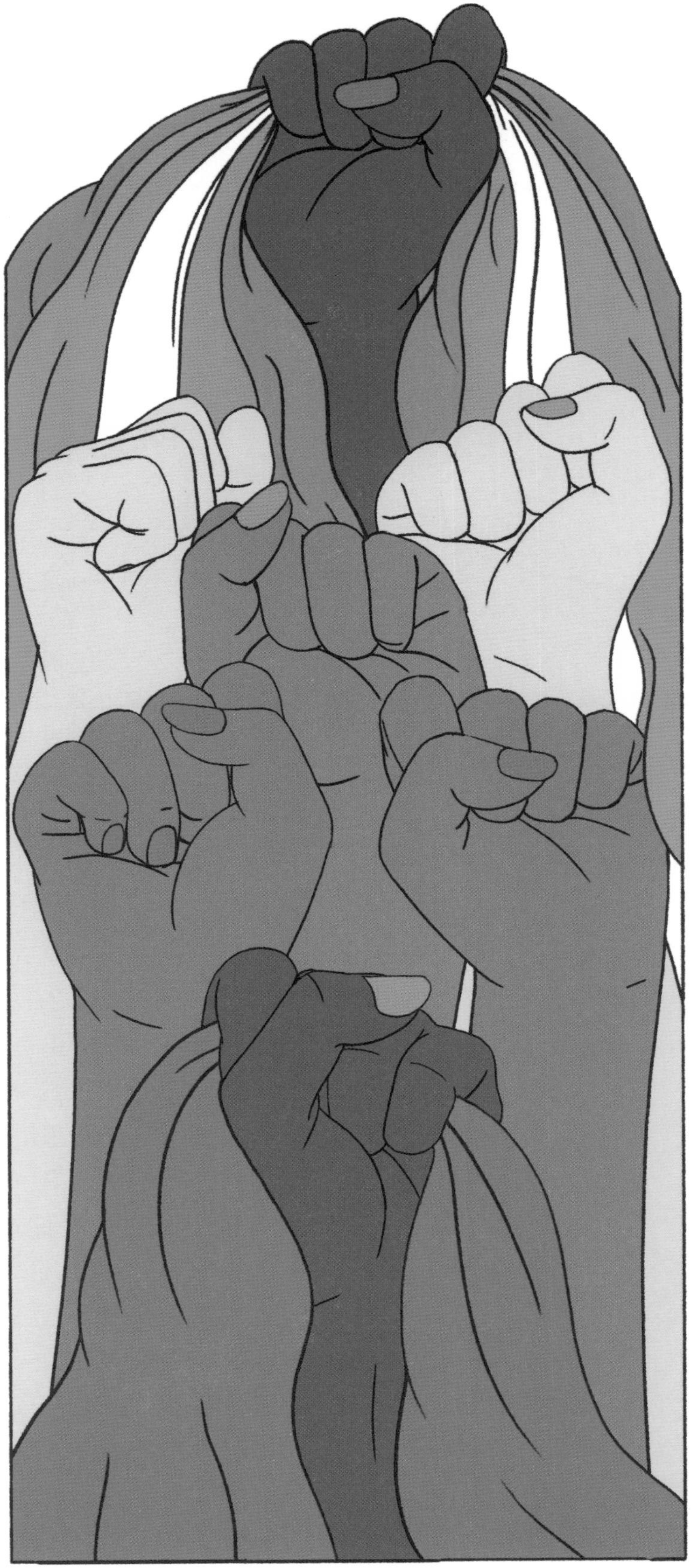

아프로퓨처리즘:
인종과 젠더가 과학소설과 예술적 실험을 점령하다

여성 그리고 인종차별을 받는 사람들은 종속적인 지위 때문에 늘 더 나은 현실을 꿈꾸며 싸웠다. 그 결과 창작 분야에서 나타난 현상 중 하나가 '아프로퓨처리즘 Afrofuturism'이다. 이것은 과학소설과 아프리카 문화, 정치사상 및 매우 강력하고 창의적인 사색이 결합해 여러 분야에 영향을 준 예술적 경향을 말한다. 아프로퓨처리즘은 창조적이고 탈식민성decoloniality에 해당되는 영역으로, 이 분야 여성 작가들 덕분에 이것이 페미니즘적이란 사실이 분명히 드러났다. 이 이중적입 압박을 인식한 작가들은, '흑인'과 '여성'이라는 정체성을 드러내고 해체했으며, 이를 전면에 내세우는 작품들을 만들었다.

문학과 대중문화에서 흑인 참고문헌을 만들어야 한다는 필요성이 요구되었지만, 아프로퓨처리즘의 주요 목표는 모든 분야에서 흑인 역사를 전면 수정하는 것이었다. 아프리카계 미국인 여성 작가 옥타비아 버틀러Octavia Butler가 쓴 《킨Kindred》(1979)은 현대 아프리카계 미국인의 관점에서 노예제도의 경험에 접근하기 위해 '노예 서술slaves narratives'(고대 아프리카 노예들의 실제 증언)과 시간 여행을 뒤섞었다. 그리고 카리브해 지역에 뿌리를 둔 예술가 쥐네트 일러스Jeannette Ehlers는 〈채찍질 제대로 하기Whip It Good〉(2013)라는 공연에서, 흑인 공동체가 느끼는 깊은 상처를 분명히 보여주기 위해 거대한 흰색 캔버스에 채찍을 휘둘렀다. 이것과 비슷한 연장선상에서 작가 바바도스 카렌 로드Barbados Karen Lord는 《리뎀션 인 인디고Redemption in Indigo》(2010)에서 세네갈 민속의 구전 전통을 회복했다. 또, 단편소설 〈빈티Binti〉(2015)로 네뷸

러상과 휴고상을 수상한 아프리카계 미국인 은네디 오코라포르Nnedi Okorafor는 이그보족의 전통과 미학에 뿌리를 두는 상상의 세계를 만들기 위해 나이지리아의 문화적 유산을 탐구했다. 자메이카계 캐나다인 네일로 홉킨슨Nalo Hopkinson은 이런 종류의 소설을 쓰면서 여러 분야를 잘 종합한 작가 중 한 명이다. 그녀의 작품들은 카리브해 지역과 요루바족(서아프리카의 나이지리아 서남부와 다호메의 일부에 사는 대부족_옮긴이) 문화를 흡수한 작품들로, 미래의 고도로 진화된 기술을 추측한다.

시청각 분야에서는 케냐 출신 화가 왕게치 무투Wangechi Mutu가 다채로운 애니메이션과 콜라주를 흑인 여성 모습에 반영했다. 그녀는 영화 〈블랙 팬서Black Panther〉에서 가장 강력한 외계 금속인 비브라늄 덕분에 생활수준이 매우 높고, 세계 여러 지역의 흑인 공동체가 겪는 억압에 대해 대처 방법을 결정해야 하는 비밀스러운 아프리카 왕국인 와칸다의 여성 의상을 표현하기 위해 아프리카의 여성 군대 '다호메이(베냉) 아마존Dahomey Amazons'의 몸 장식을 참고했다. 이처럼 아프로퓨처리즘은 유럽에서 제한된 상상력을 유감없이 드러냈다. 하지만 아프리카의 예술 창조는 현대적 창조보다는 민속과 전통으로 구분되는 경우가 많다.

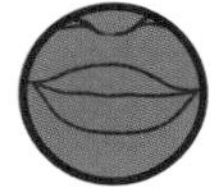

아프로퓨처리즘은 창조적이고 탈식민성에 해당되는 영역으로, 이 분야 여성 작가들 덕분에 이것이 페미니즘적이란 사실이 분명히 드러났다.

아마란타와 잃어버린 M

멕시코 남부 오악사카에서도 가장 시골인 후치탄 데 사라고사의 마을 안뜰 그늘에 걸린 해먹에서 열네 살의 아마란타 고메스 레갈라도Amaranta Gómez Regalado가 《백년 동안의 고독》(노벨 문학상 수상자인 가브리엘 가르시아 마르케스의 대표 소설_옮긴이)을 읽고 있었다. 이 안뜰은 1년 전(1990년 8월 어느 더운 날)에 어머니 생일을 축하하던 곳으로, 그때 아마란타는 자신이 무쉐Muxe(멕시코 남부에만 전통적으로 존재하는 제3의 성으로, 남성에게 매력을 느끼는 여장 남성_옮긴이)임을 발표했다. 그리고 그녀는 가브리엘 마르케스의 소설에 나오는 인물인 '아마란타 부엔디아'에서 '아마란타'라는 이름을 갖기로 했다.

무쉐가 된다는 것은 오늘날로 말하면 트렌스젠더가 되는 경험이지만, 이것은 특정 문화와 관련된 개념이기도 하다. 스페인 식민지 때부터 사포테카 지역에서는 특별한 정체성을 나타내는 이들의 집단이 있었다. 이에 대해 아마란타는 "남성도 여성도 아니다. 신체적으로는 남성이지만, 여성의 정체성이 형성되어 남성이 아닌 여성의 옷을 입는다"라고 설명했다. 무쉐는 이 지역사회가 인정했고, 특정 종교 축제의 주인공이 될 뿐만 아니라, 때로 주변 사람들의 환호를 받기도 했다. 이들에게 인정을 받는다고 해도, 무쉐의 생활은 복잡하고 폭력에서 벗어날 수 없었다.

아마란타는 그 당시 트랜스젠더를 혐오하는 법령들 때문에 학업을 이어갈 수 없어서, 열다섯 살에 의상 도착증을 앓고 있는 이들의 집단인 '새로운 여성들New Les Femmes'을 만들었다. 이후 이들은 멕시코 전역에서 스페인의 유명 여가수인 팔로마 산 바실리오Paloma San Basilio나 로시오 두르칼Rocío Durcal의 노래를 틀어놓고 쇼를 선보였다.

집으로 돌아온 뒤에는 변화를 주도하는 에너지를 모은 다음 에이즈 퇴치 투쟁에 참여했다. 같은 집단의 아주 가까운 동료 두 명이 에이즈에 걸렸고, 한 무쉐 가정은 약값이 너무 비싼 탓에 할아버지 집을 팔아야 하는 모습을 보았기 때문이다. 1997년에는 에이즈 퇴치를 위해 '용감한 여성들Las Intrépidas'이라는 단체를 만들었다.

스물세 살이 된 2002년, 아마란타는 에이즈 퇴치 사회운동과 관련된 공식 행사를 하고 오악사카로 돌아오던 길에 버스 사고를 당해서 한쪽 팔을 잃었다. 하지만 이런 상황에도 불구하고 그녀는 투쟁을 멈추지 않았다. 회복한 뒤에는 멕시코의 첫 트랜스젠더 의원이 되었고, 다양한 NGO들을 모아서 만든 '메히코 포시블레México Posible'(가능한 멕시코) 당의 선두에 섰다. 이렇게 여러 신문의 첫 장을 장식하고 언론의 주목을 받았지만, 2007년 선거에서 끝내 목표를 이루지 못하고 대학이라는 새로운 길을 모색했다.

2016년 학업을 마친 그녀는 논문에서 자신의 경험을 바탕으로 무쉐 공동체를 둘러싼 수많은 인류학적 의견들에 대한 신비성을 벗기고, 종종 성소수자로 대변되는 서양의 담론(LGBTQ 기호)에서 빠진 지역 원주민의 섹슈얼리티를 주장했다. 아마란타가 볼 때, 무쉐Muxe의 'M', 파파피네Fa'afafine(사모아의 제3의 성으로, 생물학적으로 남성으로 태어난 사람이 여성의 성 역할을 함_옮긴이)의 'F', 오메기트Omeguit(파나마에서 사용하는 '여자 같은'이란 뜻으로, 게이를 가리키는 경멸의 용어_옮긴이)의 'O', 투-스피릿Two-Spirit(캐나다에서는 남성과 여성이 공존한다는 뜻_옮긴이)의 'T', 히즈라Hijra(인도에서 남성도 여성도 아닌 제3의 성으로, 남성으로 태어났지만 여성의 정체성을 가짐_옮긴이)의 'H'가 포함되어야 했다.

2010

2011 이집트의 젊은 여성 **아스마 마흐푸즈**Asmaa Mahfouz는 한 소셜 네트워크에서 호스니 무바라크Hosni Mubarak 정권을 비난하면서 반정부 시위 동참을 호소했다. 이것은 온 이집트로 퍼져나갔고, 카이로 타흐리르 광장에서 최대 시위를 이끌어냈다.

2012 러시아 여성 펑크록 인디밴드 **푸시 라이엇**Pussy Riot은 모스크바의 구세주 그리스도 대성당에서 공연하던 중 정치적·종교적 권력 관계를 비난했다. 이후 이 그룹이 체포되고 유죄 판결을 받자 전 세계적으로 큰 파문이 일어났다.

2014 이슬람 근본주의 테러 단체인 보코하람Boko Haram이 나이지리아 북동쪽에 위치한 치복의 한 중학교에서 성폭행을 하거나 팔기 위해 200명이 넘는 여학생을 납치했다. 그러자 나이지리아에서 미성년자의 납치를 폭로하는 데 국제적으로 사용될 해시태그 **#우리 딸들을 돌려달라**#BringBackOurGirls가 만들어졌다.

2014 스물두 살의 학생 엘리엇 로저Elliot Rodger가 캘리포니아의 이슬라비스타에서 남성 우월주의 대학살을 저질렀다. 이 사건은 1994년 몬트리올 에콜 폴리테크니크 사건에서 영향을 받았고, 2018년 토론토 차량 돌진 사건에 영향을 주었다.

2014 아프리카계 콜롬비아 여성 운동가인 **프란시아 마르케스**Francia Márquez는 강 주변의 광산 산업으로 인한 환경오염을 반대하는 목소리로 유명해졌다. 그녀는 수십 명의 아프리카계 여성들을 동원해서 보고타까지 행진했다. 그녀에게 이 행동은 "우리의 일, 우리의 자원 및 흑인성negritude의 권리"를 지키는 방법이었다.

2014 비디오 게임 프로그래머 **조이 퀸**Zoë Quinn은 전문 게임 평론가로부터 호평을 받았다는 이유로 비난을 받았다. 그리고 이른바 '게이머게이트 논쟁#gamergate'으로 알려진 남성 우월주의적 괴롭힘의 거대한 희생자가 되었다.

2015 아프가니스탄의 사회 활동가들은 코란 사본을 불태웠다며 거짓 고발 당했는데, 그 때문에 군중들이 던진 돌로 스물일곱 살 여성 **파르쿤다**Farkhunda가 목숨을 잃었다. 그녀의 죽음을 기리기 위해 여성들은 이슬람 전통을 무시하고 직접 관을 옮겼다.

2012 **말랄라 유사프자이**Malala Yousafzai는 탈레반 정권이 교육을 금지한 스와트강(파키스탄) 주변 계곡의 소녀들을 위해 앞장서 투쟁했다. 그녀는 버스를 타고 학교 가는 길에 살해 위협에 시달렸다. 2년 뒤 그녀는 노벨 평화상을 받았다.

2012 인도 뉴델리의 무르니카 지역에서, 스물세 살의 한 여성이 버스에 탄 여섯 명의 남성들에 의해 무참하게 강간을 당했다. 버스 운전자는 자신을 포함해 남성들이 젊은 여성을 고문하고 살해할 수 있도록 기존 경로를 이탈했다. 이 끔찍한 사건은 전국에 거센 항의의 물결을 일으켰다.

2013 이슬람국가IS가 시리아에서 권력을 장악하는 것을 막기 위해 쿠르드족 여성들로 구성된 첫 번째 **여성수호부대**Women's Protection Unit가 만들어졌다. 국가의 무장 방어 태세에서 그들은 평등한 미래를 위해 더 힘차게 싸웠다.

2016 라코타족 사회운동가인 **셰릴 엔젤**Cheryl Angel은 '스탠딩 락 인디언 보호구역' 근처를 통과해야 하는 송유관 건설을 막기 위해 미국 노스다코타주 캐논볼에 저항 캠프를 세웠다.

2018 '다양성을 위한 페미니스트 여성 집시 모임'은 마드리드에서 '로마니(집시) 페미니즘의 첫 번째 회의'를 열었다. 이것은 여성 집시들에 대해 섣불리 예단하고 경멸하는 가부장적·식민주의적·계급주의적 사회에서 집시 여성들이 겪는 억압을 선언하기 위한 연속 회의였다.

2016 스페인 바르셀로나에 객실 청소원 집단인 **라스 켈리스**Las Kellys 연합이 생겼다. 그 일(신체적으로 힘든 데다 적은 임금)은 최악의 직업 불안정을 보여주었고, 2008년 경제 위기 이후 여성화된 일로 자리 잡았다.

2018 브라질의 인권 운동가이자 시의원인 **마리엘 프랑코**Marielle Franco는 빈민촌 사람들에 대한 경찰의 학대를 고발한 이후 살해당했다.

2018 칠레 성차별주의 반대 교육을 지지하는 시위들에서 페미니스트 반란이 파생되었는데, 이들은 교육센터 내의 많은 성폭력과 여성에게 가하는 일반적 폭력을 고발했다.

2017 팔레스타인 여성 운동가인 **아헤드 타미미**Ahed Tamimi는 열여섯의 나이에 요르단강 서안 지구 경찰에 체포되어 감옥에 갇혔다.

2010년부터 현재까지

타흐리르 광장의 여성들: '아랍의 봄'의 한계

'아랍의 봄Arab Spring'은 '월가를 점령하라Occupy Wall Street' 같은 운동들의 상징이었다. 그보다 앞서 이집트 직물 산업의 중심지인 마할라알쿠브라의 섬유업계 파업과 튀니지 혁명이 있었지만, 아랍의 봄 혁명은 특히 소셜 네트워크가 촉발제가 되었다.

2011년 1월 18일, 이집트 여성 아스마 마흐푸즈Asmaa Mahfouz는 호스니 무바라크 정권의 계엄령과 부패를 비난하며, 희생당한 네 명의 여성 사회 활동가에 관한 이야기를 담은 영상을 인터넷에 올렸다. 그녀는 젊은 여성들을 위한 기회가 부족하다는 증거를 내세우며, 타흐리르 광장으로 수천 명의 남녀 이집트인들을 결집시켰다. 그녀는 더 방대하고 안전한 환경을 만들기 위해 여성들에게는 투쟁 참여를, 남성들에게는 여성 존중을 독려했다. 성추행 예방 단체인 '반反성희롱·성폭력 활동OpAntiSH'과 같은 집단들의 노력 덕분에 광장 안에 모인 사람들의 단합된 힘을 볼 수 있었다.

하지만 이러한 대책에도 불구하고 시위 도중 이집트에서 벌어진 성희롱 피해자는 80명이 넘었고, 무바라크의 몰락과 함께 거리 시위에 나선 여성들을 단속하는 과정에서 그 피해 숫자는 갈수록 급증했다.

남성 우월적 테러리즘

2014년 5월 23일, 캘리포니아의 유복한 가정에서 자란 청년 엘리엇 로저Elliot Rodger가 유튜브에 여성에 대한 증오심을 표출한 영상을 올렸다. 이 영상에서 그는 자신이 성관계를 못 하고 거부당한 것이 여성들의 잘못이라며, 그녀들은 벌을 받게 될 거라며 분노했다. "내가 너희를 가질 수 없다면 너희는 파멸될 것이다"라는 말처럼, 여성 혐오와 인종차별, 미성숙한 모습을 보인 로저는 '비자발적 독신주의자involuntary celibate'의 약자인 '인셀incel' 혁명을 발표했다.

이 영상을 올린 후 그는 미국 산타바버라 캘리포니아대학 주변 지역인 이슬라비스타에서 총기를 난사하고 자살했다. 결국 그를 포함한 7명이 사망하고 13명의 부상자가 생겼다. 이 사건은 어리석어 보였지만, '인셀' 현상은 수많은 추종자를 낳았다. 그들 대부분은 여성에게는 남성의 성적 욕구를 채워줘야 하는 의무가 있다고 확신했다. 섹스를 요구하는 이 여성 혐오 범죄의 추종자들은 포챈4chan, 보트Voat, 레딧Reddit과 같은 웹사이트에서 포럼을 늘려나갔다. 또한 그들의 공식 사이트인 'incels.me'에서도 이와 관련된 활동을 이어갔는데, 대체로 익명성을 이용해 여성들에게 분노를 표출했다.

로저 사건이 일어나고 4년 뒤, 다시 캐나다 토론토에서 알렉 미나시안Alek Minassian이 차량 돌진 사고를 일으켰다. 그는 스스로 자신을 '인셀'이라고 했고, 이로 인해 10명이 사망했다.

'게이머게이트 논쟁'과 인터넷에서 여성이 당하는 일상적 폭력

소셜 네트워크는 의견을 나누고 유대감을 쌓기 위한 오늘날 페미니즘 표출의 주요 도구 중 하나지만, 동시에 개인정보 유출 및 여성 혐오적 욕설과 같은 행동을 통해 많은 여성을 협박하는 도구로 사용되기도 한다. 그중 가장 눈에 띄는 사례가 미국의 여성 프로그래머인 조이 퀸Zoë Quinn 사건이다. 퀸의 전 남자 친구는 그녀가 게임 평론가와 잠자리 후, 그녀가 만든 게임에 대해 호평을 얻었다고 거짓말을 퍼뜨렸다. 그로 인해 퀸은 인터넷 커뮤니티 사이트 여러 곳에서 심각한 협박을 받았다.

이 사건이 퍼지자, 퀸을 지지한 미디어 비평가 어니타 사키지언Anita Sarkeesian도 공격을 받았다. 그녀는 자신의 브이로그 '페미니스트 프리컨시Feminist Frequency'에서 비디오 게임들에 나오는 남성 우월주의적 표현들을 실었는데, 결국 살해 위협까지 받아 많은 강연을 취소해야 했다.

사이버상에서의 괴롭힘은 비디오 게임 분야에만 국한되지 않았다. 캐롤라인 크리아도-페레즈Caroline Criado-Perez가 당한 폭력도 마찬가지다. 2013년, 그녀는 영국 지폐에 상징적인 여성 인물을 포함시키자는 캠페인을 벌였다. 그 결과 제인 오스틴Jane Austen이 10파운드에 등장했지만 이미 그녀는 많은 협박을 받았고, 이러한 현상은 여성 활동가들과 기자, 작가들의 일상이 되었다. 이러한 지속적인 공격은 페미니즘이 부상하면서 눈에 띄는 여성들에게 어떤 위협이 되는지, 즉 어떻게 남성 우월주의적인 침묵의 천년으로 우리를 되돌려놓는지를 보여준다.

아헤드 타미미: 자유로운 팔레스타인 여성을 위하여

이스라엘이 점령한 땅, 요르단강 서안지구에서 일어난 팔레스타인 저항에는 전 세대의 얼굴과 목소리가 담겨 있다. 마치 많은 가정이 일용할 양식처럼 자유 투쟁을 외치고 있다.

그중 아헤드 타미미Ahed Tamimi는 이스라엘에 저항한 사건(팔레스타인 시위대와 이스라엘 군인이 대치하는 상황에서, 이스라엘 군인의 뺨을 때려 저항의 아이콘이 되었고, 가족을 비롯한 여러 사람의 노력으로 8개월의 수감 생활을 끝내고 풀려났다_옮긴이)으로 유명해졌다. 그녀가 사는 마을 나비살레에는 이스라엘 정부의 불법적 유대인 정착에 반대하는 시위가 많이 일어났다. 2017년 도널드 트럼프 미국 대통령이 예루살렘을 이스라엘의 수도로 인정하면서, 이스라엘 점령지에서 팔레스타인 주민들을 향한 모욕도 증가했다.

12월 15일, 타미미는 자신의 집 안뜰에 배치된 이스라엘 병사를 향해 소리를 지르면서 항의했는데, 3일 뒤 그녀는 체포되어 2년형을 선고받았다. 미국의 이스라엘 지원 반대 시위가 계속되는 동안 이스라엘은 이들을 억압했고, 이 과정에서 최소 56명의 팔레스타인 사람이 부상을 입었다. 한편, 미국 대사관의 이전(텔아비브→예루살렘)이 2018년 5월 14일 이스라엘 건국 70주년 기념일에 맞춰 진행되었다. 이날은 팔레스타인인들에게는 나크바Nakba(아랍어로 '대재앙'이라는 뜻으로, 1948년 이스라엘이 독립을 선언하면서 추방당한 팔레스타인 주민들을 기리는 날_옮긴이)라는 날이었다. 아이러니하게도 대사관 이전 전날, 이스라엘 여가수 네타 바르질라이Netta Barzilai는 유로비전 송 콘테스트에서 남성 우월적 고정관념과 괴롭힘, 학대에 반대하는 노래를 불러 우승을 차지했다. 그사이 이스라엘은 팔레스타인에 폭탄을 퍼뜨려 최소 58명이 사망하고 2000명이 넘는 부상자가 발생했다.

마리엘 프랑코: 살해당한 '브라질의 희망'

빈민가 여성의 권리를 위해 경찰의 무자비한 폭력을 수차례 고발한 브라질의 활동가이자 정치인 마리엘 프랑코Marielle Franco가 살해되었다.

리우데자네이루에서 유일한 흑인 의원이자 지지율이 높은 시의회 의원이던 그녀는 동성애자와 빈민가 이웃, 흑인 여성 등 브라질 사회의 가장 불우한 지역을 대변하는 목소리였다. 그녀는 미셰우 테메르Michel Temer 대통령과 내각(거의 백인 남성으로만 이루어짐)이 추진한 공공 공간의 점진적 군사화를 고발했다.

한편, 그녀는 경찰의 잔인성에 대해 고발한 것 말고도 또 다른 이유로 큰 주목을 받았는데, '페미니스트 흑인 여성이자 빈민가의 딸'인 그녀가 양성애자이고, 수년 전부터 파트너인 메니카 테레자 베니시오Mônica Tereza Benício와 관계를 유지했다는 사실이 알려졌기 때문이다. 브라질은 2017년 최소 445명이 동성애와 트랜스젠더 혐오로 살해되었을 만큼, 성적 다양성을 가지고 살아가기가 위험한 곳이다. 게다가 복음주의와 극단적인 우파가 절정에 치달으면서 성소수자들에 대한 혐오적 담화가 늘어났고, 심지어 외국 작가의 브라질 순회강연에서는 주디스 버틀러와 같은 여성 철학자들을 향한 공격을 부추겼다.

결과적으로 프랑코의 죽음은 국가적으로 매우 슬픈 사건이 되었다. 게다가 이후 브라질의 반동주의로 자이르 보우소나루Jair Bolsoraro와 같은 인종차별주의자에 동성애 혐오자, 남성 우월주의자가 대통령이 되고 말았다. 하지만 얼마 지나지 않아 페미니스트 운동이 조직되고, 2018년 8월, '보우소나루에 반대하는 여성연합'이 탄생했다. 이 단체는 2018년 9월 "그는 아니다Ele não"라는 표어 아래 수많은 모임을 소집했다.

스페인 페미니즘의 물결

스페인 텔레비전 뉴스마다 페미니스트 시위가 나오고, 주요 도시의 거리는 마비되었다. 언론 보도에 따르면 마드리드와 바르셀로나에 모인 사람들만 100만 명에 이르렀다. 이런 페미니스트들의 열정에도 불구하고 모두가 다 장밋빛이었던 건 아니다. 집단적 분노와 신뢰할 수 없는 조직의 물밑 작업도 있었다. 스페인에 나타난 페미니즘의 힘은 프랑코 독재가 끝난 이후 사회적 지원으로 일어난 게 아니다. 오히려 두 극단적 상황에서 페미니즘에 실망스러운 순간도 많았다. 그렇다면 이 나라의 새로운 페미니스트 물결의 이정표는 무엇일까?

2014년 2월 1일: 스페인국민당PP 출신 법무부 장관 알베르토 루이스-가야르돈Alberto Ruiz-Gallardón의 이름으로 제출된 '낙태금지법' 개정안에 반대하는 운동이 일어났다. 그 개정안의 목적은 기존의 법적 허용 기간에 관한 법을 없애고, 다른 제안으로 대체하는 것이었다. 가야르돈의 법 초안에 따르면, 낙태는 여성의 신체 및 정신 건강에 '중대하고 지속적인 해를 끼치는' 경우에만 허용되었다. 동시에 태아의 장애로 인한 낙태가 어려워졌고, 18세 미만의 미성년자에게는 학부모의 동의가 필요하며, 이 법을 따르지 않는 의사에 대한 처벌이 추가되었다. 이 개정안에 대한 대응으로 아스투리아스에서 '페미니스트 조산사들 모임Tertulia Feminista Les Comadres'이 만든 '자유 기차Tren de la Libertad' 운동이 생겨났다.

2015년 11월 7일: 남성 우월주의 폭력에 반대하는 대규모 시위가 일어났다. 처음에는 '발렌시아의 페미니스트 조정관'이 시위를 소집했고, 이후 국가 전역으로 퍼져 나갔다. 2015년 국제 여성 폭력 추방의 날에 낭독한 선언문에는 다음과 같은 내용이 포함되었다. "1995년 이래,

남성 우월주의적 테러 행위로 1378명의 여성이 살해당했다." 이 선언문에서 다룬 여러 사건 중 남성 우월주의 테러 행위 반대 투쟁은 국가 차원의 문제라고 주장했다.

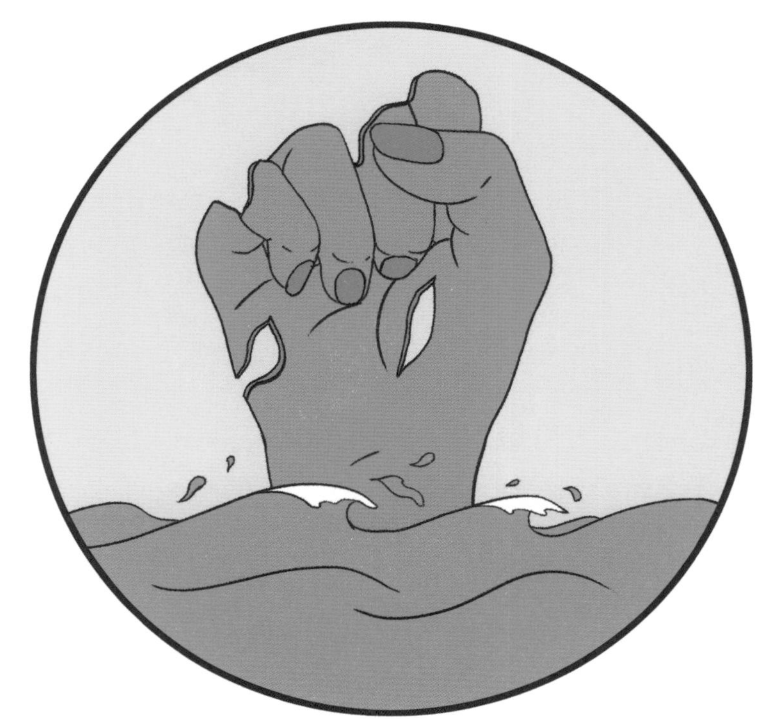

2017년 11월 18일: 스페인 여러 도시에서 수천 명의 시민들이 스페인 나바라 항소법원의 결정을 거부하는 시위를 벌였다. 이 법원은 2016년 스페인 팜플로나에서 열린 소몰이 축제에서 발생한 집단 성폭행 사건 이후, 이 피해자 여성의 사생활에 대해 자세히 설명한 보고서를 입수했다. 해시태그 #YoSíTeCreo(나는 너를 믿는다)가 퍼져나갔고, 수천 명의 여성이 피해자인 그녀를 지지하기 위해 거리로 나섰다.

2018년 3월 8일: 최근 몇 년간 이어진 시위들로 스페인은 2018년 '여성 국제 시위' 국가 목록에 올랐다. 스페인에서는 사회당계 노동총동맹UGT, 공산당계 노동자위원회C.C.O.O가 부분 파업을 했지만, 전국노동연합CNT, 노동총동맹CGT, 갈리시아 조합연맹CIG, 기본위원회노조CoBas 및 기타 대다수 노조의 지원 덕분에 24시간 파업이 법적 보호를 받았다. 이날은 여성 노동의 불안정과 임금 격차의 종식을 주장했다. 후속 조치로 어느 설문조사 결과, 스페인 인구의 82%가 그들의 주장을 지지했다. 그러나 '아프로페메니나스Afroféminas'와 같은 국가 페미니즘 단체들은 이 자료가 다양성이 부족하다는 점을 이유로 그 결과에 따르지 않았다.

스페인의 페미니즘은 강점과 견고함을 드러냈지만, 수많은 문제에 부딪히기도 했다. 법적 정확성이 줄고, 다양한 여성 집단이 겪는 불의 앞에 똑같은 반응을 보이는 경우가 많았기 때문이다. 그럼에도 이런 새로운 도전에 맞서면서 물결은 점점 파도가 되고 있다.

알리시아 가자, 패트리시 쿨러스, 오팔 토메티: #BlackLivesMatter

1960년대 낙관적인 히피족과 유토피아 과학소설이 예측한 것과 달리, 2013년이 도래하면서 21세기에 인류가 억압 체제에서 벗어나지 못할 거라는 불길한 예감이 들었다. 이런 생각은 아프리카계 미국인 공동체가 훨씬 더 많이 의식하고 있었다.

사회 활동가인 알리시아 가자Alicia Garza는 친구들과 텔레비전 앞에서 잔뜩 기대를 하고 있었다. 그녀를 비롯해 미국의 모든 흑인들은 법에 대해 크게 의심하고 있었는데, 그런 와중에 뉴스 진행자가 조지 짐머만George Zimmerman의 무죄 소식을 발표했다. 그는 무기를 소지하지 않은 흑인 소년 트레이본 마틴Trayvon Martin에게 총을 쏜 자율방범대원이었다. 이 소년은 사탕을 사서 아버지의 여자 친구 집에 가는 길이었다. 또다시 흑인 희생자와 처벌받지 않은 백인의 명단이 늘어났다. 그 판결이 알려진 뒤 인터넷은 뜨겁게 달아올랐고, 알리시아 가자는 페이스북에 간단하고도 충격적인 글을 올렸다. 그리고 이것은 전 세계적으로 국제적인 운동들을 일어나게 했다. "흑인들, 저는 당신들을 사랑합니다. 저는 우리를 사랑합니다. 우리 생명은 소중합니다. 흑인의 생명도 소중합니다."

이집트의 아스마 마흐푸즈Asmaa Mahfouz가 2011년 '아랍의 봄' 기간에 혁명 참여를 요구한 것과, 2017년 타라나 버크Tarana Burke와 함께 해시태그 #MeToo(미투)를 다는 일이 시작된 것처럼, 사이버액티비즘cyber-activism은 사회조직을 위한 중요한 도구가 되었다. 그리고 오늘날 가장 오랜 여정의 결실 중 하나가 바로 '흑인의 생명도 소중하다Black Lives Matter'라는 해시태그 운동이다. 알리시아 가자의 이 글은 아프리카계 미국인 친구이자 레즈비언이고 스스로를 퀴어라고 말하는 가자의 친구 패트리시 쿨러스Patrisse Cullors가 해시태그 #BlackLivesMatter를 달면서 널리 퍼졌고, 전 세계적으로 미국의 인종 폭력에 대한 인식을 높이는 데 도움이 되었다.

2015년에 그녀들은 1960년의 '프리덤 라이더스Freedom Riders'(유색인종에 대한 공공 버스 차별이 위헌이라고 선언한 대법원 판결의 이행을 요구하기 위해 버스를 타고 미국 남부를 여행한 시민권 찬성 행동가들)를 모방해서 각 주에 이 운동 조직을 만들기 위해 버스 여행을 시작했다. 다넬 L. 무어Darnell L. Moore와 아프리카계 미국인 오팔 토메티Opal Tometi 같은 활동가들의 도움으로 가자와 쿨러스는 '흑인의 생명도 소중하다' 정신을 미국 전역에 퍼뜨렸고, 인종차별주의 고발에 국한하지 않고 상호교차성도 받아들였다. 그리하여 그것은 여성과 성소수자 공동체, 이민자뿐만 아니라, 기능적 다양성을 가진 사람과 범죄 기록이 있는 사람, 비표준 체격을 가진 사람도 하나로 통합하는 포괄적인 운동이 되었다.

'흑인의 생명도 소중하다' 운동은 오늘날에도 계속되고 있다. 전미흑인지위향상협회NAACP와의 협력 외에도 다음의 살인 사건 이후에 일어난 시위들을 조직했다. 마이클 브라운Michael Brown(2014년, 비무장, 경찰 총에 사망함), 에릭 가너Eric Garner(2014년, 비무장, 경찰관에게 교살당함), 타밀 라이스Tamir Rice(2014년, 12세, 장난감 총으로 놀다가 경찰 총에 사망), 월터 스콧Walter Scott(2015년, 비무장, 쫓기다가 경찰관이 쏜 총에 사망), 조나단 페렐Jonathan Ferrell(2015년, 비무장, 경찰이 12발을 쏘았으나 사면 받고 다시 경찰 관직에 복직), 산드라 블랜드Sandra Bland(2015년, 교통 위반으로 억류한 경찰과 대치하다 체포된 이 사회운동가는 3일 뒤 감옥에서 죽은 채로 발견되었고, '자살'로 분류되어 논쟁의 여지가 있는 사건이 되었다)를 비롯해 수많은 사건이 있었다.

#BLACKLIVESMATTER

#MeToo:
여성 성희롱에 대한 전 세계의 고발

2012년 어느 날, 젊은 시각예술 학생인 엠마 슐코위츠Emma Sulkowicz는 그녀가 다니는 컬럼비아대학에 매트리스를 들고 나타났다. 언뜻 보기에는 매트리스를 옮기는 것처럼 보였지만, 이것은 일종의 고발 행위였다. 그녀는 동기 남학생인 폴 낭주세Paul Nungesser에게 성폭행을 당했는데, 교수진은 그녀의 고발을 무시했다. 그러자 그녀는 대학에서 그 범인을 추방하겠다고 결정할 때까지 당시 폭행당했던 곳에 있던 매트리스를 계속 들고 다닐 거라고 선언했다. 이 일은 수많은 성폭력 사건 중 하나였다.

다음 해인 2013년, 노스캐롤라이나주립대학에 다니는 두 여학생 애니 클라크Annie Clark와 안드레아 피노Andrea Pino가 '교내강간퇴치End Rape On Campus'를 만들기 위해 온갖 노력과 시간을 쏟았다. 이것은 미국 캠퍼스에서 성적 학대를 받은 사람들을 지원하도록 고안된 플랫폼이었다. 클라크와 피노는 수십 년에 걸친 제도적 수동성과 폭행의 증언을 듣고도 진실을 밝히지 않는 교사들과 미국 대학들에 공동으로 불만을 제기했다. 그 결과 피해자들을 지원할 준비가 된 비판적인 미디어와 지원 네트워크가 생겼다. 2015년 이 두 학생은 다큐멘터리 영화 〈더 헌팅 그라운드The Hunting Ground〉에 출연했다. 이 영화는 대학에서 성폭력을 저지른 운동선수들이 처벌을 받지 않는다는, 다소 논란의 여지가 있는 내용을 다루었다. 학교에서는 경기 승리를 위해 선수들을 보호하는데, 그들에게 외부 지원금이 달려 있기 때문이다.

그리고 2년 뒤, 수십 년의 논쟁 끝에 국제 언론에서도 많은 관심을 보인 사건이 벌어졌다. 2017년 10월, 영

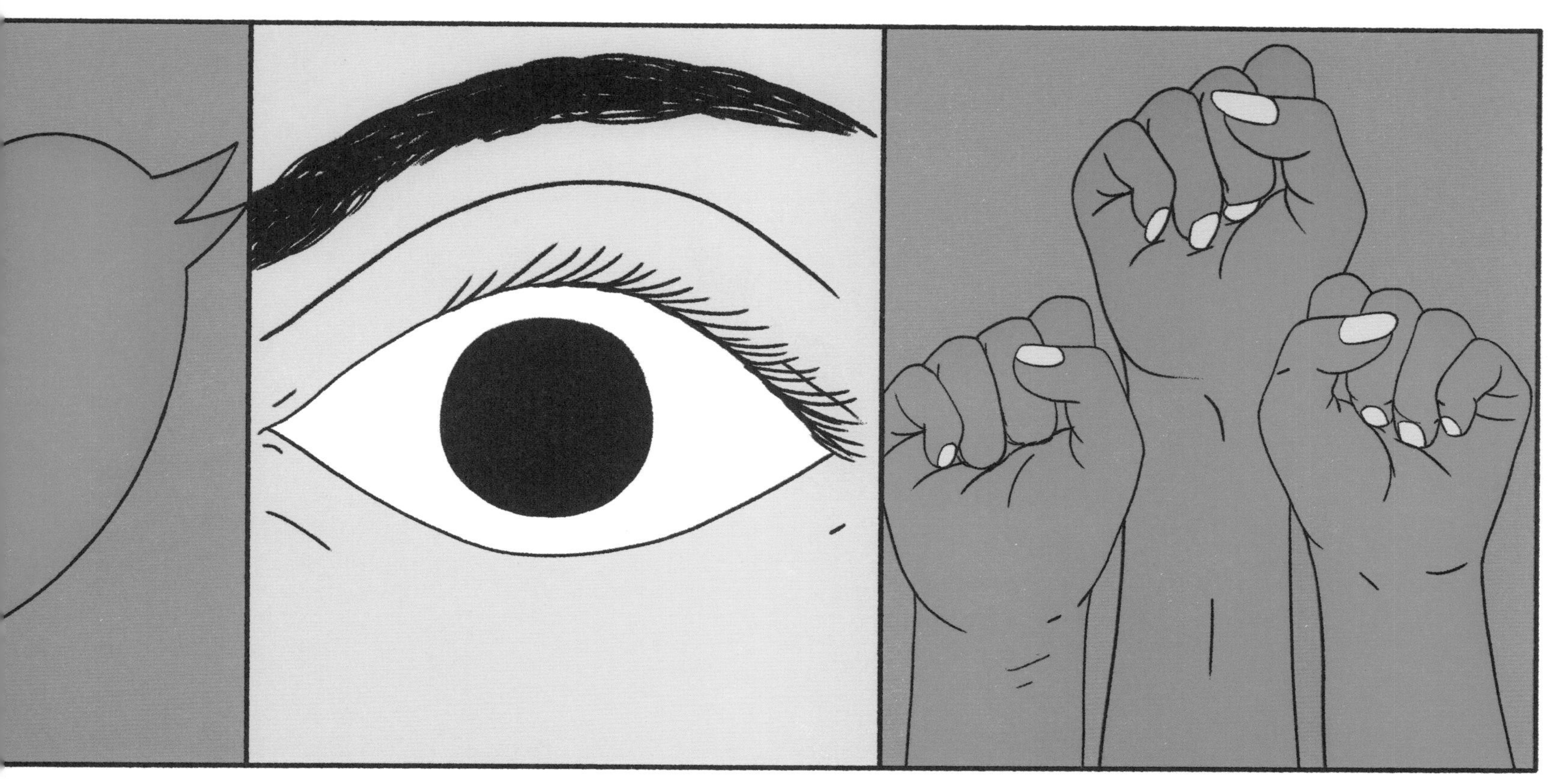

화의 메카 할리우드는 충격에 휩싸였다. 〈뉴욕타임스〉와 《더 뉴요커》는 영화 제작자 하비 와인스타인Harvey Weinstein을 성폭력, 괴롭힘, 강간으로 고발한 수많은 여배우에 관한 기사를 냈다. 80명이 넘는 여성들은 그의 일이 공공연한 비밀이었음을 증언했다.

와인스타인의 성추문으로 가장 먼저 타라나 버크Tarana Burke가 만든 슬로건이 되살아났다. 수천 명의 여성이, 그 전까지 감추어졌던 사건들을 고발하기 위해 '#MeToo'(미투)를 컴퓨터 자판으로 누르기 시작했다. 그러는 와중에 또 다른 폭탄이 전 세계 뉴스에 터졌다. 미시간주 랜싱 법정에서 여성 150명의 가슴 아픈 증언 이후, 250명이 넘는 여성을 성적으로 학대한 것으로 기소된 미국 국가대표 체조팀 의사, 래리 나사르Larry Nassar가 유죄 판결을 받은 것이다. 몇 달 뒤 스페인에서는 집단적 침해에 대한 수많은 고발이 있고 난 뒤 새로운 사건이 터졌다. 안달루시아 시골에서 계절 노동자로 일하던 이주 여성들이 딸기 수확 중에 끔찍한 성폭력을 당한 것이다. 이렇게 전 세계 곳곳에 만연해 있는, 여성 혐오와 폭력을 당한 수많은 여성이 들고일어났다.

지금 우리는 법적 절차와 언론, 해시태그가 필요 없는 세상을 함께 만들어갈 수 있다는 것을 그 어느 때보다도 잘 알고 있다. 공공의 억압을 이해하기 위해 더는 개인적 상처를 고백할 필요가 없는 세상, 마침내 #미투가 없는 세상을 말이다.

지은이 **마리아 바스타로스** María Bastarós

스페인 사라고사 출신으로 대학에서 미술사를 전공하고 문화경영 석사 과정을 밟았다. 페미니스트 문화 플랫폼인 '키엔코뇨에스QuiénCoñoEs'를 만들어서 〈디아고날Diagonal〉과 같은 미디어와 대서양현대미술센터, 발렌시아계몽주의현대미술관 같은 기관들과 협력하고 있다.

그녀는 큐레이터로서 〈위대한 이야기의 죽음Muerte a los grandes relatos〉과 〈도용, 불일치, 파괴Apropiacionismo, disidencia y sabotaje〉 등의 전시도 열었다. 그리고 전시와 관련해서 '다양한 사랑Amor diverso'이라는 글을 나초 M. 세가라Nacho M. Segarra와 함께 썼다. 이것은 국가적인 차원(티센보르네미사미술관)에서 최초로 성소수자 박물관 여행을 다룬 내용이다. 그녀는 첫 번째 소설《소녀들에게 들려주는 스페인 역사Historia de España contada a las niñas》(2018)로 푸치상Puchi Award을 받았다.

지은이 **나초 M. 세가라** Nacho M. Segarra

역사가이자 젠더 전문가로, 마드리드콤플루텐세대학에서 페미니스트 연구로 석사학위를 받았다. 같은 대학 페미니스트 연구소 회원으로, 현재 포스트페미니즘과 경제 위기 이론에 대한 논문을 쓰고 있다. 저널리즘 학부에서 젠더와 커뮤니케이션 수업을 가르쳤고,《빅토리아 여왕 시대의 여성 도둑들Ladronas victorianas》(2017)을 썼다.

그는 〈엘디아리오eldiario.es〉 〈엘 살토El Salto〉 〈라 반구아르디아La Vanguardia〉 〈요도나Yodona〉와 같은 다양한 미디어를 통해 영화 및 문화 평론을 하고 있다. 또 바르셀로나현대문화센터CCCB에서 영화 강연을 만들고, 젠더의 관점에서 관광 앱인 '마드리드, 여성들의 도시'의 콘텐츠를 담당했다. (@palomitasojos)

그린이 **크리스티나 다우라**Cristina Daura

일러스트레이터이자 만화가로, 바르셀로나의 에스콜라 마사나 미술학교에서 공부했다. 또한 미국 볼티모어의 메릴랜드예술대학MICA에서 장학생으로 공부했다.

현재 전 세계 언론 매체인 〈뉴욕타임스〉《더 뉴요커》《더 와이어》《비즈니스위크》〈쥐트도이체 차이퉁〉《디 자이트》《라 레푸블리카》《엘 파이스》를 비롯해, 출판사 노브로우NOBROW와 펭귄랜덤하우스Penguin Random House, 블랙키북스Blackie Books 등과 일하고 있다.

옮긴이 **김유경**

멕시코 ITESM 대학과 스페인 카밀로호세셀라 대학에서 조직심리학을 공부했다. 인사 관련 업무를 하다가 지금은 통·번역가로 활동 중이며, 스페인어권의 다양한 작품을 독자들이 더욱 자주 만났으면 하는 꿈을 갖고 있다. 《동물들의 인간 심판》《나는 커서 행복한 사람이 될 거야》《어느 칠레 선생님의 물리학 산책》《여기 용이 있다》《공주는 왜 페미니스트가 되었을까?》《돈은 어디에서 자랄까?》《엄마가 한 말이 모두 사실일까》《경이감을 느끼는 아이로 키우기》 등을 우리말로 옮기고, 한국 책 《찰코의 붉은 지붕》을 스페인어(《EL TECHO ROJO DEL CHALCO》)로 옮겼다.